国家社科基金重点项目：系统化维度的大学生思想政治教育研究项目编号：14AKS019

■ 国家社科基金项目研究成果(项目编号：14AKS019)

学生思想政治教育论纲

王立仁 著

Xuesheng Sixiang Zhengzhi Jiaoyu Lungang

中国社会科学出版社

图书在版编目(CIP)数据

学生思想政治教育论纲 / 王立仁著 . —北京：中国社会科学出版社，2015. 5

ISBN 978 – 7 – 5161 – 6097 – 8

Ⅰ. ①学…　Ⅱ. ①王…　Ⅲ. ①大学生 – 思想政治教育 – 研究 – 中国　Ⅳ. ①G641

中国版本图书馆 CIP 数据核字(2015)第 094952 号

出 版 人　赵剑英
责任编辑　任　明
责任校对　周　昊
责任印制　何　艳

出　　版　中国社会科学出版社
社　　址　北京鼓楼西大街甲 158 号
邮　　编　100720
网　　址　http：//www. csspw. cn
发 行 部　010 – 84083685
门 市 部　010 – 84029450
经　　销　新华书店及其他书店

印刷装订　北京市兴怀印刷厂
版　　次　2015 年 5 月第 1 版
印　　次　2015 年 5 月第 1 次印刷

开　　本　710 × 1000　1/16
印　　张　15. 75
插　　页　2
字　　数　258 千字
定　　价　50. 00 元

前　言

学生思想政治教育是一个应该研究的问题。学生思想政治教育是对学生进行的思想政治教育，它是一种客观存在，在现实中只要有学生的存在，就有属于思想政治教育的事实存在。这是不能否认的，尽管小学阶段可以称为品德教育，但它在归属和实际内容上都是思想政治教育。学生思想政治教育是区别于其他思想政治教育的，因为现实中至少在名义上存在着其他方面的思想政治教育，学生思想政治教育有哪些特点，它的内容、它的对象、它的教育方法甚至空间场所与其他思想政治教育有哪些不同？它在整个思想政治教育体系中占有怎样的地位，它对对象的发展成长有什么价值，这些都是应该研究的问题。就目前的实际看，学生思想政治教育的事实虽然存在，但对学生思想政治教育单独的系统的研究很少，几乎没有，尤其是在有些人看来，所谓学生思想政治教育就是针对大学生的教育，言外之意，基础教育中似乎没有思想政治教育。学生思想政治教育是不是就是大学生的思想政治教育，它是否包括基础教育阶段的学生思想政治教育，这些也是应该研究的问题。

学生思想政治教育是一个值得研究的问题。学生思想政治教育是整个社会的基础，学生思想政治教育效果如何，直接影响着学生的成长与发展，直接影响未来社会的思想政治教育。就目前的实际来看，义务教育已经普及到了九年级，也就是初中，而初中毕业后就业的在社会生活中成为一种实际，并有法律上的根据。初中生在就业前应该接受哪些思想政治教育，接受到什么程度和什么层次能够成为可能，这是值得研究的问题。而就基础教育的层面，进入高中和职业高中学习的是相当高比例的一部分人，他们毕业后都是既可以继续升学又可以就业的人员。无论就业的还是升学的，在高中阶段该接受怎样的教育才是合适的，这是值得研究的问题。就进入大学层面而言，毕竟现在读大学还是多数人的选择，因而在大学里应该进行哪些内容要求的思想政治教育，既能区别于基础教育的思想政治教育层次，又能满足社会现实对他们的需要，这更是一个值得研究的问题。甚至研究生阶段的思想政治教育如何促进他们自身的健康成长，如何使思想政治教育的要求与未来承担的工作相匹配，这同样是一个值得研究的问题。

学生思想政治教育是一个必须研究的问题。学生思想政治教育之所以是一个必须研究的问题，有两个方面的因素：其一是学生思想政治教育缺少系统研究的实际。目前，学生思想政治教育尤其是中小学的思想政治教育，由于人们的认识偏见和政策导向的因素，使学生思想政治教育的研究明显不足。为什么会如此，一方面中小学老师任务压力大，没有精力去完成研究任务，只是忙于管理的事实和知识教育的实际；另一方面是这些老师由于导向的原因，放松了对研究能力的提高，只是对学生思想政治教育徒有经验的管理而难以形成理性的分析。缺少系统研究的实际告诉我们，必须研究学生思想政治教育问题。其二是由于缺少对学生思想政治教育的研究，致使学生管理教育中出现了各种各样的问题，这些问题既涉及学生本身的思想政治教育，也涉及学生思想政治教育主体队伍的问题，诸如媒体多次报道过的教师触犯刑律犯罪和违背道德良知的恶行，这也属于学生思想政治教育的范畴。它醒示我们是，学生思想政治教育的主体队伍自身建设问题必须引起社会的关注，而关注的表现之一，就是既要加强对学生思想政治教育对象的研究，又要突出学生思想政治教育主体队伍建设问题。

尽管学生思想政治教育是一个应该研究的问题，是一个值得研究的问题，是一个必须研究的问题，而实际上直到现在，学生思想政治教育也不尽如人意。这表现在对学生思想政治教育的关注往往局限于大学，对基础教育自觉的层面没有进入思想政治教育的视野。再有，就是思想政治教育的衔接重复问题，目前也没能很好地解决。还有，学生思想政治教育在思想政治领域中占有主体地位，在一定意义上说，思想政治教育就是学生思想政治教育，从这样的角度说，思想政治教育更是一个要系统研究的问题。正是基于如上的理解，我们才撰写了学生思想政治教育论纲，试图通过我们的努力和成果，让人们重视学生思想政治教育，以加强学生思想政治教育。

目　　录

绪论　学生思想政治教育释义

学生思想政治教育的释义需要回答如下几个问题：其一是学生思想政治教育的内涵，即学生思想政治教育的所指是什么。其二是学生思想政治教育的构成要素，即学生思想政治教育由哪些元素组成。其三是学生思想政治教育的特点，即它与一般意义上的思想政治教育有哪些不同。其四是学生思想政治教育的地位，即学生思想政治教育在思想政治教育和整个社会中占有怎样的位置。其五是学生思想政治教育的价值，即回答学生思想政治教育有怎样的价值，它有什么意义，有怎样的作用。

第一节　学生思想政治教育内涵解读

不言而喻，所谓学生思想政治教育，就是对学生进行的思想政治教育。现代汉语词典对“学生”的解释是：“在校读书的人。向老师或前辈读书的人。”[①] 因而，学生思想政治教育的对象包括所有在校读书的人，既包括大学生，也包括中小学生。我们认为，思想政治教育是国家和社会有计划、有目的、有组织地对其成员所进行的意在培养符合国家和社会要求的思想政治品德的实践活动。任何一个国家的存在，不仅需要国家强力机器的维系，而且也需要在意识形态领域来维系社会的稳定和谐发展；从社会的角度说，任何一个社会都要培养适应这个社会发展所需要的人。我国历史上的西汉时期，开始了系统化的思想政治教育实践活动。在中国革命过程和胜利后的建设实践中，思想政治教育都发挥了重要的保证作用。国外的任何国家无论是历史还是现实的存在，都有不同形式、不同称谓、不同内容的思想政治教育的实践活动。中国共产党领导的思想政治教育有

---

① 中国社会科学院语言研究所词典编辑室：《现代汉语词典》（第6版），商务印书馆2012年版，第1479页。

中国特色，但思想政治教育不是中国特色也不是中国的专利，而属于人类社会和国家的专利特色。有的人不承认中国历史或者其他国家的思想政治教育，是因为没有区分中国共产党领导下的思想政治教育的特色和思想政治教育是中国共产党领导下的特色的关系，甚至可以说是没有区分思想政治教育的存在和思想政治教育内容形式特色。

实际上，讨论思想政治教育的内涵，仅仅是内容结构的需要，而至关重要的则是对学生的理解。与思想政治教育内涵解读相近，对学生的理解也显得非常重要。从学生思想政治教育的命题来看，要对学生有所解释，而从人们对学生思想政治教育的认识接受程度来看，更需要对学生思想政治教育中的学生有所界定。我们认为的学生思想政治教育，是包含了大学、中学、小学所有学生的思想政治教育，但这并没有完全被人们所接受和认同，甚至也可以说是完全没有被认同。这不是夸大事实，而是客观存在的实际。在所有涉及学生思想政治教育的文字表述中，基本都是指大学生思想政治教育，甚至学生思想政治教育的名头、内容上也属于大学生思想政治教育。在笔者收集的资料中，有曾德聪的《学校思想政治教育学概论》（福建教育出版社 1983 年 2 月版）、王琳等编写的《21 世纪高校学生思想政治教育研究》（西南交通大学出版社 2004 年 9 月版）、樊万清等编写的《高等学校学生思想政治教育概论》（高等教育出版社 1989 年 1 月版）、黄书孟编写的《学生思想政治教育概论》（杭州大学出版社 1991 年 2 月版），这些论著加上现在的学生思想政治教育的论文，都把学生思想政治教育解释为大学生思想政治教育，只有《学生思想政治教育概论》把它解释为对青年开展的思想政治教育，其中包含了中学生思想政治教育，但涉及中学生的内容只是一带而过，似乎学生思想政治教育是大学生的专利。

关于学生思想政治教育是不是专门指大学生，这是学生思想政治教育学必须认真讨论的问题。我们可以从两个不同的角度对其进行讨论：一是从中小学生有没有思想政治教育或者他们接受的相关内容属不属于思想政治教育的问题；二是从社会和国家的角度看是不是需要对他们进行思想政治教育的问题。我们先讨论第一个问题。我们采取先近再远来看中小学生有没有思想政治教育，高中生离大学生最近了，我们看看高中生有没有思想政治教育。高中开设思想政治课，包括经济生活、政治生活、文化生活、生活与哲学四门必修课，还有科学社会主义常识、经济学常识、国家和国际组织常识、科学思维常识、生活中的法律常识、公民道德与伦理常识等选修课。高中思想政治课程的性质："进行马克思主义和中国化马克思主义基本观点教育，以社会主义物质文明、政治文明、精神文明建设常识为基本内容，让学生领悟辩证唯物主义和历史唯物主义的基本观点和方法，逐步树立建设中国特色社会主义的共同理想，初步形成正确的世界观、人生观、价值观，为终身发展奠定思想政治素质基础。课程标准的总目标：知道中国共产党是中国特色社会主义事业的领导核心，马克思主义和中国化马克思主义是中国共产党的指导思想；学习运用马克思主义基本观点和方法观察问题、分析问题、解决问题；具有爱国主义、集体主义和社会主义思想情感；初步形成正确的世界观、人生观和价值观。课程的基本理念：坚持马克思主义基本观点教育与把握时代特征相统一；加强思想政治方向的引导与注重学生成长的特点相结合；构建以生活为基础、以学科知识为支撑的课程模块；强调课程实施的实践性和开放性；建立促进发展的课程评价机制。"① 课程名称是思想政治，课程性质和课程目标以及课程理念的规定，足以说明它属于思想政治教育的课程。

依次再来看看初中有没有思想政治教育。初中课程的称谓是思想品德，思想品德是怎样的一个概念？我们看看思想品德课程标准对课程性质和目标是如何规定的。"本课程是以初中生生活为基础、以引导和促进初中生思想品德发展为根本目标的一门综合性课程。课程标准在解释其思想性特点时指出，以社会主义核心价值体系为导向，深入贯彻落实科学发展观，根据学生身心发展特点，分阶段分层次对初中学生进行'五爱'教育，为青少年健康成长奠定基础；在谈到人文性特点时，强调用优秀的人类文化和民族精神陶冶学生心灵，用社会主义核心价值体系引领学生发展，提升学生的人文素养和社会责任感；课程标准对实践性特点强调，引导学生自主参与丰富多样的活动，在认识、体验与践行中促进正确思想观念和良好道德品质的形成和发展。课程标准对目标的规定：本课程以社会主义核心价值体系为指导，旨在促进初中生正确思想观念和良好道德品质的形成与发展，为使学生成为有理想、有道德、有文化、有纪律的合格公

---

① 课程标准解读（实验）编写组：《普通高中思想政治课程标准（实验）解读》，人民教育出版社2005年版，第13、14、36页。

民奠定基础。”[①] 课程标准对课程性质的解释和对课程目标的规定，以及课程名称，同样也可以说明它是思想政治教育范畴的内容，自然归属于学生思想政治教育。就思想品德来说，它在历史上就是思想政治理论课的一个构成部分。

现实地说，理解起来难度最大的应该是小学《品德与生活》和《品德与社会》的归属。但客观现实是最有说服力的，这个现实不是别的什么，而是课程标准对其性质目标的规定。品德与社会的课程标准指出，“品德与社会课程是在小学中高年级开设的一门以学生生活为基础、以学生良好品德形成为核心、促进学生社会性发展的综合课程。品德与社会课程以社会主义核心价值体系为指导，以满足学生的身心需要为目标，以学生社会生活为基础，注重学生在主动学习的过程中，初步掌握认识社会事物和现象的方法，提高道德判断和行为选择能力，发展学生主动适应社会、积极参与社会的能力。课程目标：旨在培养学生的良好品德，促进学生的社会性发展，为学生认识社会、参与社会、适应社会，成为具有爱心、责任心、良好行为习惯和个性品质的公民奠定基础。品德与社会课程基本理念：帮助学生参与社会、学会做人是课程的核心；学生的生活及其社会化需求是课程的基础；提高德育的实效性是课程的追求[②]。”这些内容的规定，也标识着它的归属是学生思想政治教育。小学低年级开设品德与生活课。“品德与生活课程是一门以小学低年级儿童的生活为基础，以培养品德良好、乐于探究、热爱生活的儿童为目标的活动型综合课程。课程的总目标：培养具有良好品德和行为习惯、乐于探究、热爱生活的儿童。课程的基本理念：引导儿童热爱生活、学会关心、积极探索是课程的核心；珍视童年生活的价值，尊重儿童的权利；道德存在于儿童的生活中，德育离不开儿童的生活；让教与学植根于儿童的生活。”[③] 在品德与社会和品德与生活的课程标准中，虽然没有政治的概念出现，但并不意味着它不属于思想政治教育的范畴。之所以在课程标准和教学内容中没有出现政治的概念，那是因为小学生还不能理解政治的含义，根据小学生的身

① 中华人民共和国教育部制定：《义务教育思想品德课程标准》（2011 年版），北京师范大学出版社 2011 年版，第 1、5 页。

② 中华人民共和国教育部制定：《义务教育品德与社会课程标准》（2011 年版），北京师范大学出版社 2011 年版，第 1、2—3、5 页。

③ 同上书，第 1—4 页。

心发展实际所进行的教育内容，是思想政治教育的基础，是归属于思想政治教育的。

从中小学课程内容目标性质的归属上来看，中小学有属于思想政治教育的内容，这是一个方面。从另一个角度看，学生思想政治教育也必然要包含着基础教育阶段的学生，这实质上是在回答社会是否需要对中小学生进行思想政治教育的问题。按照现在对思想政治教育的理解，思想政治教育的对象是所有社会成员，所有社会成员都要接受思想政治教育，因而就有了机关干部的思想政治教育、企事业单位的思想政治教育、社区的思想政治教育、军队的思想政治教育、学校的思想政治教育。从社会的角度看学校的思想政治教育，实际上就是指学生的思想政治教育。为什么这么说，因为教师的思想政治教育属于企事业单位的思想政治教育，而企事业单位的思想政治教育往往都是指员工，服务对象不构成教育对象。就实际来看，学校的思想政治教育在现实来看也是针对学生进行的。当然，就应该的角度看，学校的思想政治教育包括学生思想政治教育和教职工思想政治教育两个部分。由于教师的角色和职前教育，以及对教师思想政治教育的忽略，所以学生思想政治教育往往成为主要的内容。按照正常的理解和把握，学校的思想政治教育包括教师思想政治教育和学生思想政治教育两个部分，但教书育人的职能还是把学生推向了主要角色。不同的学校有不同的学生，但无论什么学校的学生，他们共同的角色就是学生。社会思想政治教育包括学生思想政治教育的一个部分，并且学生成为思想政治教育的重点。学生之所以成为思想政治教育的重点，因为他们是未来和希望，他们的发展决定着国家的未来前景。学生之所以成为思想政治教育的重点，还因为学生是未成年人，他们的人生观、世界观和价值观还未定型，有可塑性，因而教育的效果令人期盼。再有，学生之所以是思想政治教育的重点，还因为学生是在接受教育，在知识文化的学习中，渗透性的进行思想政治教育会收到好的效果。按照理想的期待，学习知识的程度要和思想政治教育的内容相适应。博士阶段有政治课，硕士阶段有政治课，大学阶段还有政治课，即便中学阶段、小学阶段也都有政治课。毋庸置疑，中小学阶段的思想政治教育内容，基于生理心理发展的程度和他们接受知识文化的程度是有所不同的，尤其在小学阶段甚至没有政治的字眼，但其涵盖的内容不能离开思想政治的范畴。我们目前的社会主义核心价值观要融入中小学教材，要有融入的图谱，我们的中国梦要走进中小学的课堂，我们要加强中小学生的思想道德教育，要加强未成年人的思想道德教育，绝不是因为没有思想政治字眼就不属于思想政治教育，那完全是因为对科学的尊重。而就思想政治教育学的学科建设来说，虽然要高度重视大学生的思想政治教育，但也不能忽视中小学的思想政治教育。没有基础教育阶段对思想政治教育奠定的基础，大学生思想政治教育也无法有效实施。而从更加现实的角度看，中小学生的思想政治教育是基础的另一重内涵在于，义务教育结束后就是非义务教育，接受完义务教育的人可以选择就业。我国相关法律对接受完义务教育的人的就业，给予了相当程度的关照。如果他们就业了，没有接受思想政治教育，抑或那些没考大学的高中生去就业了，他们没有接受到思想政治教育，当他们走向社会该是一种什么局面？事实上，在义务教育阶段和高中教育阶段，他们都不同程度地接受到了思想政治教育方面的教育。一方面社会不能放弃这部分人的思想政治教育，另一方面这部分人不接受这方面的教育也难以适应现实的社会生活。而如果不是这样，仅仅是高等教育阶段才接受思想政治教育，才有必要接受思想政治教育，那会是一种什么样的局面啊？可以想象：是读了大学才需要思想政治教育，还是读了大学才能接受思想政治教育呢？如果是前者，那就是大学生接受知识多了，容易出问题才需要思想政治教育。如果是后者，那就是把思想政治教育作为接受高等教育的特权了！无论哪种情况，都不合适。我们不排除大学生应该加强思想政治教育，因为他们未来承担的历史责任需要他们有过硬的思想品质，但大学生可以接受思想政治教育，却未必是大学生的专利。这样，从构成的意义上说，思想政治教育不能留下中小学生的真空，尽管他们仅能接受与他们心理生理相适应的思想政治教育，但不能没有！从基础的意义上来说，大学生的思想政治教育不能突兀，它要衔接要有基础，不能另类。所以我们说学生思想政治教育作为思想政治教育的有机构成，它包含着大学、中学和小学，是小学、中学、大学或者基础教育和高等教育表现为不同内容、不同程度的思想政治教育，这是学生思想政治教育的全部。我们希望就像正视中国古代社会和其他国家有思想政治教育一样，正视中学、小学和大学也有思想政治教育，因而学生思想政治教育就是一个包含所有学生的思想政治教育。当然，这里还不能遗忘职业教育的范畴，所有职业技术学校、中等专业技术学校的学生，同样需要接受思想政治教育。

第二节　学生思想政治教育的构成要素

一　学生思想政治教育的目标

学生思想政治教育的要素构成，可以循着两个思路展开。其一是从教育对象开始展开学生思想政治教育的要素构成。之所以以学生展开思想政治教育要素构成的论述，是因为学生是思想政治教育的出发点，离开学生，离开对学生的把握，教育就缺少针对性和科学性，进而也就缺少实效性。其二是从学生思想政治教育目标开始论述学生思想政治教育的有机构成，为什么要从教育目标开始来论述思想政治教育要素的构成呢？因为目标集中代表了国家对思想政治教育的要求，是国家意志的集中体现。我们承认思想政治教育存在的客观性，就要承认它的国家意志性，这是思想政治教育最为本质的规定。

学生思想政治教育的目标，是学生思想政治教育实践所要达到的结果，是思想政治教育实践所要追求的最高境界，有时用归宿来表示。为什么学生思想政治教育要有一个目标呢？正像每个人的存在要有个理想或者梦想一样，目标就是我们内在需要的外在表现，每个人都有自己内在的需要，这个内在的需要都要表现或者凝聚为抑或外化为一个目标。有了目标就知道自己在追求什么，就会为了目标的实现而不懈努力。这时，目标就成为方向。学生思想政治教育实践也是一样，也要有个目标，这个目标除掉是自己需要的外在表现之外，还是人的能动精神的体现，而能动精神就是计划性、目的性，计划性和目的性都体现为目标。说思想政治教育的目标是思想政治教育实践追求的效果或归宿，这是可以理解的。但有时为了强调目标的意义，把目标的价值无限夸大，认为目标还是思想政治教育的出发点。出发点的表述就欠妥当，如果说目标就是追求的结果，如果说起点就是学生思想政治道德素质水平的现状，否则难以解释清楚，或者二者不能存在一个话语体系之中。

明确学生思想政治教育需要有目标，交代思想政治教育何以有目标之后，似乎要讨论什么是思想政治教育的目标。这个问题看似简单，实际上不简单。学生思想政治教育的目标，在现实中有不同的表述，这种表述有时是用德育来替换思想政治教育，有时是把整个教育的目标看作是思想政治教育的目标，有时又把整体的思想政治教育的目标看成是学生思想政治教育的目标。目前，我国的思想政治教育目标都用德育目标来表示，而用德育代替思想政治教育，一方面是我们要摆脱过去突出政治取向的做法，另一方面也有与世界各国接轨的考虑。实际上，用德育目标取代思想政治教育目标，还有一个较为现实的想法就是德智体这样一种划分的结果。到目前为止，我们有过毛泽东时代的德智体全面发展的有社会主义觉悟有文化的劳动者目标。实际上这是教育的目标而非德育的目标，德育不过是其中的一个目标。进入邓小平时代，也就是改革开放的初期，德育目标是以“四有”新人为标志的，即有理想、有道德、有文化、有纪律，这既是对教育目标的具体化，也是对以往教育目标的提升。江泽民提出了坚持正确的办学方向，培养社会主义建设者和接班人，胡锦涛提出努力成为德智体全面发展的建设者和接班人。这些，实际上是对整个教育提出的目标，其中虽然包含着德育的目标，但还不能是对德育目标的规定和概括。

20 世纪 90 年代，我们国家制定了小学、中学、高等学校德育大纲。这一时期德育大纲能够得到构建，一方面是德育实践经验的积累，德育学科自身发展能够构建完整的德育大纲了；另一方面是德育实践的需要，20 世纪 80 年代的“学潮”，让我们开始反思改革开放后的德育实践，邓小平“最大的失误在教育”道出了其中的原因。改革开放后，我们党的路线转到经济建设上来，忽略了思想政治教育，出现了一些问题，因而需要加强德育建设，而构建德育大纲就是加强德育建设的现实表现，于是有了德育大纲的问世。1993 年 3 月 26 日，当时的国家教委颁布了《小学德育纲要》，1995 年 2 月 27 日，国家教委颁布了《中学德育大纲》，1995 年 11 月 23 日，国家教委颁布了《普通高校德育大纲》。《普通高校德育大纲》指出：高等学校的根本任务是培养德智体全面发展的社会主义建设者和接班人……德育即思想、政治、品德教育，它体现教育的社会性和阶级性，是学校教育的重要组成部分。《中学德育大纲》指出，德育即对学生进行政治、思想、道德和心理品质教育。它对坚持学校的社会主义性质，保证人才培养的政治方向，促进学生的全面发展，起着主导的决定性作用。《小学德育纲要》指出，小学德育即学校对小学生进行的思想品德教育，它属于共产主义思想道德教育体系，是社会主义精神文明建设的奠基工程，是我国学校社会主义性质的一个标志。德育大纲的诠释性话语，在客观上也是对学生思想政治教育作注解。更为根本的是，德育大纲对德育的目标都有具体明确的规定。有关德育目标的具体规定，将在后面的章节中详细论述。德育大纲，就是对德育要做什么，达到什么程度的规定，它是德育实践遵循和追求的结果。学生思想政治教育的目标与一般意义上的思想政治教育目标是有区别的，这个区别首先在于学生思想政治教育目标是根据学生的角色和未定型制定的，并且不同学段有不同目标。实际上一般的思想政治教育目前尚没有大纲，因而我们还不能对比来说明它们之间的差别，只能是推断它们应该有区别。这种实际也多少印证着另外一个道理，思想政治教育在实际上就是学生思想政治教育。

二　学生思想政治教育的内容

学生思想政治教育的内容，在要素构成中占主体地位。为什么占主体地位呢？主体有两种解释，一种解释是主要的结构就是主体，从这个意义上说，思想政治教育的内容是主体可以被接受。另一种解释是能动的实践着的人，从这个意义上说，思想政治教育的内容是社会和国家提出的意见要求，它代表的是内容后面的人的要求。我们的教科书往往把内容理解为介体，把它看成是连接教师和学生的媒介，这种理解让人难以接受，并且与事实也不相符合。试想，德育内容难道仅仅是连接两个主体的媒介，难道它不是国家社会意志的表征，它不是教育者传递的、受教育者接受的国家和社会的要求？如果是，用介体如何能代表它的权重。我们以为，所谓思想政治教育内容是主体，意味着如下事实：其一，它是国家意志社会要求的现实呈现，无论是德育目标的具体化，还是具体内容的现实体现都是如此；其二，学生思想政治教育过程中教师向学生传递的就是教育的内容，无论教学体系还是教材体系，都是围绕内容来进行的；其三，学生思想政治教育过程中，学生接受的也是内容和现实要求，我们希望学生能够接受教学的内容和要求；其四，学生思想政治教育的评价也是围绕内容要求在学生身上的接受程度进行的；其五，每一次的教学改革和教材修订，都是针对教学的内容展开，无论是教学大纲的修订、课程标准的完善，还是教材内容的修补，都是如此。我们认为，学生思想政治教育内容是内容主体，在学生思想政治教育过程中占有主体地位。

就学生思想政治教育的具体内容而言，我们以为在学生思想政治教育元素构成中，必须对内容问题给以高度重视，重视的理由就是其主体地位。课程标准、德育大纲、教学参考，这些都非常重要，但这都是给教师准备的，学生直接面对的是教材或者教学内容。内容是教师向学生念的“经”，国家社会的要求体现在上面，学生要学习和接受它，社会根据教学内容评价教学的好坏，自身的评估也同样依据教学内容。固然教师有对教材内容进行取舍的权利，但这个权利就像价格要围绕价值波动一样，不能离开价值。同样，教师讲课也要依据教材对内容的规定来讲授。我们承认，教师对教材把握熟练的程度会影响到教学的效果，但最根本的还要看你念的“经”如何。因此，我们必须高度重视学生思想政治教育的内容。

在内容的建设中，要根据大纲和课程标准，艺术地处理教学内容的国家意志性和社会要求的关系。一方面，要明确规定国家意志的内容，并且要充分体现其权威性，但在表现形式和表现程度上要有所斟酌。国家意志是必须强化的，不能动摇的，这是学生思想政治教育的根本和本质；另一方面，属于社会要求层面的东西，一定要让它回归社会本位，正像我们的社会建设被提到应该有的位置一样，学生思想政治教育的大部分内容属于社会要求，把社会要求明晰起来，不仅是条理清楚的问题，更为重要的是增加平实感和客观性。再有，学生思想政治教育内容中主要是国家意志和社会需要，在课程标准和大纲中没法体现对象的需要和现实问题，但不影响我们在教材建设和实际教育过程中加入对象的需要和对现实问题的分析。学生思想政治教育内容加入学生的需要和现实问题，一方面是思想政治教育坚持以人为本促进学生发展进步的体现；另一方面是从实际效果考虑，这样可以让学生思想政治教育内容更有亲近感和现实感，进而会提高学生思想政治教育的实效。

三　学生思想政治教育的对象

学生思想政治教育对象是学生思想政治教育的对象主体，这是从两个方面考虑的：其一，学生是具有主体性的对象，主体性也就是能动性、自觉性。在学生思想政治教育过程中，我们承认学生是思想政治教育的主体，这是对以往忽略教育对象所具有的主观能动精神现象的回应。实际上，以往在思想政治教育过程中，我们也并非不知道教育对象具有主体性，只是忽略了他们作为主体主观能动性的发挥，过分强调教育主体的作用，导致教育效果低下。在思想政治教育过程中，把教育对象主体当成主体来看待，就是要考虑他们的需要，发挥他们的主观能动精神，让他们积极参与到课堂中来，以提高教育的实效。其二，学生是思想政治教育的主体，学生思想政治教育的所有工作都是围绕学生展开的，学生思想政治教育的目标、内容、途径、方法、评价等整个过程，都是围绕学生展开的，学生思想政治教育的实际效果如何，既要通过他们自身反映出来，也要充分考虑他们的感受。也就是说，他们不仅是接受教育的主体，也是评价教育效果好坏的主体，当然也是教育效果好坏呈现的载体。这里，我们强调的是学生作为思想政治教育对象主体的地位，认识他们的地位才能现实地对待他们。

学生思想政治教育对象作为主体，他们有自己的需要，有自己的行为特点，也有自身存在的问题，这些都是思想政治教育过程中必须认真把握的。思想政治教育的有效开展，仅仅承认学生思想政治教育主体地位是不够的，还必须认真研究把握思想政治教育对象的需要、行为特点和存在的问题，这样才能使教育活动的开展具有针对性、科学性和实效性。我们知道，一般的思想政治教育过程，都要把握对象的实际，这个对象也有层次性，但学生思想政治教育的需要、行为特点和存在的问题，既具有不同年龄阶段即学段的特征，又有不同层次的特征，这就加大了对他们认识和把握的难度。比如小学和中学，中学和大学都是不同的，同样是小学生，他们年龄覆盖面比较大，有低段的1—2年级，有中段的3—4年级，有高段的5—6年级，他们的需要、行为和问题特点是不同的，即便是同样一个问题，他们显现的程度水平也是不一样的。同样，中学生包括初中生和高中生，他们之间的差距也是很大的，这是思想政治教育主体必须认真研究和把握的，把握对象需要把握什么，就是把握他们的需要、行为特点和存在的问题。

对象的需要是学生行为的动力和取向，用哲学话语表示就是价值追求，不同学段不同层次的学生区分，往往就体现在需要的差距上。尽管学生的需要有正当与否的区分，有些需要需要激励肯定，有些需要需要引导和遏制，但总体上学生的需要是应该承认和肯定的。对象的行为特点，是内在需要和人格发展程度的外在表现，不同阶段的学生、不同发展程度的学生有不同的行为特点，把握行为特点还要把握行为特点背后的动因。社会存在决定社会意识的原理，能够帮助我们理解其中的道理。对象存在的问题，可以通过他们的需要和行为呈现出来，这里的问题是指他们与社会要求与社会常态的差距，在思想政治教育学原理中往往指基本矛盾的表现。对象存在的问题是他们自身需要和行为与社会要求差距的集中反映，这些问题的产生都有其客观性，都有各种各样的原因，这需要我们现实地对待，而如果能够把握住问题产生的原因，就为解决问题的方案提供有力的支撑。对象的地位必须重视，对象的地位决定我们要认真把握他们，把握他们就是把握他们的需要，他们的行为特点，他们存在的问题，更为根本的是要把握需要特点和问题产生的原因、根据。

四 学生思想政治教育的主体

学生思想政治教育的主体，这里特指从事思想政治教育，以学生思想政治教育为职业或兼职从事该项工作的人。比如，我们说医疗卫生领域，指的是从事这个行当的人，而不包括患者。同理，学生思想政治教育的主体也是指从事这个职业的人。强调这个，就是为了客观把握教育主体和对象主体之间的关系。学生是主体，学生是对象主体，他在思想政治教育过程中属于施加影响的对象，他有能动精神，他参与教育活动，他以自己的行为和思想影响教育活动，但教育活动整体设计和控制是在教师而非学生，甚至职责都是如此，这是我们强调教师是主体的根据。教师或教育者不仅是主体，并且也是介体主体。说思想政治教育者是介体主体，是把教育者摆在了国家意志和社会要求与学生之间。教育者就是发生在以教育内容为载体的国家意志和社会要求与教育对象之间。教育者之所以是教育介体，是说他要把社会要求和国家意志传递给受教育者，他负责传递的并非是他自己的意志和要求，他只是职责或职业需要把社会要求和国家意志通过恰当的方式传递给受教育者。从事这个职业承担社会职能，需要一定的水平和能力，更需要他有敬业精神和道德修为，但这都无法改变他作为介体主体的地位。他自身能力水平如何，态度如何，直接影响到教育的效果水平。

介体主体在思想政治教育过程中是不可缺少的，没有他的存在，思想政治教育的实践活动也无法展开，作为介体主体，他既是教育实践活动的实践者，也是思想政治教育实践活动的设计者甚至是组织者。没有介体主体的参加，没有介体主体负责精神和相应的艺术能力，学生思想政治教育既不可能也不会收到理想的效果。而介体主体的思想政治教育者的能力水平和工作态度，不是自然生长的，而是需要培训养成的，这需要国家投放物力人力才能实现。国家和社会，为了使社会稳定和谐，必须在教育主体身上投资，这是建设巩固社会的必然要求。

介体主体在培养的过程中，第一是对职业的忠诚，相信传递的内容即国家意志和社会要求的正当性，愿意为这个职业贡献自己的青春才华。第二是具有职业岗位所需要的德性，无论是教育主体还是介体，都要面对学生，都有给学生示范的责任，因而他不简单的就是传递社会要求理念，他还要通过自己的行为宣传自己传播的理念原则。第三是要有专业能力，这里的专业能力我们认为表现在三个方面：其一是要精通自己讲授的内容，知道自己要讲什么，要讲的内容是什么，通过怎样的方式才能实现。其二是要熟悉掌握教育对象的需要、行为特点和存在的问题，这也属于基本功的范畴。超级育儿师能够通过观察发现问题，而后能采取对应措施有效矫正，对我们很有启发，还有医生的切脉判断，同样说明专业能力和基本功的重要性。其三是对教育方法艺术的把握。把握教育内容，有良好的动机愿望，把握对象的需要特点问题，还要把握如何让对象接受你讲授内容的艺术，其中固然包括排解接受障碍的能力。这些都是作为介体主体应该具有的能力水平。

五　学生思想政治教育的方法

学生思想政治教育的方法，在整个教育过程中属于桥梁纽带作用，正像过河要有桥和船一样，没有桥和船等纽带就不能把内容有效地传达到教育对象身上。一般来说，方法作为桥梁还应该包括途径在内，尽管途径和方法有不同之处，但都属于纽带系列。途径体现的是选择实现目标或目的的道路，有时也叫作路径，或者叫作更大的方法。比如课堂教学就是教育的路径，实践教学也是一种路径。而方法则是在选择的路径中使用的具体的办法，往往体现为横向的选择关系。无论是方法还是路径，在学生思想政治教育过程中都是不能缺少的。并且方法运用的水平往往决定着教育的实际效果，就不能缺少的角度来说，体现方法在教育过程中的地位，而就其好坏决定效果的角度看，则说明方法的价值。这两点是毋庸置疑的。

学生思想政治教育的方法，一种理解是在学生思想政治教育过程中专门对学生使用的教育方法，它排除的是其他领域使用的思想政治教育方法。比如课堂教学的路径作为一种方法，就是学生所独享的。再比如学科教学渗透的方法，也是学生思想政治教育所独有的。我们不否认有些方法是学生教育过程专门使用的方法，但学生思想政治教育过程使用的有些方法是其他领域的思想政治教育也使用的。这就引来第二种解释，学生思想政治教育方法是思想政治教育过程中所使用的教育方法，它是实际使用的方法，所有使用的方法都包含其中。比如，说理法，榜样示范法，是所有教育都使用的方法。我们认为，学生思想政治教育方法，不能因为别的教育领域使用就不叫学生思想政治教育方法，因为学生思想政治教育事实上也在使用这个方法，就不能说它不是学生思想政治教育的方法。但是，在学生思想政治教育方法的归纳提炼中，我们要注意说明哪些是思想政治教育可以公用的方法，哪些是学生思想政治教育过程独有的方法。不但如此，学生思想政治教育方法，在层次划分上也要面向实际。不同学段，不同年龄阶段，在思想政治教育方法的运用上要有所不同，在小学低年级使用的方法，在高年级未必使用，而在小学和中学使用的方法，在大学就很大程度受到限制。所以，在学生思想政治教育方法的划分上，一定要清楚明白。

学生思想政治教育方法，还要区分研究方法等相关方法。学生思想政治教育方法，不是思想政治教育学所有使用的方法，而只是对学生施加教育影响的方法。比如思想政治教育学有科学研究方法、思想政治教育信息获取的方法、思想政治教育评估的方法、思想政治教育决策的方法等。作为思想政治教育学的方法论，这些都可以包括其中，因为它们确实是思想政治教育学所使用的方法，而如果纳入思想政治教育过程中，则有些方法不能入列。对于从事教育的人来说，他需要的就是对对象施加有效影响的方法。如果说需要其他方法，是围绕教育展开的有关方法，而不属于教育施加影响的方法本身。

六　学生思想政治教育的机制

由于学生是与学校紧密联系在一起的，因而所谓学生思想政治教育机制，多以学校为单位进行思想政治教育的机制。学校受教育行政机关领导，在学校外不同层级的行政机关都有负责学生思想政治教育的机构，而这里的学生思想政治教育机制，不包含学校外的机关仅指校内的机制。我们知道，就学生思想政治教育机制来说，学生和思想政治教育都比较好理解，难以理解把握的是机制。机制是一个比较晦涩的概念，有多层含义。我们以为，学生思想政治教育机制可以从如下几个方面进行把握：其一是指在学校中有哪些机构哪些人是做学生思想政治教育工作的，这些人以及机构之间是怎样的一个组合关系，各自的职能权责是什么。这实际上就是在明确学生思想政治教育主体以及这些主体的各自职能，也即学生思想政治教育的要素构成、职能和运行方式。不同层级的学校、不同类别的学校甚至不同学校的学生思想政治教育主体的要素、职能和运行方式是不同的。其二是学生思想政治教育的主体是如何面对学生开展思想政治教育的，这个意义的思想政治教育机制，是学生思想政治教育主体面对教育对象的机制，它实际上就是指思想政治教育的方法和途径，也就是采取什么样的方法使用什么手段通过什么途径对学生进行有效的教育。其三是作为教育对象的学生是如何接受思想政治教育的，学生接受思想政治教育的过程和机理是什么，它受哪些因素影响，实际上这里试图揭开的是学生接受思想政治教育的黑箱，尽管黑箱是无法揭开的，但学生思想政治教育的最高境界是能够把握住它的影响因素和机理。其四是学生思想政治教育系统用制度规定的，为了强化思想政治教育的效果、保证思想政治教育有效运行而采取的一些方法。诸如激励机制、导向机制、保障机制、协调机制、评估机制等，就属于此类机制。

综合看学生思想政治教育的机制，它是思想政治教育的诸要素组合运行模式，它是思想政治教育主体面向对象时采取的方法途径；它是思想政治教育对象接受思想政治教育的影响因素和内在机理；它是思想政治教育过程中为了提高实效和保证思想政治教育有效运行而采取的制定规定性的方法。

七　学生思想政治教育的环境

人是环境的产物，人不能离开环境而存在。环境分自然环境和社会环境，自然环境是人生存所面临的自然条件的总和；社会环境是由人和人结成的社会关系的总和，包括社会文化、人与人之间的关系以及社会生产力发展水平，其中自然包括人的精神发展水平。所谓学生思想政治教育的环境，实际上就是学生思想政治教育所面临的社会文化、社会风气以及学校生活所形成的人文风范。学生思想政治教育是伴随着学生一起存在的，它与学生处在同样的环境之中，学生思想政治教育和学生同样都存在于社会和学校的环境之中。学生要受到环境的影响，学生思想政治教育也要受到环境的影响。

学生思想政治教育的环境包括社会环境和校内环境两种，社会环境总是以不同的方式影响学生的成长。从过程的角度看，学生的成长总要在家庭和社会之中进行，家庭的因素和社会的因素都要对学生的成长产生影响，诸如家庭关系的状况、社会风气的水平感染等。学生思想政治教育的环境要研究两个问题：其一是学生思想现状形成时的家庭和社会环境影响，主要是学生成长过程中都有哪些经历，受到哪些因素的影响；其二是在教育过程中社会环境对学生及其教育内容的影响，比如社会环境有哪些积极因素有助于学生接受思想政治教育，有哪些因素不利于学生接受思想政治教育的内容。

学生思想政治教育的环境提醒我们，学生思想品德的形成过程要受到不同环境的影响。不同时期不同环境，学生思想品德的形成肯定有其环境的色彩和时代的烙印；学生思想政治教育的环境也在告诉我们，不同学生思想品德包括自我发展中存在的问题，除掉自身遗传气质因素外，必然与其成长的环境有关，要发现解决问题，一定要深入到其生长的环境中去找寻原因。中国版《超级育儿师》中的兰海，在解决孩子问题时，首先要把握的就是孩子成长的环境。在孩子成长的环境中能发现孩子存在问题的原因。这两点，同时也告诉我们，学生思想政治教育的过程中，一定要加强环境建设，尤其是加强学生成长环境的人文环境建设。环境对人的影响和决定作用不可忽视，尽管环境对人的成长的作用不是绝对的。

八　学生思想政治教育的实效评价

学生思想政治教育作为一种实践活动，对它的活动效果要进行评价。评价既是一种客观的行为，也是为了促进实际效果的提高。思想政治教育的评价，其一是对思想政治教育的工作评价，即思想政治教育的过程评价，它要回答思想政治教育过程中都开展了哪些工作，因为效果与活动有必然的关联；其二是对思想政治教育对象现有素质水平的评价，无论在理论上素质评价能不能成立，在实践中都有对素质评价的标准和模型并且有操作的经验，诸如什么行为多少分等；其三是对教育效果进行的评价。教育效果需要评价，没有评价，教育效果既不好肯定也不好否定，进而教育效果也无法提高。评价有多种模式，但任何评价模式都需要有一个评价标准，没有标准，评价就缺少客观性，没有标准，评价也无法让人信服。而目前的思想政治教育评价是工作评价多、实效结果评价少，主观随意评价多、有标准的评价少。目前的评价往往都是根据教育目标进行评价，根据对人的品德素质要求进行评价，而忽略根据教育要求和教育内容来进行评价。我们以为，思想政治教育效果的评价，要摆脱根据教育目标，根据人的素质要求进行评价的模式，要从教育内容要求的角度来评价教育效果。为什么要这样评价？因为学生思想政治品德的养成是一个综合发展的过程，它要受到各种因素的影响，虽然可以武断地对它的现状进行评价，但无助于教育效果的提高与否。因为你无法追查造成这种效果的原因和责任，因而这种教育效果的评价是没有意义的。我们对实效进行评价，目的就是改进我们的教育效果，改进教育过程的有关环节方法甚至内容，而如果不是这种评价，在事实上就很难收到实际效果。

在理论上说，学生思想政治教育的工作评估和学生思想品德素质有评价的必要，但前提也是评价标准的客观性，没有客观性的评价标准，就无法使评价收到实效。而就实际需要来说，目前还是应该强化教育效果的评价，并且要制定出客观现实的评价标准，以促进教育实效的提高。

第三节　学生思想政治教育的特点

学生思想政治教育是相对于其他领域的思想政治教育而言的，它是思想政治教育的一个构成部分，这样两个因由使它必然有自己的特点。学生思想政治教育虽然有自己的特点，但并不排斥思想政治教育固有的阶级性、实践性的特点，也就是说，学生思想政治教育也必然有阶级性和实践性的特点，只是由于讨论的是学生思想政治教育的特点，所以不去讨论阶级性、实践性的特点。认识学生思想政治教育特点的目的在于，区分它与一般思想政治教育的界域；在把握特点的基础上，使学生思想政治教育有针对性，在坚持特点的基础上，提高学生思想政治教育的实际效果。

那么，学生思想政治教育到底有哪些不同于其他界域的思想政治教育的特点呢？根据我们对思想政治教育特点的把握，对学生思想政治教育乃至思想政治教育的把握，认为学生思想政治教育有如下特点：

基础性特点。学生思想政治教育的基础性，体现在两个方面，其一是学生思想政治教育的内容与其他的教育内容相比较，具有基础性，这是指思想政治教育内容与其他内容相比较具有基础性；其二是在人生整个发展阶段的基础性，学生思想政治教育的学生，可以分为大学生、中学生、小学生三个阶段，而中学以下的教育称为基础教育阶段，在这个阶段进行的思想政治教育，在他们人生发展的过程中发挥的是基础作用。

同步性特点。同步性特点是指学生思想政治教育的内容，总是与学生所接受的文化知识教育的内容具有同步性。无论你读到博士，还是硕士研究生，抑或是大学本科生，都会有思想政治教育的内容存在。在小学和中学阶段这个理解起来比较容易，上了大学，读到博士、硕士，还要进行思想政治教育，为什么？这是我们的思想政治教育内容与文化知识教育相适应所具有的同步性。当接受的知识水平相对提高之后，思想政治道德水平也会相对提高。而讨论思想政治教育存在倒置现象的时候，人们指出的是接受高层次知识教育的人不应该进行较低层次的思想政治教育，这反映的都是思想政治教育与文化知识教育的同步性。

层级性特点。学生本身是一个层级性的概念，因为一说到学生，就是分为不同层级的学生，即我们所说的小学生、中学生、大学生、研究生、博士生。这些学生本身就客观呈现为不同的学段，表现为不同的层级。由于其同步性的特点，学生的思想政治教育内容必然体现出层级性的特点。小学生的思想政治教育内容有自己的特点，诸如小学的思想政治教育称为品德与生活和品德与社会，当然这只是课程方面。中学生的思想政治教育课，名称是思想品德，这也显示出不同的特点，而到了高中的思想政治课就叫思想政治。大学的思想政治理论课，虽然还包含四科的内容，但有了大学的特点。博士生和硕士研究生的思想政治课，虽然还是属于思想政治教育课的范畴，但在讲授的内容和要求方面，与其他阶段有很多差别。这些都诉说着一个事实，学生思想政治教育有层级性特点。其他的诸如机关事业企业单位的思想政治教育虽然有行业性特点，但不具有层级性特点。如果有层次性特点，也不是由于接受的内容和年龄差别造成的特点。

开放性特点。开放性也叫未定性。开放性是指学生多为未成年人，他们的人生观和世界观、价值观都是未定性的。这种未定性，也就是一种开放性，它具有发展的多种可能性。既可以走向正路，也可以走向邪路，这充分显示出思想政治教育的重要性和可能性。正是这种未定性，才显示出教育的必要性，未定的才是可塑的，才是有价值的。记得汉代董仲舒曾经就人性进行过著名的分析：圣人之性是不教而能的，斗筲之性是虽教而不能的，只有那中民之性才是可以发挥教育价值的。可塑和未定，在这里就类似于中民之性的人有教育的必要和可能。

未来性特点。未来性是指向未来的，学生思想政治教育的对象是学生，而学生是国家的希望，民族的未来，他们在未来是国家的栋梁，决定国家的命运，因而学生思想政治教育不仅关注国家民族的未来，也关注学生自身在未来的发展。

系统性特点。学生思想政治教育中的学生是一个系统，因而对学生进行思想政治教育必须坚持系统性。所谓系统性，就是把整个学生思想政治教育看作是一个大的系统，从整体上进行系统考虑，安排教育内容和教育方法。要考虑教育过程教育内容的前后衔接，不能孤立地安排教育过程。

协调性特点。学生是一个发展的过程，学生思想政治教育的内容一定要和学生的生理与心理相适应协调。

如上是学生思想政治教育特点的归纳和概括。概括归纳这些特点，是为了丰富思想政治教育特点的内容，是为了正确认识学生思想政治教育本身，更是为了促进学生的发展，提高学生思想政治教育的实效。

第四节　学生思想政治教育的地位

学生思想政治教育属于思想政治教育的有机构成，它是与其他的思想政治教育对立而存在的。学生思想政治教育不仅有自己的特点，而且也有自己独特的地位。认识学生思想政治教育的地位，既可以为加强学生思想政治教育，摆正其位置提供理由，又可以为提高学生思想政治教育的实效寻找契机。

一　学生思想政治教育是思想政治教育的主体

思想政治教育作为一种由国家倡导实行的，在全国范围内普遍开展的社会实践活动，遍布于人们生活的各行业、各领域。在学校，除了学生思想政治教育外还有教师思想政治教育。在其他领域同样存在着思想政治教育，诸如军队思想政治教育、社区思想政治教育、农村思想政治教育、企业思想政治教育等。然而综合研究和比较各种思想政治教育以后我们不难发现，学生思想政治教育是思想政治教育存在的最主要形式，是思想政治教育的主体。具体原因如下：首先，学生思想政治教育对象的范围最广。由于我国实行的是义务教育，要求每个适龄儿童都要到学校接受教育，这意味着几乎每个人的一生中都有一段时间是学生，而在学校接受的所有教育中思想政治教育是重要内容，因此，学生思想政治教育是全体社会成员都接受过或正在接受的教育，它无疑是最重要的思想政治教育方式。其次，学生思想政治教育同其他行业和领域的思想政治教育相比是最持久、最系统和最完整的。学生思想政治教育从学生迈进小学甚至幼儿园就开始了，直到大学甚至研究生毕业，相对于那些暂时的、零散的思想政治教育形式而言，学生思想政治教育影响人们的时段最集中，时间也最长。除此之外，学生思想政治教育有自己独立的理论构架，有专业的教育队伍，有整体的规划和统筹安排，有自己实施的环境和条件，也有国家、社会和家庭多方面的支持，在系统性和整体性上存在着自己独特的优势。最后，学生思想政治教育是在人的发展关键时期对其进行的教育。从小学到大学的这段时期，不仅是一个人在生理上从成长到成熟的重要阶段，也是其心理不断完善和发展的关键时期，在一个人思想品德的养成阶段或价值观念的形成时期进行的思想政治教育，无论是从为了促进学生自身发展的角度上看，还是从取得思想政治教育效果的角度上看，都是最重要的。总而言之，学生思想政治教育在整个思想政治教育中处于主体地位，应该得到更多的关注和重视。

二 学生思想政治教育是学校思想政治教育的核心

学校思想政治教育主要包括两个部分：教师思想政治教育和学生思想政治教育。教师是思想政治教育的组织者和实施者，因此他们首先要接受思想政治教育，在专业知识、教学技能、思想品质方面都过硬是学校思想政治教育的必然要求。然而，学校思想政治教育的核心是学生思想政治教育。这是由学生（主要是青少年）的地位以及他们自身的特点决定的。我们常说青少年是国家的未来，民族的希望，因此，“加强对青少年的思想政治教育，提高他们的思想道德素质，使他们认清未来的历史重任，为建设现代化努力学好知识和本领，将来成为社会主义现代化业的建设者和接班人，使社会主义事业后继有人，承前启后，继往开来。总之，我们的事业，只有赢得了青少年，才能赢得未来。”① 我们也该意识到青少年正处于成长的关键时期，他们的特点主要表现为身心在日益发展成熟，但是世界观、人生观、价值观还未形成，思想容易出现波动，社会经验不足，对事物的认识不够全面，辨别真伪、是非、好坏的能力较弱，他们处于特

① 邱伟光、张耀灿：《思想政治教育学原理》，高等教育出版社 1999 年版，第 170 页。

殊的发展阶段，有着很多需要解决的问题和特殊的需要，因此，更需要加强学生思想政治教育，关照青少年的需要，帮助解决他们学习和生活中的问题，给予他们更多的关爱和引导。

三　学生思想政治教育是传输国家和社会的要求的主渠道

国家和社会的要求在思想政治教育中占有举足轻重的位置，是思想政治教育最基本和最恒定的内容。无论是在哪个领域实施的思想政治教育，都是把实现国家和社会的要求作为思想政治教育的出发点和落脚点，而学生思想政治教育是传输途径中的最主要渠道。我们知道，人只有遵守社会规范，维护社会稳定，才能在社会中生存和发展。早在原始社会，阶级和国家还没有出现，没有专门的人员或专门的机构对人们进行教育，在当时生产力及其落后的情况下，人们必须在集体中从事共同的生产和生活。为此，社会正常运转要求社会成员必须遵守一定的行为规范和风俗习惯，这也要求集体通过一定的途径将这些约定俗成的规则传递给社会的全体成员。进入阶级社会以后，统治阶级虽然在社会中占据了主导地位，统治阶级通过向人们传授社会的基本道德准则和价值观念，使人们的思想和行为符合社会要求。“社会要求具有永恒性，它集中表现为社会规范，是一个社会得以运行的前提条件。只要社会运行着，就有社会要求即社会规范的存在，否则社会就无法运行。社会要求具有普世性，它代表所有社会成员的意愿而不是一部分人的意愿，诸如勿偷盗、讲卫生、尊老爱幼、孝敬父母、讲究诚信，就属于社会要求的范畴，它适用于所有的社会。”① 因而，无论是在阶级社会或是更早的社会中，思想政治教育把国家和社会的要求的传递作为最基本的任务，国家和社会的要求是思想政治教育最基础的内容。而在所有的思想政治教育类型中，学生思想政治教育有着自己独特的优势，这不仅体现在学生思想政治教育的体制、目标都应反映国家和社会的要求，教化和引导学生接受社会制度、遵守社会规范、维护社会秩序、做一名合格的社会成员，而且表现在学校思想政治教育是分步骤、分阶段地对国家和社会的要求进行宣传，从最开始的以形象的图画表现到以一个知识要点出现再到以专题理论呈现，使学生不断接受这些内容的影响，在思想品德和精神面貌上发生了变化。学生思想政治教育因为其具有深入、

① 王立仁：《论思想政治教育内容的实效维度》，《思想政治教育研究》2011 年第 3 期。

广泛、持久、系统、具体等特点，以其独特的优势而成为了对国家和社会要求进行教育和宣传的主要形式。正是由于学生思想政治教育具有上述的重要地位，决定着它具有特殊的价值，而它的价值实现也巩固着学生思想政治教育地位的稳固。

第五节　学生思想政治教育的价值

一　开展学生思想政治教育，助益于学生的健康成长

学校是学生主要的成长环境和生活环境，在学校开展的学生思想政治教育活动对学生的健康成长具有积极的作用。首先，学生思想政治教育帮助和引导学生树立正确的价值观。学生思想政治教育内容不仅体现在课本中、课堂上，同时也贯彻在学生的日常生活之中，学生把系统的思想政治教育理论和实践相结合，对学生进行教育，促进学生爱国主义情操、集体主义意识、奉献精神的不断增强，坚定了社会主义方向。其次，学生思想政治教育能够帮助和引导学生树立正确的理想和信念。崇高的理想和信念是不断推动人发展进步的强大动力，学生思想政治教育引导和帮助学生确立了建设有中国特色的社会主义的崇高理想和信念，并使其转化为学生强大的精神动力，使他们无论是在学习上、生活中还是在以后的人生道路上，都能够以充沛的精力、高昂的热情和坚定的意志去直面未来。最后，学生思想政治教育不仅能够帮助学生提高自身的思想道德品质，而且在整个思想政治教育过程中不断提升人们自我认识、自我约束、自我管理、自我评价、自我教育的能力。

二　开展学生思想政治教育，助推于整体教育目标的实现

尽管我国大、中、小各个学段都有自己的教育目标，但综观所有教育目标的内容，我们不难得出这样的结论，各阶段的教育目标都指向人的全面发展，我国当前的整体教育目标是实现人的全面发展。人的全面发展包含两方面的意蕴：一是所有人的发展。二是人的德、智、体、美等所有方面的发展。德、智、体、美等教育相互联系、相互作用，共同推动人的全面发展。学生思想政治教育即全面发展教育中的德育，在诸多教育中处于基础地位，在人的全面发展过程中起着导向作用。由于伴随着人的成长和

发展，会出现各种各样的问题，外部环境也会对人产生积极的或消极的影响，这些问题和消极的影响都会阻碍人的发展，进而影响整体教育目标的实现。开展学生思想政治教育就是要培养学生的理性思维，增强学生辨别是非的能力，帮助学生解决思想上和实践中的问题，从而为学生素质的全面提高提供支持，为人的全面发展起到巨大的推动作用，为整体教育目标的实现做好保障。

三　开展学生思想政治教育，助力于社会思想政治教育效果的增强

学生思想政治教育是学校思想政治教育的重要组成部分，学校思想政治教育又是社会思想政治教育的组成部分，因此，学生思想政治教育是社会思想政治教育的构成要素，学生思想政治教育开展的效果如何，直接关系到整个社会思想政治教育的成效。首先，学生思想政治教育是社会思想政治教育的基础，在我国，几乎每个社会成员都接受义务教育，其中包括接受学生思想政治教育，学生时期是思想品德形成的关键时期，也为后来思想品德的变化发展打下了基础。其次，学校是进行思想政治教育最主要的场所，我国的大、中、小学普遍存在于整个国家，覆盖在全国各个地区，具有着广泛的影响力，因此，开展学生思想政治教育是保证整个社会思想政治教育效果的关键。最后，学生思想政治教育是对学生进行的，学生不仅生活在学校中，同时也生活在家庭中和社会中，因此，对学生的思想政治教育必然要联系到家庭和社会等方面，在与家庭、社会形成合力共同提高学生素质的同时，家庭和社会必然会受到积极的作用和影响，整个社会的思想政治教育无形中得到了提升。

学生思想政治教育意义作为一个重要课题，学界对它的研究正处于起始阶段，对于笔者来说，对它的认识更是一个需要不断探索和深化的过程，因此，文章观点可能存在着不足或漏洞，希望得到学者们的批评建议。同时，笔者期待本文能够达到抛砖引玉的效果，使更多学者关注学生思想政治教育，给予学生思想政治教育更多的重视，加入到学生思想政治教育研究的行列中，共同推动学生思想政治教育的发展。

第一章　学生思想政治教育目标

学生思想政治教育不是无目的的，是一种有着确定目的的活动，正如马克思、恩格斯所说的："在社会历史领域内进行的活动，是具有意识的、经过思虑或者凭借激情行动的、追求某种目的的人；任何事情的发生都不是没有自觉的意图，没有预期的目的的。"① 学生思想政治教育，作为培养学生道德品质特殊的精神实践活动，也必须要确定自己活动的目标，并且在其目标的指引下，制订学生思想政治教育计划，调控学生思想政治教育的过程,确保学生思想政治教育活动的有效开展。学生思想政治教育目标是整个教育活动的重要组成部分，是学生思想政治教育过程中时刻要考量的归宿，是影响学生思想政治教育实效的重要因素。那么，什么是学生思想政治教育目标？它有哪些鲜明的特征？学生思想政治教育目标是如何确立的？学生思想政治教育的总体目标、阶段目标和层次目标分别是什么？可以说，这都是我们必须认真研究探讨和正确回答的问题，对这些问题的探讨将有助于学生思想政治教育的有效开展。

第一节　学生思想政治教育目标概述

一　学生思想政治教育目标的内涵阐释

学生思想政治教育是一种蕴含着鲜明的道德内涵与价值诉求的实践活动，这种实践活动对学生在道德品质发展方面的规格要求或规定诉求，就形成了学生思想政治教育目标。概括而言，学生思想政治教育目标就是教育者根据社会发展要求和学生道德生长的客观实际，通过学生思想政治教育活动在一定时期内促进学生思想政治品德形成发展上所要达到的规格要

---

① 《马克思恩格斯选集》（第二卷），人民出版社 1995 年版，第 247 页。

求或者质量标准。简而言之，学生思想政治教育目标，即学生思想政治教育实践所期望实现或达到的结果，是对未来的一种期望。为了更好地理解和把握学生思想政治教育目标的内涵，我们有必要对其核心问题即几个相关概念做出基本的说明。

一是学生思想政治教育目标与学生思想政治教育目的。可以说，学生思想政治教育目标与学生思想政治教育目的是两个不同的范畴。就其外延来看，学生思想政治教育的目的大于学生思想政治教育目标，就其内涵而言，学生思想政治教育目标则要精于学生思想政治教育目的。相比较而言，学生思想政治教育目的更具有普遍性、统一性，是一种笼统的概括和说明，较为抽象和概括，对学生思想政治教育活动的影响是宏观性和统摄性的。而学生思想政治教育目标更具有具体性、灵活性，是一种具体的描述，明确的要求，较为精准、明确而具体，对学生思想政治教育活动的影响是直接的和明示的。从某种意义上可以说，学生思想政治教育目标是学生思想政治教育目的的具体化、精确化。

二是学生思想政治教育目标与思想政治教育目标。从构成上看，学生思想政治教育目标是思想政治教育目标的有机组成部分，甚至可以说，学生思想政治教育目标是思想政治教育目标中最重要、最为主体的构成部分。没有学生思想政治教育目标的思想政治教育目标是不完整的，学生思想政治教育目标是在思想政治教育目标指导下的针对学生对象的目标，学生思想政治教育目标的实现能够在一定程度上促进思想政治教育目标的实现。同时，思想政治教育目标涵盖着学生思想政治教育目标，对学生思想政治教育目标起着统率、引领的作用，学生思想政治教育必须服从和服务于思想者政治教育的目标。一般来说，学生思想政治教育目标比思想政治教育目标实施的范围更小、针对性更强，内容更具体，对象更为集中和具体。在一定意义上说，学生思想政治教育目标与思想政治教育目标之间是部分与整体间的关系。

三是学生思想政治教育目标与学生思想政治教育任务。很显然，学生思想政治教育目标与学生思想政治教育任务是不同的，学生思想政治教育任务是学生在一定时期内需要做和完成的事情，注重的是过程，呈现为状态性，而学生思想政治教育目标是学生在一定时期内需要达到的预期结果，注重的是结果，呈现为目的性。当然，二者也还存在着紧密的联系，在一定意义上说，学生思想政治教育任务是学生思想政治教育目标的具体化，是在思想政治教育目标指导下的工作量安排。学生思想政治教育任务要服从于和服务于学生思想政治教育的目标，学生思想政治教育任务的实施与完成也是围绕着实现学生思想政治教育目标进行的，学生思想政治教育任务的有效完成是学生思想政治教育目标有效实现的重要途径和过程。而学生思想政治教育目标是学生思想政治教育任务逐步实现后所要达到的结果和期望，是思想政治教育任务完成的目的呈现。

二 学生思想政治教育目标的特点明晰

（一）学生思想政治教育目标方向的规定性

首先，学生思想政治教育目标规定了学生思想政治教育的政治方向。学生思想政治教育的目标，在一定意义上说，总是体现着占统治地位的阶级对培养人才的思想政治方面的特殊要求，在学生思想政治教育目标的制定和执行过程中，总是不自觉地反映着国家政权的权威性，使其带有着浓厚的政治方向性，表明了其到底为什么人服务的政治原则问题。其次，学生思想政治教育目标规定了学生思想政治教育的社会性质，即品德培养的社会倾向性。学生思想政治教育目标从根本上规定了将要为什么样的社会培养人，指明了学生思想政治教育的社会方向。最后，学生思想政治教育目标规定了学生思想政治教育的素质要求，即对人所要培养的素质具有质的规定性。对学生要培养什么样的品德，进行了明确的规定。可以说，学生思想政治教育目标对学生思想政治教育活动的政治方向、社会性质、品德素质等各方面的规定性，使它对学生思想政治教育活动的要求带有很强的原则性，成为把握学生思想政治教育性质和方向的根本所在。

（二）学生思想政治教育目标结构的层次性

学生思想政治教育目标不是单一的，而是集合的，是具有不同的级别层次的。因此，依据不同的角度和不同的层次水平与级别，可以对学生思想政治教育目标进行分解，将其分为不同的层次类型。比如，从按照目标的时间来划分，学生思想政治教育目标可以分为远期目标、中期目标和近期目标。按照教育对象的范围来分，学生思想政治教育目标可以分为群体目标和个体目标。按照学校级别层次来划分，学生思想政治教育目标可以分为小学、中学、大学等级别层次的学生思想政治教育目标。按照目标的层次划分，学生思想政治教育目标可以划分为高层目标、中层目标和低层目标。可以说，不同层次的学生思想政治教育目标，既相互区别，又相互联系，组成一个纵向层次性结构体系。例如小学、中学、大学的学生思想政治教育目标既相互区别又相互衔接，形成小学、中学、大学学生思想政治教育目标的纵向联系的层次性结构体系。可以说，学生思想政治教育目标是由一定社会的各级各类层次性的目标所构成的动态层次性的序列化的结构体系。

（三）学生思想政治教育目标内容的多维性

学生思想政治教育目标的内容包含着多个维度，依据不同的标准，分为不同的维度和视域。如依据人的思想政治品德形成和发展过程，可以将学生思想政治教育目标划分为学生思想政治教育的认知教育目标、情感教育目标、信念教育目标、意志教育目标、行为教育目标。而依据学生思想政治教育目标的内容划分，可以将学生思想政治教育目标分为思想素质目标、政治素质目标、道德素质目标、法纪素质目标和心理素质目标，其中各个分目标下又可以划分出更多的维度，如法纪素质目标又可以划分为民主法制教育目标和自觉纪律目标等。可以说，教育对象的思想品德发展状况和身心发展特点以及学生个体思想品德形成发展的规律等，是影响学生思想政治教育内容多维性的重要因素。也正是这些因素的存在和发展，使学生思想政治教育目标在内容上呈现出多维性的特点。

（四）学生思想政治教育目标时空的有效性

毋庸置疑，学生思想政治教育目标，总是要涉及一定的时间尺度和空间领域。在时间上，学生思想政治教育的目标总是在某一时期、某一阶段学生所要达到的那些预期的结果。没有时间上的约束，学生思想政治教育目标的实现就遥遥无期，失去了目标本身的价值。当然，学生思想政治教育目标的实现时间有长有短，相应地，也就出现了长远的目标、中期的目标和近期的目标，虽然远、中、近三种学生思想政治教育目标的时间长短，没有绝对的普遍适应的标准和尺度，而需根据实现的是何种学生思想政治教育目标来规定、设定时间上的跨度，但有一点却是明确的即必须要有时间上的有效性。在空间上，学生思想政治教育实践活动的开展总是在一定的空间领域进行的，最为常见的空间就是学校，如小学、中学、大学等，在不同的空间内，学生思想政治教育目标的内容也是不同的。同时，学生思想政治教育目标的效力会受到时间和空间的影响。“一般来说，学生思想政治教育目标实现的时间越长，涉及的空间范围越广，对学生所体现的培养价值就越大，所产生的教育影响也就更深远。”①

（五）学生思想政治教育目标效果的可预性

学生思想政治教育目标就是教育者根据社会发展要求和学生道德生长的客观要求，通过学生思想政治教育活动在一定时期内促进学生思想政治品德形成发展上所要达到的规格要求或者质量标准。也就是说，学生思想政治教育是在教育对象身上所预期要达到的结果和期望值，因而使得学生思想政治教育的目标效果呈现出可预测性的特点。可以说，学生思想政治教育所开展的一切教育实践活动，包括教育内容的设定、教育方法的选择、教育手段的采用、教育环境的改造等，都是围绕实现学生思想政治教育目标而进行的。在学生思想政治教育活动开展前，教育者总是能够或多或少地预测将要达到什么样的教育成效，而教育对象也在教育者的引导下，沿着学生思想政治教育目标预定的轨道发展，这就使学生思想政治教育目标效果的实现总是带有可预测性的特点。同时，也正是学生思想政治教育目标效果的可预测性，使学生思想政治教育活动有章可循，使教育者和受教育者摆脱了接受教育活动的盲目性。当然，学生思想政治教育目标效果的可预测性也是相对的，有时候会出现与现实不同步的现象，这是因为教育对象、教育环境和教育手段等诸多因素的不确定性，都在影响和限制着学生思想政治教育目标效果的可预测性的准确度的发挥。

三　学生思想政治教育目标的确立之思

（一）学生思想政治教育目标确立的依据考量

学生思想政治教育目标的确立，绝不是教育者、理论家的主观臆断抑或是随意制定的，必然以一定的客观存在及其规律为前提和依据，是对社会发展的客观规律的主观反映，受到一定的社会历史条件的制约。从这一意义上说，学生思想政治教育目标确立受到以下内容的约束和制约：

1. 党的最终奋斗目标以及不同时期的具体奋斗目标是学生思想政治教育目标确立的根本依据

我国是社会主义国家，中国共产党是执政党，是我国社会主义建设事业的领导核心，中国共产党的最终奋斗目标是要实现共产主义的社会制度。毫无疑问，学生思想政治教育是在社会主义的中国进行的，也必然要

① 邱伟光、张耀灿：《思想政治教育学原理》，高等教育出版社1999年版，第182页。

受到党的最终奋斗目标的影响。因此，学生思想政治教育目标的确立，就要围绕和依据党的这个最终目标来确定，换句话说，就是要用共产主义的思想来教育、激发、动员学生，把学生培养成具有高度共产主义觉悟的新人。当然，实现共产主义的社会制度，要经历漫长的奋斗历程，要分阶段的完成。因而，中国共产党在每个时期都提出了各个阶段的具体的奋斗目标。中国共产党第十六次全国代表大会，在精辟分析当代中国社会主义初级阶段主要矛盾的基础上，向全党全国人民提出了“全面建设小康社会，加快推进社会主义现代化，开创中国特色社会主义事业新局面”的伟大历史任务。党的十七大进一步提出了“全面建设小康社会奋斗目标的新要求”，党的十八大提出了“到2020年全面建成小康社会的奋斗目标”。这些不同时期的奋斗目标都为学生思想政治教育目标的确立提供了指引。可以说，学生思想政治教育的目标必须保持和党在该时期的奋斗目标相一致，脱离了党的最终奋斗目标以及其制约下的不同阶段的具体奋斗目标，就难以确立正确而有效的学生思想政治教育目标，使学生思想政治教育迷失方向。只有以党的奋斗目标为依据，才能使学生思想政治教育目标有核心的向导、方向的保障和实施的落脚点。

2. 一定社会的历史条件是学生思想政治教育目标确立的社会依据

学生思想政治教育目标是在一定的社会背景下进行的，必须受到社会发展的影响。一方面，学生思想政治教育目标受社会生产力发展水平的制约。社会生产力的发展水平，是学生思想政治教育目标确立的重要的物质基础和条件。同时，社会生产力的水平不同，人们的社会生活和社会实践活动及其所遵循的社会规范的内容、性质不同，社会对受教育者的品德质量标准和规格要求也不同，使得学生思想政治教育的目标也不同，因而，社会生产力的发展水平是学生思想政治教育目标确立的重要的社会依据。另一方面，学生思想政治教育目标受社会经济制度和政治制度的制约。“生产力对教育目的的影响还表现在由生产力所决定的教育资源控制与分配方式上对教育目的的制约上，这就必然与一定社会经济政治制度相联系。”[①] 正如马克思恩格斯曾经指出的“一个阶级是社会上占统治地位的物质力量，同时也是社会上占统治地位的精神力量。支配着物质生产资料的阶级，同时也支配着精神生产的资料。因此，那些没有精神生产资料的

① 檀传宝：《学校道德教育原理》，教育科学出版社2003年版，第71页。

人的思想，一般是受统治阶级支配的。占统治阶级地位的思想不过是统治地位的物质关系在观念上的表现，不过是以思想的形式表现出来的占统治地位的物质关系。"① 可以说，古往今来的思想政治教育目标无一不代表了在社会上占统治地位的阶级的经济和政治利益，反映了一定社会的政治经济制度的要求。作为思想政治教育重要组成部分的学生思想政治教育，其目标的制定也必然受到社会经济制度和政治制度的制约，体现着一定社会的政治、经济的要求。

3. 学生个体的思想状况实际及身心发展规律是学生思想政治教育目标确立的个体依据

学生思想政治教育面对的是处于不同的发展阶段的学生，因而，学生个体的思想状况实际及身心发展规律是学生思想政治教育目标确立的重要个体考量因素。作为学生思想政治教育对象的学生，在文化程度上，有大学、中学、小学等不同层次，在年龄上，有儿童、少年、青年等不同层次，在思想觉悟上，有先进、中间和后进等不同层次，在个人需求上，有最高、中等、最低等不同层次。很显然，处于不同层次的教育对象的思想状况实际是有差别的，这就要求我们在确立学生思想政治教育目标时，要充分考虑学生思想政治教育目标与受教育者思想状况实际之间的紧密联系，考虑受教育者的接受可能性。同时，学生思想政治教育就是要把"一定社会的思想政治准则和法纪道德规范转化为受教育者个体的品德，受教育者的品德应该和可能达到什么样的规格要求，既要反映社会发展的要求，同时又必须考虑到他们的身心发展规律"②。心理学的诸多原理也告诉我们，教育的要求必须落到受教育者品德发展的"最近发展区"上，才能更容易引起受教育者品德发展的新需要，推动其思想品德的形成和发展。因而，学生思想政治教育要想达到预期的教育目标，就不能不依据学生个体的身心发展规律，充分考虑受教育者的身心发展、心理发展等因素，依据受教育者品德发展的年龄特征提出适合于受教育者的学生思想政治教育目标。偏离学生个体的思想品德发展实际以及学生身心发展规律的学生思想政治教育目标，不仅阻碍学生思想品德的发展，更是无效的。

---

① 《马克思恩格斯选集》（第一卷），人民出版社 1974 年版，第 52 页。

② 胡厚福：《德育学原理》，北京师范大学出版社 1997 年版，第 198 页。

4. 思想政治教育目标是学生思想政治教育目标确立的直接依据

思想政治教育必然涵盖着学生思想政治教育、军队思想政治教育、企业思想政治教育等多方面的内容，学生思想政治教育作为思想政治教育的重要组成部分，其目标的确立也必然受到思想政治教育目标的影响和制约，是学生思想政治教育目标确立最为直接的影响因素和依据。如果说党和国家的奋斗目标以及社会的生产力发展水平等是学生思想政治教育目标确立的客观外部因素的话，那么思想政治教育目标则是学生思想政治教育目标确立的直接的内部的因素。思想政治教育目标，“是指教育者根据社会的要求与人的发展要求，通过思想政治教育活动使受教育者的思想政治品德在一定时期内所要达到的预期结果，思想政治教育目标内容包含着对人才的思想素质、政治素质、道德素质和心理素质的要求”①，思想政治教育目标对学生思想政治教育目标起着统率的作用，学生思想政治教育目标必须服从和服务于思想政治教育的目标，思想政治教育目标的设定必然在方向上影响着、制约着学生思想政治教育目标的确立。可见，作为思想政治教育目标有机组成部分的学生思想政治教育目标的确立，必然要受到思想政治教育目标的影响和制约，这种影响和制约既体现在对学生思想政治教育目标确立的宏观方向的把握上，也体现在对学生思想政治教育目标微观实施的具体内容上。

（二）学生思想政治教育目标确立的意蕴所指

1. 学生思想政治教育目标是学生思想政治教育有效开展的风向标

学生思想政治教育目标的确立，使学生思想政治教育有了方向上的指引，为其需要怎么做和将要达到什么样的效果提供了指引。一方面，学生思想政治教育目标的确立，明确了学生思想政治教育过程中诸要素的角色定位，阐明了其任务。学生思想政治教育过程由教育内容、教育方法等一系列的要素构成，学生思想政治教育目标不明确，这些直接受到学生思想政治教育目标影响和制约的教育因素就无从着手。学生思想政治教育目标的确立，就从根本上规定了学生思想政治教育的最大方向，从而才能制订相应的教育计划，确定相应的教育内容，选择恰当的教育方法，调适不利的教育环境等，使学生思想政治教育有序开展。另一方面，学生思想政治教育目标的确立，使学生思想政治教育朝着既定的方向发展，围绕着预期

① 邱伟光、张耀灿：《思想政治教育学原理》，高等教育出版社1999年版，第182页。

的结果努力。正如尼·布勒马曾说："只有心中有一个坚定的、值得你为之做出最大努力的目标，才有可能期待自己在精神上和道德上达到一定的高度。"[①] 学生思想政治教育目标，使学生思想政治教育活动有步骤、有秩序地开展，使教育者和受教育者摆脱了盲目性，从而使思想政治教育实践有计划、有目的地朝着既定的目标前进。

2. 学生思想政治教育目标是学生思想政治教育的动力源泉

恩格斯曾说过，"人们通过每一个人追求他自己的，自觉期望的目的而创造自己的历史"[②]。心理学研究也表明，当一个人清晰地意识到自己的活动所要达到的目标与其意义并以它来推动自己进步时，这种目标就会成为一种持久而强大的推动力。学生思想政治教育目标的确立，也必将为教育者和受教育者自觉参与到教育活动中提供动力。"一方面，它促进教育者动脑筋，想办法，运用各种条件和手段，开展积极有效的学生思想政治教育活动，争取学生思想政治教育目标的圆满实现；另一方面，学生思想政治教育目标的确立，能够督促受教育者虚心接受教育，努力学习，加强自身修养，争取早日把自己培养成学生思想政治教育目标所要求的人才，从而使自身的发展不断朝着学生思想政治教育的目标前行。"[③] 这样，"教育者和受教育者都能从教育活动中感受到目标实现所带来的人才效应，以及精神需求的满足，从而，使目标产生导向和激励效应，激发和推动人们自觉的、积极地为实现目标而奋斗"[④]，为学生思想政治教育活动的有效开展提供持久的动力。

3. 学生思想政治教育目标是学生思想政治教育效果的衡量标尺

学生思想政治教育诸多活动的开展都是为实现其目标而服务的，因而，衡量学生思想政治教育是否取得了成效，取得了怎样的成效，其重要的标准和依据就是是否实现了学生思想政治教育的目标。一般来说，学生思想政治教育的目标完成得越圆满，学生思想政治教育所取得的效果就越好，反之，则效果越差。从总体上看，学生思想政治教育活动取得的成效程度如何，关键在于实现学生思想政治教育目标的程度如何，即受教育者的思想政治道德素质以及认识世界、改造世界的能力是否提高。可见，学

① 转引自邓演平《大学生成才修养论》，湖南科技出版社 1994 年版，第 51 页。

② 《马克思恩格斯选集》（第四卷），人民出版社 1997 年版，第 243 页。

③ 邓演平：《大学生成才修养论》，湖南科技出版社 1994 年版，第 51 页。

④ 邱伟光、张耀灿：《思想政治教育学原理》，高等教育出版社 1999 年版，第 180 页。

生思想政治教育的目标是衡量和检验学生思想政治教育效果如何的重要参考尺度和标准。

四　学生思想政治教育目标的功能解读

（一）导向功能

所谓导向功能，是指学生思想政治教育目标“能够把教育活动引向教育者所要求的方向，并产生教育者所期望的教育效果”①。学生思想政治教育目标的导向功能，主要体现在以下几个方面：首先，学生思想政治教育的目标，能够保证学生思想政治教育的社会性质，引导社会主义的方向。任何社会的学生思想政治教育都通过目标来赋予其一定的社会性质，引导学生思想政治教育活动的进行，并更好地为社会服务，从而保证社会自身得到继承和发展，学生思想政治教育目标亦是如此。其次，学生思想政治教育目标为其活动指明了方向。学生思想政治教育目标规定了其活动的最大方向，对具体的思想政治教育活动具有引导的作用，可以说，学生思想政治教育内容的选择、方法的确立、活动的形式、环境的改造等，都必须以学生思想政治教育目标的实现为最高的准则。最后，学生思想政治教育目标为培养什么样的人指明了方向。学生思想政治教育的对象是人，学生思想政治教育从方向上规定了所应培养的人所应该具有的思想道德品质的规格或者是标准。可以说，学生思想政治教育目标，能够保证教育活动的开展、教育对象思想品德的培养以及教育方法的选择等都不偏离预定的正确的轨道，朝着既定的方向发展，向着预定的结果努力，从而促进学生思想政治教育效果实现的最大化和最优化。

（二）调控功能

可以说，学生思想政治教育目标一经确立，就对学生思想政治教育活动的全过程具有了调控的作用。学生思想政治教育的调控功能有三个方面所指：首先，调控功能的全方位性，即不仅有宏观调控还有微观调控。具体来说，就是学生思想政治教育的目标从整体上对学生思想政治教育活动的体系、规划具有指导、调节功能，从微观上对学生思想政治教育的具体计划内容、活动的安排、内容的选择等进行支配和调节。其次，调控功能的全面性，即不仅指向教育者还指向受教育者。具体来说，不仅仅是教育

① 邱伟光、张耀灿：《思想政治教育学原理》，高等教育出版社 1999 年版，第 182 页。

者的教授活动受到学生思想政治教育目标的支配与控制，而且学生的思想品德成长与发展也受到学生思想政治教育目标的支配与规约，引导着学生思想品德的发展，规范着学生的道德行为。最后，调控功能的全过程性，即不仅调控学生思想政治教育的内容还调控着其方法、手段等。换言之，学生思想政治教育目标对其教育活动全过程中任何一个教育因素都有着支配、调节、控制的功能。

（三）激励功能

学生思想政治教育的激励功能主要是针对教育者和受教育者来说，即可以激励教育者和受教育者道德培养的积极性和主动性，从而激励他们奋发向上。激励功能主要是增强教育者和受教育者在思想政治教育活动中发展自我和提升自我的自觉性。当教育者、教育对象意识到学生思想政治教育目标对自身未来成长的积极意义时，就会按照目标的要求不断地发展和完善自我，使最初的自然的、原始的、无意识的成长变为有目的、有意识的自觉发展，从而实现目标的内在驱动力。同时，在思想政治教育目标的实现过程中，会受到各种外在因素的挑战和阻碍，而学生思想政治教育目标的激励功能则能深层次地激发、挖掘人们的潜力，使他们认清未来的发展前景，增强战胜困难的信心，最终克服重重障碍，从而达到预期的目标。

（四）评价功能

评价功能是指学生思想政治教育目标具有衡量、检验教育效果的功能。学生思想政治教育的目标是学生思想政治教育活动的出发点和归宿，那么，检验学生思想政治教育活动成效如何最根本的标准，也应当是学生思想政治教育的目标。在学生思想政治教育的整个活动过程中，教育者成绩的高低、学生思想品德发展的状况、所采取的教育手段或者方法的选择是否有效等，均有着具体的评价标准，但是这些所有细化的评价标准的最高价值预设均来源于学生思想政治教育的目标。可以说，学生思想政治教育的目标既内含着评价标准的基本精神，也是学生思想政治教育效果评价的最高准则。

第二节　学生思想政治教育的总体目标

一　学生思想政治教育总体目标的内涵阐释

学生思想政治教育的总体目标也即学生思想政治教育的总目标是学

生思想政治教育最为根本的目标。对于学生思想政治教育总体目标的内涵，我们可以从以下方面进行解读：首先，从数量上看，学生思想政治教育的总体目标是一不是多。尽管依据不同的划分层次和划分视角，学生思想政治教育目标呈现出数量上的多，但是其总目标却是一个，而且是唯一的一个。任何阶段、层次的学生思想政治教育目标都是学生思想政治教育总体目标的具体化表达。其次，从地位上看，学生思想政治教育的总体目标作为统领性的地位而存在。学生思想政治教育的总体目标，是学生思想政治教育实践活动总的发展方向和总的要求。可以说，学生思想政治教育的总体目标一经确立，就直接决定着学生思想政治教育的内容、方法和手段等，也直接决定着学生思想政治教育的具体目标的内容，它是学生思想政治教育阶段目标、具体目标、层次目标的灵魂和核心，它直接规定、统领着一切学生思想政治教育实践活动的发展。最后，从表现形式上看，学生思想政治教育的总体目标是抽象而笼统的。学生思想政治教育的总体目标，是通过学生思想政治教育的实践活动所要使学生培养的品德规格要求，具有高度的概括性和抽象性。通常，在学生思想政治教育的实践活动中，要将其分解成具体的、可操作的目标体系。

二 学生思想政治教育总体目标的内容构成

（一）思想素质目标是学生思想政治教育总体目标的导向性内容

1. 培养学生具有辩证唯物主义和历史唯物主义的观点，提高学生认识和改造客观世界和主观世界的能力。使学生能够树立起科学而进步的人生观，正确认识人的本质、人生价值，端正人生态度，全面地、辩证地认识自己、正视自己，客观评价自己，从而树立起崇高的人生理想和信念。教育学生懂得人生的目的和价值，对奉献和索取有着正确的认识，懂得改革开放以来我国的形势，明确自身的历史使命。要培养学生具有正确的价值观，正确对待公与私、义与利、荣与辱、美与丑、善与恶、苦与乐等问题，能正确地认识个人、集体与社会利益三者的关系，正确处理好三者之间的关系。

2. 培养学生具有乐于奉献、为人民服务的思想。“马克思主义认为，不是神灵创造历史，也不是英雄创造历史，而是人民群众创造历史。人民，只有人民，才是创造世界历史的动力，人民是历史的主人，是历史的创造者，人民的力量是无穷无尽的”①，因此，学生思想政治教育必须教育学生全心全意为人民服务，使学生初步形成心中有他人、心中有集体，树立先人后己、个人利益服从集体利益的思想观念，树立为人民服务的思想，毫不利己、专门利人、大公无私、无私奉献，正确处理个人与集体、奉献与索取的关系，在为人民服务的过程中实现永恒价值。

3. 培养学生具有与社会主义市场经济、改革开放相适应的思想观点。艰苦奋斗是我们党的优良传统，是党团结和带领人民实现国家富强、民族振兴的强大精神力量。党的中央领导集体历来都十分重视继承和发扬艰苦奋斗精神，并将其作为一贯的治党、治国、治军的重要原则贯穿始终。在新的历史条件下，同样需要永远高扬艰苦奋斗的旗帜不动摇，提倡艰苦奋斗，勤俭节约，反对铺张浪费，不怕艰难困苦，坚持英勇斗争。在思想开放、理念更新、生活多样化的时代，艰苦奋斗、勤俭节约仍是人类共同的价值方向。同时，还要发扬公平竞争、锐意进取、开拓创新的精神。

4. 培养学生具有实事求是、追求新知、独立思考、勇于创新等思想品质。要鼓励学生变革传统观念，促进观念更新，培养学生的创造精神、务实的思想、竞争的意识和拼搏的精神，使他们善于独立地分析、思考问题，形成自己的主张和见解，用发展的眼光、创新的思维解决问题。

5. 培养学生树立共产主义的理想信念。学会运用马克思主义的观点、立场分析各种社会现象，有较强的民族自信心、自尊心、荣誉感，初步树立起为祖国富强、人民幸福奉献青春的理想信念；培养学生具有为中华民族的伟大复兴而勤奋学习的远大志向，能够在社会主义共同理想和共产主义理想的指导下，较好地处理理想与现实、升学与就业之间的关系，初步树立起跟着共产党走社会主义道路的政治信念。

（二）政治素质目标是学生思想政治教育总体目标的根本性内容

1. 培养学生具有坚定而正确的政治方向，提高学生的政治觉悟。学生思想政治教育要通过各种有效途径，使学生能够坚持四项基本原则，提高学生自觉拥护和执行党和国家的路线、方针、政策的觉悟，坚持改革开放，在重大政治原则问题上，是非界限分明，能站在党和人民的立场上，对各种错误思潮有一定的辨别能力，勇于抵制形形色色的剥削阶级思想、错误观念、不正之风，同腐败现象做斗争的能力。

① 李建军：《从信仰视角看为人民服务》，《思想理论教育导刊》2004年第12期。

2. 培养学生爱祖国、爱人民、爱劳动、爱社会主义的情感，培养学生社会主义主人翁的责任感。使学生知道人民是国家的主人，各族人民共同建设了我们的家园，了解我国人民勤劳、智慧、勇敢、顽强等传统美德；教育学生懂得劳动光荣，懒惰可耻，祖国的建设、人民的生活离不开各行各业的劳动者，知道幸福生活要靠劳动来创造，使学生养成吃苦耐劳、艰苦奋斗的精神；初步掌握我国国情和坚持四项基本原则的重要性与必要性，初步了解社会主义的优越性和改革开放的伟大成就，增强学生对党、对社会主义、对伟大祖国的热爱之情，初步掌握马克思主义的基本原理和社会发展的规律，了解资本主义向共产主义过渡是不以人的意志为转移的必然规律。使学生逐步养成过集体民主生活的习惯，懂得个人的成长离不开集体，能够积极主动地为集体服务，初步树立正确的社会观念，具有积极向上的政治愿望。培养学生具有一定的爱祖国、爱人民、爱劳动、爱科学、爱社会主义的思想感情，了解社会主义现代化建设的常识，具有基本的民主与法制观念，遵守校规校纪，基本了解国家教育公平的原则，能正确对待升学问题，增强集体服务意识和辨别是非的能力，做有理想、有道德、有文化、有纪律的社会主义合格公民。

3. 培养学生拥护热爱中国共产党的领导。教育学生知道中国共产党过去领导人民进行的革命斗争，建立新中国的历史，教育学生深刻体会没有共产党就没有今天改革开放的大好形势和社会主义现代化建设取得的伟大成就；懂得党在社会主义初级阶段的基本路线、方针和政策，有较高的思想觉悟，努力向中国共产党组织靠拢。

4. 培养学生具有国防意识和国家安全意识。初步了解马克思主义关于国家、政党、民族、宗教信仰各方面的基本观点，了解国际社会和我国的和平外交政策，学会初步运用马克思主义观点分析、认识国家政治改革形势和一些重大的国际问题，关心国际国内的时事政治，关心祖国的前途和命运，树立正确的国家意识，树立对国家、对民族的责任感和主人翁精神，逐步形成正确的安全意识和关心国家大事，自觉维护安定团结局势的政治态度。

（三）道德素质目标是学生思想政治教育总体目标的核心性内容

1. 个人品德素质目标。教育学生为人正直、诚实、善良、宽容；初步具有正确的审美观念，能够正确地美化自己的生活，逐步养成文明交往、礼貌待人的行为习惯，尊重他人的宗教信仰、性格特点和生活习惯；

自尊自爱，注重仪表，教育学生尊重自己的人格，爱惜自己的名誉，热爱生活，养成健康的生活方式。同学之间初步养成珍惜友谊、履行诺言、互谅互让、尊重异性的关系，基本形成尊重师长，正确对待师长教导的品德，学会能够正确地处理好师生、同学、家庭成员、邻里之间的关系，为建立正确的社会主义人际关系打好基础，基本形成热爱劳动，珍惜劳动成果、爱护公共财产等良好的公民个人品德。形成自觉积极参加劳动的习惯，逐步形成艰苦朴素和珍惜劳动成果的意志和品德；热爱学习、刻苦钻研，逐步掌握正确的学习方法，养成良好的学习习惯，养成认真学习、按时独立完成作业的态度和习惯。能正确地认识民主与法制、权利与义务、理想与现实之间的关系，正确对待自己与社会之间的双向选择，以积极的态度处理好升学和就业的关系；具有大局意识和责任意识，能够顾全大局、识大体。

2. 社会公德素质目标。教育学生遵守并维护社会公德和公共秩序，讲文明，有礼貌，爱护公共财物。培养学生具有爱祖国、爱人民、爱劳动、爱科学、爱社会主义的道德品质，并把这种要求体现在自己的行为之中，树立正确的劳动态度，具有崇高的职业道德品质。具有较好的遵守社会公德的意识和文明行为习惯，珍惜同学感情，尊重、关心、爱护和帮助他人，积极参加劳动，初步养成劳动习惯和生活自理的能力，养成自觉遵守社会公德的良好品质。养成健康的上网习惯，不沉迷于网络，不传播有害的网络信息，掌握辩证分析问题的方法，能较为全面、客观、理性地看待社会各种的道德问题。从社会主义人道主义的社会关系出发，使学生热爱人、尊重人，建立起人与人之间的尊重、理解、团结、互助、信任的人际关系，同情与帮助弱者，弘扬人性，尊重人的地位，重视人的人格。

3. 职业道德素质目标。教育学生“树立爱岗敬业的意识，即树立主人翁责任感，高尚的职业尊严感和荣誉感，目标明确的事业心和成就感，引导学生忠于职守，热爱本职工作，引导学生树立职业规范意识，引导学生充分认识和执行各种职业规范，倡导文明礼貌、诚实守信、办事公道、团结互助”①。同时还要引导学生认识到职业只有分工的不同，没有高低贵贱之分，无论从事什么工作，只要做出成绩，对社会有所贡献，都应该

---

① 陈万柏、张耀灿：《思想政治教育学原理》，高等教育出版社 2007 年版，第 196—197 页。

得到社会的肯定，引导学生树立职业自豪感，形成良好的职业道德。

4. 家庭美德素质目标。引导学生树立正确的恋爱观，教育学生把共同的理想、情趣和相互爱慕作为爱情的基础，提倡在恋爱中相互理解、相互尊重、相互信任、相互帮助、忠实专一。并学会正确地处理爱情和事业的关系，使爱情成为推动工作、学习的力量。同时要引导学生遵守婚姻、家庭生活中的基本道德准则。在处理婚姻、家庭的关系时，做到婚姻自由、男女平等、互敬互爱、和睦相处，要引导学生把爱情和义务统一起来，自觉承担起赡养父母、抚育子女的责任。提倡晚婚，实行计划生育，通过这些规范，建立美好的婚姻和家庭生活。

5. 环境道德素质目标。当前，世界范围内环境污染、生态破坏、资源浪费等问题严重，但环境问题是超越制度、国家、民族、宗教的，这就需要培养学生的环境道德素质。“使学生认识、了解环境，掌握一定的环境知识，产生热爱环境的情感，学会保护环境的技能，恪守保护环境的规范、准则，以促进环境的良性可持续发展。”①

（四）心理素质目标是学生思想政治教育总体目标的基础性内容

1. 交往心理素质目标。树立良好的意志、品格和活泼开朗的性格，同学之间互爱互助，助人为乐，不打架、不骂人，养成诚实、正直，积极向上，自尊自强的品质。教育学生尊重他人、学会容纳他人，观察学生之间的差异性，提倡宽容理解，尊重差异。掌握解决人际矛盾的方法，具有较好的人际调适的能力。初步具有认识自我、自我调节和自我控制的能力。有健康向上的恋爱心理，正确地处理好和异性的关系，分清友谊和爱情。教育学生学会自制、自控地合理地表达自己的情绪。具有自我保护的意识和能力，具有正确的择友、交友能力，克服骄傲自满、心浮气躁、自以为是的不良心理，拥有良好的人际交往的能力。

2. 个性心理素质目标。能较为全面、客观地认识自己，清楚自身的定位，认识自己的能力，能正确地认识和评价自己，既不妄自尊大，也不过分自卑，明确自己的发展使命，树立自信心勇敢地接纳自己。“培养学生自尊、自爱、自立、自信、诚实正直，积极进取、开拓进取，坚强意志，耐挫能力等现代人所具备的良好个性心理素质。”② 形成自尊自爱、

① 詹万生：《整体构建德育体系总论》，教育科学出版社2001年版，第321页。

② 同上书，第332页。

自强的心理素质，初步形成健康的意志、情感、兴趣、爱好等心理品质，在行动上活泼开朗、积极向上、勇于进取、诚实守信、有毅力。为人正直诚信、友爱同学。能够有效地应对学习和生活中的各种压力，勇敢接受各种挑战。对艰苦环境和挫折具有较强的适应能力。能继续探索、锻炼自己，主动适应社会需要。同时也要教育学生学会交谈、学会倾听、学会拒绝。

3. 学习心理素质目标。努力学习，掌握科学知识，初步了解学习的基本环节，学会学习，争取做个合格的学生。掌握科学的学习方法，寻找适合自己的金钥匙。在困难面前不退缩，在挫折面前不灰心，培养自己的自学能力，并积极地激发自我学习的好奇心和求知欲望，积极适应校园生活。科学复习，提高应考能力，进一步改善思维品质，懂得应考的心理调适，增强心理承受能力。认真学好各门功课，养成刻苦学习的良好学习习惯，能独立思考，具有一定的是非辨别能力，具备正确的安全意识和毕业意识，有为人民服务的决心和勇气。从自己和社会的实际出发，正确对待专业选择，做好几手准备，对自己的特长和社会、祖国的需要及二者之间的联系有正确的认识，保持良好的学习态度和习惯，积极面对现实。

（五）法纪素质目标是学生思想政治教育总体目标的保障性内容

1. 民主素质目标。引导学生掌握社会主义民主的内容，即“人民是国家的主人，国家的一切权力都属于人民，法律面前人人平等，依法享有人身、言论、出版、集会、结社、游行等权力”①。社会主义民主是人民民主专政的一个主要内容，是社会主义制度的一个重要的政治原则，发展社会主义民主是党的一贯方针。对学生进行社会主义民主教育，使学生充分地认识到社会主义民主与资产阶级民主存在着本质的区别。让学生认识到民主实现的程度受到主客观条件的制约，达到高度的社会主义民主这一目标是一个漫长的过程。引导学生正确认识民主和专政、民主和集中、民主和法制的关系。认识到社会主义民主和法制密切相连，民主是法制的基础，法制是民主的保障，只有在健全的法制的范围内，才能享受到真正的民主。教育学生掌握自我教育的方法，即说服教育的方法、批评与自我批评的方法，让学生善于运用这一方法解决思想问题和认识问题，以提高思

① 思想道德修养与法律基础编写组：《思想道德修养与法律基础》，高等教育出版社 2013 年版，第 127 页。

想政治觉悟。

2. 法制素质目标。帮助学生明确依法治国这一科学含义，引导学生树立宪法至上的意识，树立法律面前人人平等的意识，从而帮助学生树立明确的法治意识，这是实现法制素质目标的基础。引导学生自觉地学习、维护和遵守中华人民共和国宪法和其他法律，正确行使法律所赋予的民主权利，自觉履行法律所规定的义务，树立起与公民权利和义务相统一的意识，做到知法守法，形成依法治国、依法办事的观念。教育学生掌握民主与法制的观念，能够认识自己和他人的权利，认识法律的平等性和强制性。有良好的社会主义法律意识和法制观念，正确看待自由平等、公平正义、权利义务的关系，做到知法、懂法、守法、用法，能够运用法律手段和武器维护自身的合法权益，教育学生掌握《宪法》、《交通法规》、《教育法》、《未成年人保护法》、《未成年人犯罪法》、《义务教育法》、《婚姻法》、《环境保护法》等法律中的基本知识，学会运用这些法律保护自己的合法权益。

3. 自觉纪律素质目标。“纪律是维护学校教学秩序的保证，公共场所需要有良好的秩序。自觉纪律素质目标指通过自觉纪律，帮助学生正确认识纪律的必要性和合理性，使学生自觉遵守各项纪律，用纪律来约束自己的行为，使年青一代养成自觉遵守纪律的习惯和品质。遵规守纪，是学生在学校集体生活和学习的要求，是学校中最为起码的文明行为规范。教育学生自觉遵守学校纪律、公共秩序和交通规则，养成遵守纪律的品质。”① 教育学生自觉维护学校和班级的纪律以及有关的规章制度，对违反纪律的行为能够主动抵制。要教育学生正确认识纪律和自由的关系，牢记并遵守学校的学习制度、生活制度、劳动制度、体育锻炼制度以及课堂常规、校园纪律、图书馆规则等各项学校规章制度。对学生的自觉纪律目标，不仅仅要让学生熟知、理解这些条文和规定，更重要的是在日常的生活中，能够自觉遵守，养成遵规守纪的好习惯。

可以说，学生思想政治教育的总体目标内容的以上五个方面，既有各自特定的内容，又是一个不可分割的、有着内在联系的有机整体。政治素质目标是根本，思想素质目标是导向，道德素质目标是核心，法纪素质目标是保障，心理素质目标是基础，它们之间相互制约、相互渗透、相互依

---

① 詹万生：《整体构建德育体系总论》，教育科学出版社2001年版，第331页。

赖、相互补充，构成了学生思想政治教育总体目标的内容。

第三节　学生思想政治教育的学段目标

学生的学业过程，就是学生完成相应阶段知识学习和不断提高自身知识文化水平的过程，同时也是学生生理和心理上不断成长、不断成熟的过程，因此，我们必须根据不同学业阶段学生在生理和心理上的成长状况，制定不同的学生思想政治教育目标。学生思想政治教育的学段目标，就是对不同阶段（如小学、初中、高中、大学等）的学生思想政治教育目标进行具体的划分。以学生思想政治教育学段的不同为标准，可以把学生思想政治教育目标划分为小学阶段的学生思想政治教育目标、中学阶段的学生思想政治教育目标和大学阶段的学生思想政治教育目标。同时，也只有在充分地考虑了学生生理和心理特点的基础上建立起来的学生思想政治教育目标，才能更加符合学生品德发展的实际，从而提高学生思想政治教育目标的针对性和实效性。

一　小学阶段的学生思想政治教育目标

（一）小学生的特点

1. 小学生的生理特点

在小学阶段，小学生身体的发育相对缓慢而稳定，小学生的身体基本上处于匀速发展阶段。在6—8岁，小学生身体各个器官的发育属于平稳期，男生和女生的发育在身体上没有明显的差异，7—8岁，小学生开始换牙。在小学高年级，小学生开始缓慢进入生长发育阶级。但是由于性别的不同，男生和女生在发育上的增长速度表现出不均衡性。自9—12岁开始，也就是进入小学高年级，男生的身高、体重等指标高于女生，但之后女生的整体发育水平逐步地超过男生。小学生肌肉的弹性加强，但是力量差且易于疲劳。他们的心脏和血管都在匀速地不断增长或者增加，肺器官也在此阶段得到了质的飞跃，其结构也基本发育完成，并在此期间也匀速发展，新陈代谢的速度加快。神经系统也不断得到发展，尤其是脑的发育不断加速，大脑的重量不断增加，大脑机能不断得到完善，兴奋性条件反射有所发展，为大脑摄取知识做好了准备。

2. 小学生的心理特点

小学生的心理发展是迅速的，尤其是在智力和思维能力的发展上。小学阶段，小学生开始进入正规的学习阶段，各种各样的实践活动开始向他们提出各种各样的问题和挑战，“促使着他们开始逐渐地运用抽象概念进行思维，促使他们的智力水平开始从以具体形象思维为主要形式逐步向以抽象逻辑思维为主要形式过渡，这种过渡，是智力和思维发展上的质变”①，同时，也促进了小学生社会性和个性的迅速发展。虽然小学生的心理发展是迅速的，但由于脑和神经系统的均匀与平稳发育，又使小学生的心理得到了非常协调的发展。“自觉纪律的形成和发展在小学阶段的心理发展中，占有着相当显著的地位。在情绪发展上，由于小学生经历有限，内心世界不太复杂，这个阶段的闭锁性不强，表现出明显的开放性。他们的情绪和情感富于变化性，喜、怒、哀、乐均明显地表现于面部，而且容易变化，不善于修饰和控制。”② 可以说，这一时期，小学生的心理变化和心理发展表现出较大的可塑性、开放性和协调性特点。

3. 小学生的品德成长特点

在小学阶段，学生处于儿童期。小学生品德成长的特点是：从总体上看，“小学生的道德认知是由表象到本质，由模糊到明确逐步发展的，6—8 岁的低年级学生对道德概念的理解模糊、不准确，9—12 岁的高年级学生的道德认识逐步向准确、深刻发展。”③ 具体的表现为，1—2 年级的小学生对美丑、善恶、是非、荣辱的辨别能力还比较低，在道德认识上往往带有表面性、肤浅性的特点，道德意志也十分薄弱，在道德评价上，缺乏独立性。他们的道德认识和言行，往往直接反映着教师和家长的要求，因此，从表面上看，他们的言行是一致的，但是这种一致性的水平是比较低的。“同时也未养成稳定的道德行为习惯。小学 9—12 岁高年级的学生，他们的品德行为比较复杂，具有了一定的原则性，在品德操作系统中，也产生了一定的策略和自我设想。”④ 在品德的反馈系统中，开始对他人的评价进行一定的分析，他们的行为也开始与家长和教师的指令出现一定的差异。虽然至小学高年级，小学生的道德评价、道德行为方面的自

① 王耕、叶忠根、林崇德：《小学生心理学》，浙江教育出版社 2007 年版，第 12 页。

② 同上书，第 13—14 页。

③ 李德全、蒋礼文：《新时期学校德育目标分层研究》，科学出版社 2012 年版，第 36 页。

④ 刘济良：《德育原理》，高等教育出版社 2010 年版，第 82 页。

觉性、自制性和独立性等方面有了一定程度的发展，但仍表现出较大的表面性、具体性和波动性。

（二）小学阶段的学生思想政治教育目标

1. 思想素质目标

激发小学生热爱自然、热爱科学，树立初步的辩证唯物主义观点。教育小学生能够利用观察、比较、调查等简单的方法认识自然现象，树立起科学精神。培养小学生的集体意识，教育小学生热爱和关心集体，树立集体荣誉感和责任感、归属感。积极参加集体的活动，努力完成集体的任务，学习做集体的小主人。培养小学生尊重劳动、热爱劳动的精神，养成自己的事情自己做的好习惯。

2. 政治素质目标

热爱祖国。要知道自己是中国人，能够认识祖国的版图，会唱国歌，尊敬国旗、国徽，了解祖国的壮烈山河，悠久的历史，灿烂的文化。热爱人民。知道人民是国家的主人，了解人民的勤劳、质朴与勇敢等优秀品质，培养热爱人民的感情，尊重各行各业的劳动者，要有为人民服务的决心，初步树立起为人民服务的意识。爱社会主义。知道我国是社会主义国家，了解我国社会主义现代化建设的伟大成就和改革开放以来的巨大变化，支持并拥护社会主义，对我国社会主义建设事业充满信心。爱中国共产党。知道中国共产党领导人民进行革命的历史，深刻理解没有共产党就没有新中国，知道中国共产党是中国少年先锋队的创建者和领导者，少先队员要接受党的教育，要做党的好孩子。

3. 道德素质目标

初步养成良好的生活、卫生习惯，初步养成健康的生活方式，养成基本的文明行为习惯。爱亲敬长，真诚有爱，学会与他人友好、和睦地相处。要初步掌握在家庭、学校和社会中待人接物的日常生活礼仪。遵守社会的道德规范和公共秩序。要教育小学生自觉维护公共场所的秩序，遵守社会公德，爱护公共设施，爱护花草树木，爱护环境，在社会实践活动中，增强文明意识和社会责任感，成为社会的小主人。

4. 心理素质目标

培养小学生热爱生活的积极态度。教育小学生自尊自信，学习和欣赏自己的优点和长处，能够看到自己的成长和进步，掌握一些调节情绪的简单方法。要有应对挑战的信心和勇气，在生活、学习中遇到问题时，能够积极地想办法解决问题，“引导儿童感悟、体会生活对自我发展的价值，鼓励儿童积极参与生活，陶冶儿童热爱生活的积极情感，从而让儿童学会过有意义的生活①。”

5. 法纪素质目标

培养小学生初步形成规则意识和民主、法治观念，崇尚公平与正义。教育小学生自觉遵守学校纪律、公共秩序和交通规则，初步了解未成年人的基本权利和义务，懂得规则、法律对于保障每一个人的权利和维护社会公共生活的重要意义，提高学习法律的自觉性，从小培养遵纪守法的品质，使他们成为遵纪守法的好公民。

二　初中阶段的学生思想政治教育目标

（一）初中生的特点

1. 初中生的生理特点

初中阶段，是初中生个体的一个新的迅速生长时期，在这一时期，初中生正处于青春期，在生理上正发生着急剧的变化。在身体外形上的变化是显而易见的。青春期激素活动的加强，促进了软骨的生长，导致了身高的增长，体重也与之前不同，明显增加。除了身体、体重外，初中生的胸围、肩宽、坐高等身体外形上也有了明显的变化，反映出初中阶段是学生个体生长发育的第二个高峰的特点。在内部机能上，心脏的重量增加，机能增强，脑和神经系统的结构和功能也逐渐成熟。同时，在初中阶段，睾丸、卵巢所分泌的性激素促成了第二性征的发育，导致了男女初中生形态上的性别特征和性器官、性功能的成熟。

2. 初中生的心理特点

由于初中阶段是初中生心理和生理的动荡时期，这一时期的心理特征，“从总体上看，这是一个半幼稚、半成熟的时期，是独立性和依赖性、自觉性和幼稚性错综复杂的时期②。”初中生自我意识的发展，使他们感到自己已经长大，希望像成人一样独立地生活并得到成人的尊重，开始要求了解自己的体验和评价自己，在自我评价上，他们逐渐摆脱成人评

① 中华人民共和国教育部制定：《义务教育品德与生活课程标准》（2011 年版），北京师范大学出版社 2011 年版，第 92 页。

② 朱智贤：《儿童心理学》，人民教育出版社 2003 年版，第 433 页。

价的影响，而产生独立评价的倾向，同时认为成年人和自己存在代沟，从而开始将同龄人的评价和成人的评价同等对待，并慢慢表现出更重视同龄人的评价和看法，从而忽视成人的评价和指导，在行为上他们不再一贯地事事询问成人、依赖成人，他们开始有自己的见解和社会交往，并渴望得到成人的承认与理解。“初中生在情绪上表现出明显的两面性和两极性。随着初中生心理能力的发展和生活经验的不断扩大，初中生的情绪感受和表现形式也不再像以往那么单一了，表现出明确的两面性：强烈、狂暴性与温和、细腻性共存，情绪的可变性和固执性共存，情绪的内向性和表现性共存。”① 同时，随着年龄的增长和生理上的成熟，其性意识也觉醒，并不断发展。

3. 初中生的品德成长特点

从总体上看，初中生对于道德概念的理解已经基本正确，开始运用道德规范来进行道德判断，对人的评价能力也有了一定程度的发展，在初中生的道德动机中，道德信念的地位变得更为重要，品德心理中的自我意识更加明显，形成的道德习惯逐步稳固，其品德结构的组织形式也逐步完善。初中生在生理上的巨大变化，引起心理上的突变，使得初中生的道德认识表现出明显的积极性、自觉性、主动性和独立性。其道德意志也在随着年级的增长而逐步发展，坚持性和自制力不断增强。初中生开始形成道德伦理，并按照道德准则开始独立而自觉地调节自己的行为。“在道德践行中也表现出一定的意志努力的特征。但是由于初中生缺少社会阅历、意志薄弱，易冲动，使得初中生在道德发展中又表现出明显的动荡性。初中生在道德动机、道德观念、道德情感、道德意志和道德行为等各方面都处于一种矛盾的状态，初中阶段是世界观和人生观萌芽的时期，同时又是两极分化严重的时期，从整个中学阶段来看，初中二年级是品德发展的关键期，初中三年级后是品德的初步成熟期。”②

（二）初中阶段的学生思想政治教育目标

1. 思想素质目标

培养初中生热爱社会主义事业，并激励初中生把这种思想转化为实际的行动。培养初中生为实现现代化，振兴中华而学习的动机，把热爱社会

① 张文新：《青少年发展心理学》，山东人民出版社 2012 年版，第 345 页。

② 黄熠峰、雷雳：《初中生心理学》，浙江教育出版社 1993 年版，第 255 页。

主义转化为为社会主义事业而奋发学习的实际行动。培养初中生树立起集体意识，能够正确地处理好个人、集体和国家三者之间的关系。教育初中生坚持辩证的观点，实事求是，全面地看待问题，培养初中生辩证地分析问题，自觉处理和解决问题的能力。

2. 政治素质目标

“培养初中生热爱祖国、热爱人民和热爱社会主义的情感。感受个人成长与民族文化和国家命运之间的联系，提高初中生的文化认同感、民族自豪感，继承革命传统，弘扬民族精神，以及构建社会主义和谐社会的责任意识。”① 教育和培养初中生热爱和拥护中国共产党的领导。深刻体会中国共产党是中国特色社会主义事业的领导核心，坚持四项基本原则，响应党的号召。坚定走社会主义道路的信心和决心，为中国特色社会主义建设贡献自己的微薄力量。

3. 道德素质目标

教育初中生穿戴大方，有良好的卫生习惯和文明的行为举止，有健康的生活方式。遵守社会公德，明辨是非，遵守公共秩序，真诚待人。能够热情帮助别人，诚实守信，礼貌待人，不做有损于自己和他人的事情，与他人友好相处，团结友爱、助人为乐、见义勇为。

4. 心理素质目标

培养初中生积极健康的心理品质，促进生理和心理的协调发展。“教育初中生感受生命的可贵，养成自尊、自信、乐观向上的生活态度。教育初中生能够积极悦纳自己的生理变化，并了解青春期心理卫生知识，学会克服青春期的烦恼。学会调节和控制情绪，保持乐观、积极的心态。”② 了解不同劳动和职业的特点及其独特价值，做好升学和职业选择的心理准备。

5. 法纪素质目标

培养初中生的规则意识。教育学生掌握和了解社会、学校、家庭生活中的规则，教育初中生遵守相关规则和秩序，树立起规则意识。培养初中生的法治观念，增强其公民意识。“使初中生了解宪法对公民基本权利和

---

① 中华人民共和国教育部制定：《义务教育思想品德课程标准》，北京师范大学出版社2011年版，第69页。

② 胡田庚：《中学思想政治课程标准与教材分析》，科学出版社2012年版，第51页。

义务的规定，懂得正确行使权利，自觉履行义务，知道法律保护消费者的合法权益，学会运用法律维护自己作为消费者的权益，知道法律对未成年人的特殊保护，了解家庭保护、学校保护、社会保护和司法保护的基本内容，掌握获得法律帮助和维护合法权益的方式和途径，提高运用法律的能力。"①

三　高中阶段的学生思想政治教育目标

（一）高中生的特点

1. 高中生的生理特点

"高中阶段是人体发展成熟的阶段，也是身体发展的定型阶段。在这个时期，人体整体生长发育在经过青春期的急骤发育后，进入了相对稳定阶段，人体内的组织与器官的机能逐步达到成熟水平。"② 在外形上，经过了初中阶段学生生理上的急骤发育阶段，高中生在身高、体重和胸围的发育上，开始出现增长速度减慢，年增长值减少的趋势。在这一阶段，心脏不断发育，机能不断增强，肺活量增大，脑的发育和神经细胞的分化，均已经达到了成人的水平，脑和神经系统的基本成熟，为高中生走向更为复杂的学习、生活提供了可能性。从生殖系统的发育情况来看，这一时期，高中男生处于性萌动到性成熟的阶段，而高中女生正处于性成熟阶段。

2. 高中生的心理特点

高中阶段，学生的自我意识获得了高度发展。高中生已经完全意识到自己是一个独立的个体，因此要求独立的愿望十分强烈，但是这种独立性也是建立在与成人和睦相处的基础上的。"高中生自我意识的发展，对于形成稳定的人格特征以及价值观等方面均具有决定性的作用。与智力发展相呼应，高中生的个性品质也逐步趋于成熟。高中生十分关心自己的个性特点方面的优缺点，在对人对己的评价上，也将个性是否完善放在首要位置。在自我评价上也更成熟。到了高中阶段，由于抽象逻辑思维的进一步发展，知识经验的日益丰富，高中生逐渐学会了较为全面、客观辩证地看待自己，自我评价的能力变得全面、主动，而且趋于深刻，表现为他们不

① 胡田庚：《中学思想政治课程标准与教材分析》，科学出版社 2012 年版，第 52—53 页。

② 郑和钧：《高中生心理学》，浙江教育出版社 1999 年版，第 55 页。

仅能分析自己一时的思想矛盾和心理状态，还能认识到自己对某一具体行为起支配作用的个别心理特点，还经常对自己的整个心理面貌进行估量，能认识到自己比较稳定的个性心理品质。”① 可以说，高中生在自我观察、自我体验、自我评价和自我监督、自我控制等方面都获得了高度的发展，并趋于成熟。

3. 高中生的品德成长特点

在高中阶段，高中生道德认识的发展主要体现在道德知识、道德思维、道德观念等的发展上，表现为品德的理智特征，主要体现在道德动机和道德品质心理两个方面。“在道德动机上，高中生较为正确的、自觉的、远大的道德动机已初步确立，并不断摆脱多变性特征，且日趋稳定，体现出明显社会性、现实性特征，其稳定的道德动机支配着高中生的道德行为。在品德心理特征上，高中生道德认识的独立性、自觉性、稳定性加强，这与高中生自我意识的发展联系密切。在道德情感上，伴随着高中生社会接触的扩大、生活阅历的积累和文化知识的增长，其道德情感的社会内容更多地集中于爱国主义、集体荣誉情感方面。”② 在道德意志上，高中生基本上能够依靠自己内心的自觉性来调控自己的行为，但仍需要外在的监督和约束，其道德行为习惯也逐步稳固。

（二）高中阶段的学生思想政治教育目标

1. 思想素质目标

了解和掌握辩证唯物主义和历史唯物主义的基本原理和方法，树立起正确的世界观和方法论。认真学习马列主义、毛泽东思想、邓小平理论和“三个代表”重要思想，学会运用马克思主义基本观点观察问题、分析问题、解决问题，正确地分析和评论各种社会思潮和消极错误思想以及一切的社会现象，提高用马克思主义立场、观点和方法面对实际问题，做出正确的价值判断和行为选择的能力。

2. 政治素质目标

热爱祖国，热爱人民，关心祖国命运，增强民族自尊心、自信心和自豪感，弘扬民族精神，树立起为实现中华民族伟大复兴而奋斗的志向。热爱中国共产党。知道中国共产党是中国特色社会主义事业的领导

① 朱智贤：《儿童心理学》，人民教育出版社 2003 年版，第 236 页。

② 郑和钧：《高中生心理学》，浙江教育出版社 1999 年版，第 68 页。

核心，始终代表着中国先进生产力的发展要求，代表中国先进文化的前进方向，代表中国最广大人民的根本利益。坚定走中国特色社会主义道路的信念。深刻明白只有社会主义才能救中国，只有社会主义才能发展中国。

3. 道德素质目标

培养高中生热爱集体，奉献社会的精神。积极引导高中生在面对集体、社会和他人的问题时，树立起心中有集体，心中有祖国，心中有他人的意识，顾全大局，热心为集体服务，为社会做贡献。培养、教育高中生尊敬师长、孝敬父母、礼貌待人的道德品质。教育高中生真诚友爱待人，掌握现代社会人际交往的礼仪，以平等、守信、合作、诚挚的原则与他人进行交往，能够在人际关系中，时时、处处、事事，关心他人、乐于助人，团结友善，和睦相处。培养高中生养成自觉遵守社会公德的习惯和良好的职业行为习惯。教育高中生能够以主人翁的态度自觉遵守公共秩序，主动劝阻破坏公共秩序、损害生态环境和资源、伤害稀有动物和破坏公共卫生的行为。

4. 心理素质目标

培养高中生自尊、自信、自立、自强的精神。教育高中生全面地认识自己，严格要求自己，追求自我完善，注重自我修养。有自我反省、自我评价和自我激励等自我教育的能力，掌握基本的进行心理自我调节的方法，增强自我管理和自我控制的心理品质。培养高中生的抗压能力和抗挫折能力。教育高中生能够积极地面对现实，不逃避各种矛盾，能够勇敢地正视、接受生活、学习和工作中的各种挑战，主动培养和提高对未来社会生活的适应能力，抵御各种挫折和困难，培养开拓进取的精神。教育高中生热爱生活，积极参加健康有益的文化活动，保持昂扬向上的精神状态，追求更高的思想道德目标。

5. 法纪素质目标

教育高中生自觉遵守学校纪律，教育高中生明辨是非、美丑、善恶，能够自觉抵制违法乱纪的现象和行为。培养高中生树立起法治观念和法治精神。教育高中生自觉养成遵纪守法的习惯，正确认识民主与法治、法律与自由、权利与义务的关系，掌握基本的法律知识，以实际行动支持和拥护社会主义民主与法治建设，并能选择正确的行为方式。

四　大学阶段的学生思想政治教育目标

（一）大学生的特点

1. 大学生的生理特点

大学阶段，大学生处于青年期的初期，在身高形态、体重、体形等方面仍处于发育的增长期，身体素质提高，其发展态势逐步趋向成熟和稳定。心脏重量增加至出生时的10倍，心肌增厚，张力增强，心搏出量明显增加，心血管功能稳定，肺活量明显增加，神经系统的结构已经接近成人，内分泌系统逐步发育。性发育逐渐成熟，性器官迅速增长，功能逐渐完善。可以说，在这一时期，大学生身体的各项指标达到或接近成人标准。

2. 大学生的心理特点

大学阶段，大学生的抽象思维能力已经较为深刻，这也增强了大学生对外在事物的批判和怀疑。大学生活，使大部分学生远离了家庭生活，使得他们的独立性增强，对自我控制的自觉性也增强。同时，他们也在尽力去摆脱过去的依存关系，渴望摆脱社会的束缚，要求按照自己的意志来行动，追求独立，处处显示自己的力量。由于生活环境、角色的转变，大学生普遍存在着对生活环境、学习环境、人际环境的不适应感，容易给大学生带来心理上的困惑。在情绪上，开始减少对父母的依赖，但在学业、生活、情感、人际交往等方面的压力，使其情绪易波动，表现出敏感性、丰富性和深刻性、闭锁性和起伏性的特征，一旦遇到挫折，就会出现低落、自卑、沮丧的消极情绪。同时，理想和现实的差距和冲突，使“现实的我”总是落后于“理想的我”，容易产生主观与客观的自我矛盾。

3. 大学生的品德成长特点

“在大学阶段，是学生个体社会化过程质的飞越时期，是初期社会化的完成，即把一个尚未具备社会成员资格的人转化为一名合格的社会成员。”① 大学生已经具备了较高的知识水平、较为抽象的思维能力，身体与心理的成长与发育已基本完成，在加之他们已经在中小学阶段接受了比较系统的品德基础教育和训练，这些都使他们在步入大学后，具有了一般国民的基础品德。他们注重自我感受，善于自我思考，在行为上追求自主

① 李德全、蒋礼文：《新时期学校德育目标分层研究》，科学出版社2012年版，第76页。

决策，在生活上，追求自立自强，使得他们的道德意志增强，道德行为和实践向着更为稳定的趋势发展。在这一阶段，大学生对自己的认识和评价也变得比较具体和深刻，自律的能力也有了很大的提高。

（二）大学阶段的学生思想政治教育目标

1. 思想素质目标

掌握辩证的分析问题的方法，要坚持用全面的、联系的、发展的观点来观察和分析社会现象和社会问题，善于透过复杂的社会现象抓住事物的本质，防止思想上的绝对化和片面化，从而能够理性、正确地看待社会上出现的各种问题。坚持从实际出发，想问题，办事情，具体问题具体分析，尊重事实，尊重科学，实事求是，反对弄虚作假、迷信盲从。引导大学生掌握社会发展的基本规律，学会运用历史唯物主义的观点和方法去认识和分析一切的社会历史现象，去改造社会。

2. 政治素质目标

热爱祖国，教育大学生做忠诚的爱国者。引导大学生关心国际、国内形势，自觉维护国家荣誉，维护祖国统一，促进民族团结，增强国防观念，增强国家安全意识，时刻做好报效祖国，奉献社会的准备。热爱社会主义，拥护中国共产党的领导，积极学习党的路线、方针和政策，树立起在中国共产党的领导下走中国特色社会主义道路，为实现中华民族伟大复兴而奋斗的共同理想。

3. 道德素质目标

教育大学生坚持全心全意为人民服务。在坚持为人民服务思想的指导下，更自觉、更积极、更规范地在自主的基础上为人民、为社会服务，毫不利己、无私奉献、顾全大局、专门利人、办事公道，坚决反对拜金主义、享乐主义、极端个人主义，以服务人民为荣，以背离人民为耻。坚持集体主义，正确处理好个人、集体和国家之间的关系。遵守公民基本道德规范，爱国守法、明礼诚信、团结友善、勤俭自强、敬业奉献，养成高尚的社会主义道德品质和良好的文明行为习惯。树立和践行社会主义荣辱观，增强道德荣誉感和道德判断力，践行道德行为，提升道德境界。

4. 心理素质目标

培养大学生的良好情绪。帮助大学生正确认识自己的情绪状况，掌握调节情绪的相关方法，保持稳定的情绪和情感。树立起正确的恋爱观。正确地处理好爱情与人生，爱情与婚姻、家庭的关系，正确地对待和处理好与男女异性朋友的关系，理性对待自己的情感。培养大学生乐观、积极、健康的个性心理品质。使大学生具有自尊、自爱、自强的优良品质，具有较强的心理调适能力，积极乐观地面对生活、学习和工作中遇到的困难和问题。

5. 法纪素质目标

遵守社会秩序和校规校纪。维护学校的秩序，遵守社会的公共秩序，做遵纪守法的学生。学习法律知识，涉猎民法、商法、行政法、经济法、刑法等相关知识，认同我国宪法确认的基本原则和制度，依法行使公民的基本权利，自觉履行公民的基本义务。领会法律精神，增强法律意识，进一步提高对我国宪法规定的基本制度的认识，从整体上把握中国特色社会主义法律体系，不断增强维护法律尊严的自觉性和责任感。树立起社会主义法治理念，培养法治思维，维护法律权威，成为具有良好法律素质的社会主义事业建设者和接班人。

以上是对学生思想政治教育目标的学段划分，在这里需要注意一个问题，即学生思想政治教育各个阶段学生思想政治教育目标的衔接问题。学生思想政治教育目标的学段划分，不是随意或者孤立地进行的，它不仅“要立足于党和国家对各教育阶段学生思想品德方面的统一的培养目标，在体系结构上，还要反映品德的内在结构及其形成的规律”①。因而，必须认真把握好大、中、小各个学段学生思想政治教育目标的衔接。要在把握住学生思想政治教育总体目标的基础上，实现整体性和各个阶段的学生思想政治教育目标层次性的统一，要做到学生个体品德发展和学生思想政治教育学段目标上的阶段性和有序性的统一，要做到学生思想政治教育各个学段目标立足于社会现实和个体发展实际上的现实性和目标上的导向性的统一。

第四节　学生思想政治教育的层次目标

层次，顾名思义，是进行层次的划分。任何目标都具有多样性、可分性和层次性，站在不同的维度，采用不同的标准，利用不同的方法，目标

① 詹万生：《整体构建德育体系总论》，教育科学出版社2001年版，第303页。

层次性的基本内容就会有所不同。学生思想政治教育目标可以根据它的从属层次、对象层次、结构层次进行层次划分，这种层次划分，不仅具有理论价值，而且具有很强的实践意义。

一 从属层次的学生思想政治教育目标

按照从属层次，可以将学生思想政治教育目标分为学生思想政治教育的总目标和学生思想政治教育的分目标。学生思想政治教育总目标，是学生思想政治教育的总体目标，是与学生思想政治教育分目标相对的。学生思想政治教育总的目标具有以下特征：第一，唯一性。尽管依据不同的划分层次和划分视角，学生思想政治教育目标呈现出多样性，但是其总目标却是一个，而且是唯一的一个。任何阶段、层次的学生思想政治教育目标都是学生思想政治教育总的目标的具体化表达。第二，统领性。学生思想政治教育的总目标，是学生思想政治教育实践活动的总的发展方向和总的要求。可以说，学生思想政治教育总的目标一经确立，就直接决定着学生思想政治教育的内容、方法和手段等，也直接决定着学生思想政治教育的具体目标的内容，它是学生思想政治教育阶段目标、具体目标、层次目标的灵魂和核心，它直接规定、统领着一切学生思想政治教育实践活动的发展。第三，超越性。学生思想政治教育的总目标是着眼于未来的，是高于学生现实的思想品德发展水平的，反映的是社会发展对未来新人的品德期望和要求。第四，现实性。学生思想政治教育的总目标指向于学生思想品德的发展，那么其目标的确立，也必须立足于学生思想品德发展的实际，立足于社会发展的现实要求，因而，它是建立于现实基础之上的学生思想政治教育目标。第五，抽象性。学生思想政治教育的总目标，是通过学生思想政治教育的实践活动所要使学生达到的品德规格要求或期望值，具有高度的概括性和抽象性。通常，由于总目标的概括性导致其操作性欠佳，因而，在学生思想政治教育的实践活动中，要将其分解成具体的、可操作的目标体系。

“分目标都是一个包含了使命、对象、指标、数量和时限等在内的系统。它是人类活动的最终期望和期望结果的可考核性的有机统一，是人类活动总目标的具体化。”① 学生思想政治教育的分目标具有具体性特点，

① 冯文全：《道德教育原理》，北京师范大学出版社2013年版，第181页。

这种具体性在学生思想政治教育的实践活动中体现为学生思想政治教育指标的确定性。分目标具有明确性的特点，这一方面是说学生思想政治教育的分目标明确、可考量，是在一定时限内和空间内的指标、规格和要求。另一方面是指学生思想政治教育的分目标不仅本身层次分明，而且与学生思想政治教育的总目标也是关系分明。一般而言，学生思想政治教育的总目标决定着学生思想政治教育的分目标，学生思想政治教育的分目标服务于学生思想政治教育的总目标。

二 对象层次的学生思想政治教育目标

从总体上看，随着年龄和知识的增长、思维的发展，人际交往的丰富，学生个体的思想政治品德是呈上升趋势的。但由于学生个体的思想基础、心理特点及生长环境及条件的不同，也使学生在思想表现、品德发展和进步程度上存在着较大的差异。依据学生的思想品德状况，可以将学生分为先进生、中等生、后进生。相应地，依据不同学生思想品德状况的差异，学生思想政治教育目标也应当确立相应的目标，做到因人而异，有的放矢。按照对象层次，分为后进生的思想政治教育目标、中等生的思想政治教育目标和先进生的思想政治教育目标。

后进生的思想政治教育目标。后进生，指思想品德状况落后于普通水平的学生，其品德水平往往达不到合格的标准。一般后进生的人数较少，根据有关调查，后进生约占在校生比例的10%，这也导致了部分后进生的思想品德发展状况被忽视甚至被放弃的现象。在思想状况上，后进生对马克思主义理论和时事政治等不感兴趣，漠不关心，一些学生甚至有着比较严重的思想认识问题，有的是非不分，缺乏精神支柱，对自我的前途不予关心。在品德状况上，后进生不注重自身的品德修养，课堂上故意扰乱课堂纪律，作风散漫拖沓，他们往往不乐于参与集体活动，对于自己的任务和责任没有清醒的认识，集体的荣誉感和责任感较为薄弱甚至是缺乏。在与他人交往上，也容易出现不礼貌、不守信的现象，极个别的甚至有反社会、反人类的心理与行为倾向。后进生的人数虽然少，但往往影响比较大，面对这种情况，我们就需要根据后进生的思想品德状况实际，确立与之相符的思想政治教育目标。对于后进生，应该多用基本的道德规范教育他们，使他们能够做到遵守社会公共秩序，讲文明有礼貌，能够与他人友好和睦相处。在此基础上，“逐步诱导激发学生的品德进步要求和动力，争取最终将他们培养成合格的社会公民”①。

中等生的思想政治教育目标。中等生，是指那些品德合格或者基本合格的学生。据相关调查，中等生的数量约占在校生比例的70%，这个比例在在校生总人数中占据了一半以上，这也可以看出，他们是学生思想政治教育的重要教育对象，其教育的成效如何直接影响着学生思想政治教育的整体风貌。一般而言，中等生在思想品德状况上，存在着较为剧烈的冲突和矛盾。他们一方面不甘于落后，渴望进步，但却又缺乏战胜困难的信心、勇气和毅力，他们希望能够养成良好的道德行为和习惯，但却因自身缺乏相应的自制力，使得他们的道德追求总是难以达到自己所期待的理想的效果。在思想政治状况上，他们热爱祖国，渴望祖国能够繁荣昌盛，但又因为他们更多地把重点放在自我发展上，表现出过于讲求实际，崇尚自我或信奉“两耳不闻窗外事，一心只读圣贤书”的信条。可以说，中等生的思想品德状况，表现出先进与落后共存、理想和现实冲突的矛盾困惑特点。这就要求我们在确立学生思想政治教育的目标时，能够充分地考虑到中等生的优秀、先进所在，又能考虑到他们的不足与落后之处，树立起与中等生的思想品德发展实际相符合的学生思想政治教育目标。

先进生的思想政治教育目标。先进生，是指在思想品德发展水平上已经达到优秀标准的学生，这部分人约占在校生比例的20%。这些学生的基本特点是：“在政治上积极进取，要求进步，努力向党组织靠拢，坚持四项基本原则，拥护改革开放政策等，有较强的明辨是非的能力，有理想、有纪律，先人后己、乐于奉献、热心集体活动。”②他们往往对自己在品德发展上实行高标准，严要求，自律性较强。这部分学生的人数不多，但是却有着非常重要的示范作用和影响力，在学生中的威信也比较高。对于先进生，可以确定高水平的学生思想政治教育目标。“使他们成为具有马克思主义世界观、共产主义道德品质的一代新人，使他们努力成为大公无私、全心全意为人民服务、为社会主义事业不断开拓进取，毫不利己、专门利人的乐于自我牺牲和奉献的共产主义先进分子。”③

① 冯文全：《道德教育原理》，北京师范大学出版社2013年版，第85页。

② 李德全、蒋礼文：《新时期学校德育目标分层研究》，科学出版社2012年版，第11页。

③ 冯文全：《道德教育原理》，北京师范大学出版社2013年版，第86页。

三　结构层次的学生思想政治教育目标

按照结构层次标准来划分，学生思想政治教育目标可以分为学生思想政治教育的认知目标、情感目标、意志目标和行为目标。学生思想政治教育的认知目标主要针对的是对思想政治教育知识认知来说的，主要是对一定社会的思想、政治、道德等关系以及处理这些关系的原则、规范的理解和认知。学生思想政治教育的认知目标主要包括以下几个方面的内容：一是认识思想政治教育的相关知识，通过学生思想政治教育，使学生了解、认识学生思想政治教育中的道德规范和原则等，初步形成对思想品德的基本认识。二是形成思想品德观念。通过学生思想政治教育，使学生能够知道什么是善、什么是恶，什么是美，什么是丑，什么是正义等，从而形成道德观念。三是形成道德判断，即在学生掌握了相关的道德原则和规范的基础上，运用自己所形成的道德观念对行为进行评判，实现善与恶、美与丑、正义与非正义的分析判断活动。四是确立学生的道德信念。“道德信念可以引起、推动和维持人的道德行动，使人的道德行为表现出持续的坚定性。五是形成人的道德理想。道德理想是一定社会、一定阶级的理想人格，是人们行为的最高标准的集中体现。”① 道德理想来自道德信念，但却又是对道德信念的进一步发展和加强。

学生思想政治教育的情感目标，主要是丰富学生的道德情感，形成学生的社会责任感。它是人们按照一定社会的思想政治教育原则、规范去理解、评价周围的人和事物时所产生的一种情绪体验目标。学生思想政治教育的道德情感目标，主要表现在两个方面：一方面，是形成并丰富人的道德情感。首先，对自我来说，能够使学生产生对自我的认知感、自我的适应、自信自强感等良好的自我情感。其次，对他人来说，能够使学生产生对他人的友好感、同情感、关怀感等。最后，对社会来说，能够使学生产生对所生存社会的荣誉成就感、公平正义感、爱国使命感等，从而使学生产生对社会的责任感。另一方面，是激发学生的良心感。一是表现在道德行为的选择上，良心指导学生选择正确的道德动机，选择正确的或者是道德的行为手段，从而产生道德的行为。二是在道德判断上，良心对合乎道德的行为给予鼓励与满足，而对非道德的行为给予强烈的谴责。

---

① 邱伟光、张耀灿：《思想政治教育学原理》，高等教育出版社 1999 年版，第 95 页。

学生思想政治教育的意志目标，是指学生通过多次的践行道德原则、道德规范的过程中所表现出来的克服一切困难的毅力成为一种坚不可摧的意志。学生思想政治教育的意志目标，主要表现在以下几个方面：第一，“让人能按照道德规范的要求克服内心的道德冲突，抵制不良动机的诱惑，战胜非道德的动机，自觉地从道德的角度，确定自身行为的目的，并以此指导自己的行为”①。第二，调节自己的情绪。情绪有积极和消极之分，消极的情绪会对人的行为产生消极的影响，当消极的情绪产生并开始影响个体的道德行为时，这时就需要通过道德意志来进行调节，抑制住与道德要求相悖的情绪，从而努力实现既定的道德目标。第三，培养个体抗拒诱惑的能力。在现实的生活中，人们总是面对着各种各样的诱惑，这就需要教授给学生个体抗拒诱惑的方法，培养学生个体抗拒诱惑的能力，从而践行道德行为。

学生思想政治教育的行为目标，就是要通过学生思想政治教育来培养学生良好的道德行为习惯，形成实际的道德行动。学生思想政治教育的行为目标主要包括以下几个方面：一是培养学生良好的道德行为习惯，二是形成学生个体矫正他人不良道德行为的自觉性。

① 高岩：《德育学原理》，宁夏人民出版社 2010 年版，第 176 页。

第二章　学生思想政治教育内容

任何的教育都需要和必须通过一定的内容去对受教育者进行教育，这样，才能形成施教传道和受教修养的统一活动，也才能够真正实现所规定的任务和达到预期的目标。作为学生思想政治教育，也不例外，其也必须通过一定的内容去开展宣传和教育活动，也即学生思想政治教育内容。那么什么是学生思想政治教育内容呢？学生思想政治教育内容是指学校根据一定的社会要求和受教育者的思想实际，经教育者选择设计后，有目的、有计划、有组织地施加给受教育者的思想意识、价值观念、道德规范等内容。可以说，这一定义一方面肯定了学生思想政治教育的内容从根本上仍是社会上占统治地位的社会意识形态，另一方面也肯定了学生思想政治教育内容的层次性和针对性，是与受教育者的心理、生理和思想品德发展规律相协调，分层次、循序渐进开展的。对学生思想政治教育内容概念的释义，使我们对学生思想政治教育内容是什么有了初步的理解。要获得对学生思想政治教育内容的深入研究，我们还需要对学生思想政治教育内容确立的依据、内容构成和内容的阶段划分等方面有所涉及和探讨。

第一节　学生思想政治教育内容确立的依据

学生思想政治教育内容是学生思想政治教育中的一个重要问题，它集中反映和代表着学生思想政治教育发展的社会性质和走向。学生思想政治教育内容从其存在和表现形式上来说，它是主观的，它或者以国家或者政党的名义提出和规定，或者表现为人们头脑中的意识，或者表现为以概念和规范构成的理想形式，但是，就其内容和形成的基础来说，则是客观的，具有客观实在性，它不是超社会、超历史、超现实的范畴，学生思想政治教育内容的确立必须以一定的客观存在及其规律为前提和依据。因此，学生思想政治教育内容的确立会受到多种因素的制约，它是受国家意志、社会发展要求、教育目标和教育对象发展状况四因素相制约的存在。对学生思想政治教育内容的确立依据的把握，明晰这些因素是如何来影响学生思想政治教育的内容的，这是我们所必须认真探讨和正确回答的问题。

一 国家意志是学生思想政治教育内容确立的核心依据

在每一个阶级社会中，都必然有一个国家支持和倡导的思想意识形态，代表着国家的意志，并用以维护统治阶级的统治。正如马克思和恩格斯在《德意志意识形态》中深刻地指出："统治阶级的思想在每一时代都是占统治地位的思想，也就是说一个阶级是社会上占统治地位的物质力量，同时也是社会上占统治地位的精神力量；支配着物质资料的人，同时也支配着精神生产资料，因此那些没有生产资料的人一般隶属于这个阶级。"① 可见，统治阶级之所以选择这种思想，而不选择那种思想，是因为这种思想代表了统治阶级的意志，是统治阶级意志的表达。显然，思想政治教育在其本质上归根到底是统治阶级意志的集中体现，从另一种意义上说，统治阶级通过选择代表统治阶级的知识，即学生思想政治教育的内容，并将其作为一种"正式知识"来传递给社会成员，这也就使特定的意识形态和价值观念合法化，而这种"正式知识"最核心的内容就是这个社会占统治地位阶级的意志即国家意志。因此，学生思想政治教育内容的确立不可避免地会受到国家意志的制约。因而，可以说，古往今来，任何一个社会都必须有一个占主导地位的思想体系和价值体系，作为支撑社会稳定和进步的精神支柱。

一般来说，思想政治教育总是代表着统治阶级的意志、愿望和要求，是国家意志的有力体现。思想政治教育的内容是国家意志的集中表达。思想政治教育的内容集中体现为思想观念、政治观点和道德规范，思想政治教育的这些内容背后体现的是代表着本阶级的利益、反映着本阶级的要求和维护着本阶级的统治的意愿，因而，其内容归根结底是统治阶级的意志愿望的表达和要求的集中体现，在影响学生思想政治教育内容的众多因素中，最核心的依据就是这个社会占统治地位阶级的意志即国家意志。其次，学生思想政治教育的过程是学生思想政治教育本质的动态存在。"思

① 《马克思恩格斯全集》（第一卷），人民出版社1995年版，第57页。

想政治教育的本质存在就是通过有效的社会形式，把统治阶级意志为核心和灵魂的思想政治教育内容贯彻到社会现实中，让人们接受这些内容并变成自己的行为准则，因而思想政治教育过程内在规定着应当明确国家意志。"① 最后，学生思想政治教育的目的，归根到底就是宣传、传递和维护国家意志。"思想政治教育内容的鲜明意识形态性也决定了它的主要任务和职能就是为统治阶级看守文化上层建筑和维护精神文明领域的核心价值体系。"② 所以，学生思想政治教育总是通过其自身对学生进行核心价值体系的宣扬，让学生理解、接受并在内心认同代表着统治阶级愿望和要求的道德规范体系，并在实际活动中践行之，从而实现情感、态度和价值观的升华，以此促进国家意志的实现。

之所以说国家意志是学生思想政治教育内容的核心依据，主要体现在以下两个方面：一方面，国家意志规定着学生思想政治教育内容的社会阶级性质。国家意志总是通过影响学生思想政治教育的内容来影响和制约着学生思想政治教育内容的社会阶级性质。如在原始社会其道德内容主要是以集体主义为核心，维护氏族、部落存在所需要的忠诚、勇敢、勤劳、复仇等道德法则成为道德内容的重点，这也决定了原始社会德育在内容上主要体现出集体性、公共性等社会性质。在私有制社会中，剥削阶级掌握着生产资料和国家政权，由于私有制、商品经济、市场经济的发展，德育主要以宣扬自由、平等、个性解放和个人自由为特色，这也就决定了私有制社会德育在内容上的剥削阶级性质。而在社会主义国家，生产资料和国家政权为工人阶级和劳动人民所掌握，思想政治教育主要以包含着集体主义、社会主义的内容为主，这也就决定了社会主义国家思想政治教育内容的社会主义性质。另一方面，国家意志制约着学生思想政治教育内容的支配权和发展走向。在社会历史发展的一定阶段上，谁掌握着生产资料的所有权，谁就掌握着上层建筑，同时，为了使思想政治教育能够按照本阶级的利益、愿望、意志和要求进行，也总利用其"对思想、文化方面的统治地位，对思想政治教育进行组织、管理、指导、监督乃至是控制，以使思想政治教育在其内容上是能够为其阶级利益服务"③。如在资本主义社

① 王立仁：《论思想政治教育内容的实效维度》，《思想政治教育研究》2011 年第 3 期。

② 王立仁、吴林龙：《论思想政治教育过程的主体和介体》，《北京交通大学学报》（社会科学版）2010 年第 4 期。

③ 胡厚福：《德育学原理》，北京师范大学出版社 1997 年版，第 169 页。

会，资产阶级占有生产资料，其就占有对思想政治教育内容的支配权，其通过国家颁布的有关德育的法令、方针、政策，规定德育的目标、内容，任免主管意识形态工作、德育工作的行政长官和工作人员等途径，左右人们的思想和行为，以此来掌握着对德育内容的支配权。同时，国家意志还制约着学生思想政治教育内容的发展走向，因为在阶级社会里，政治上、经济上占统治地位的阶级总是按照他们的利益和要求，通过思想政治教育来传播统治阶级的愿望与要求，也是通过思想政治教育的内容、目标来培养符合本阶级愿望和要求的人，以此直接或者间接地影响和制约着学生思想政治教育内容的发展走向。

国家意志对学生思想政治教育内容的社会性质与对学生思想政治教育内容的支配权和发展走向的制约作用，都深刻地表明了国家意志对学生思想政治教育内容的重要影响，是学生思想政治教育内容确立的核心依据，因此，这也在一定程度上表明了，在学生思想政治教育的内容上必须明确国家意志，而不能回避乃至抹杀掉学生思想政治教育内容中的国家意志色彩。同时，从追求实效的角度看，也只有在学生思想政治教育内容上明确、彰显、体现国家意志，才能鲜明地表明我国学生思想政治教育的阶级立场，是为无产阶级服务的，使学生体会到学生思想政治教育与剥削阶级的思想政治教育的差别所在、优越性所在和先进性所在。也只有在学生思想政治内容上承认、体现国家意志这一点，我们的学生思想政治教育才更能体现阶级的性质，更容易为人们所接受，使受教育者在思想上理解和认同国家意志，教育者在学生思想政治教育活动中积极宣扬与贯彻国家意志，从而提高学生思想政治教育的实效性，可见，在学生思想政治教育的内容中必须时刻考虑国家意志的核心制约作用并明确、彰显国家意志。

二　社会需要是学生思想政治教育内容确立的根本依据

学生思想政治教育的内容还受到社会需要因素的制约，社会需要是制约学生思想政治教育内容的根本因素。社会需要从以下三个方面来制约学生思想政治教育内容的发展：

首先，学生思想政治教育的内容产生于社会需要。学生思想政治教育内容的产生不是毫无缘由和依据的，它总是产生于一定的社会需要之中。一方面，学生思想政治教育内容在社会需要中发生。学生思想政治教育作为一种实践活动，是人类社会所特有的社会现象，它是随着人类社会而来，自然产生于一定的社会需要之中，没有社会的需要就不会产生学生思想政治教育，更不会产生学生思想政治教育内容。正是社会需要不断向在社会中生存的人提出了在思想、道德、规范、礼仪、秩序等各个方面的要求和需要，才使人们为了能够在社会中生存并逐步适应社会的需要，从而逐步开展了对人们的思想政治教育活动，并在学生思想政治教育活动中逐渐催生出适应社会需要的学生思想政治教育内容。另一方面，学生思想政治教育的内容总是服务于一定的社会需要的。学生思想政治教育内容产生于社会的需要中，那么自然而然，它也是为社会需要的发展而服务的。人类历史的实践证明，虽然原始社会、封建社会、资本主义社会和社会主义社会，他们在各个时期所开展的思想政治教育是不同的，这也就导致其在具体内容上存在着差异，但是，在思想政治教育的内容必须为社会需要所服务上这一点确是不谋而合的。因为只有为社会需要所服务的学生思想政治教育内容才能真正地培养出适应社会发展需要的人，从而促进社会的发展，实现社会的发展，也唯有如此，学生思想政治教育的内容才能不被社会的发展所抛弃。

其次，学生思想政治教育内容的变化源自于社会发展的需要。即学生思想政治教育的内容并非是一成不变的，它总是随着社会需要的发展变化而不断地发展变化。如在原始社会中，由于生产力十分低下，人们为了同自然斗争，在社会中生存，常常凭借简陋的工具从事渔猎采集活动，但要获得鱼、兽等自然物并非易事，因此，在人们的渔猎活动中逐渐培养出了合作、英勇、顽强、吃苦、耐劳、团结等良好品德，这也使原始社会时期的德育在内容上多以集体主义为核心。而到了封建社会，地主阶级占有着生产资料，他们宣扬“三纲五常”、“君君臣臣”、“修身、齐家、治国、平天下”，等等，逐渐培养出“君为臣纲、父为子纲、夫为妻纲”的道德要求，在思想政治教育内容上主要以“忠”和“孝”为重要内容的自我修养为主。而随着商品经济的发展和成熟，特别是现代生产日益社会化和科学化，人们的生活方式也日益社会化和科学化，人的主体意识的觉醒和主体地位不断形成与发展，这就要求从事社会化大生产、科技活动和商品经济活动劳动生产者，必须“具有大生产观念和科学意识、科学精神以及良好的品德和思维方式，具有主体性及自由、平等、民主和法纪观念，具有群体意识和团结协作的精神等”①，这也相应地使学生思想政治教育

① 胡厚福：《德育学原理》，北京师范大学出版社1997年版，第158页。

在内容的选择上不断发生变化，倾向于竞争、公平、效率等，从而适应社会大生产对人的思想道德素质方面的变化与要求。由上可知，伴随着社会需要的发展，学生思想政治教育在内容上总是相应地发生调整、修改和完善。

最后，社会的发展需要也是学生思想政治教育内容发展变化的动力。一是社会需要为学生思想政治教育内容的确立提供社会基础。学生思想政治教育内容既包括知识上的、技能上的，也包括情感、态度和价值观上的，既包含个人层面的，也包含社会层面的。可以说无论是情感、态度价值观上，还是社会层面上，都脱离不了社会需要这个客观现实，社会的客观现实是学生思想政治教育内容确立的重要现实依据，也只有立足于社会需要的现实基础上的学生思想政治教育内容才是符合实际的，更是有效的。二是社会发展为学生思想政治教育内容提供了物质支持基础和条件。学生思想政治教育内容的发展不是虚幻的，是立足于一定的社会基础之上的，社会生产、科学技术和商品经济等各方面的发展都是其发展的基础，一方面，学生思想政治教育的内容在社会生产、科学技术和商品经济的发展中获得物质基础和条件；另一方面，学生思想政治教育的内容在社会生产、科学技术和商品经济的发展中获得现代精神文化和实践的基础。三是社会的需要是学生思想政治教育内容不断发展的目的追求。在一定程度上说，学生思想政治教育的内容在不同的国家的不同的发展阶段总是不一致的，但满足社会的需要的发展则始终是各个国家的各个时期共同的追求。也正是学生思想政治教育内容对社会需要的这种发展追求，才促使学生思想政治教育的内容不断从不完善逐步走向发展与完善，因而，社会的需要既是学生思想政治教育内容不断发展的目的追求，更是学生思想政治教育内容不断发展的动力。

三　教育目标是学生思想政治教育内容确立的直接依据

学生思想政治教育内容的确立必须立足于教育目标，教育的目标是学生思想政治教育内容确立的直接依据。学生思想政治教育作为学校教育的一个有机的组成部分，学生思想政治教育过程的实施与智育、美育的实施过程是相互渗透、相互交叉、相互依存的。因此，在学生思想政治教育内容的的确立上，必须将教育目标作为直接依据。

首先，教育的整体目标从总体上影响和制约着学生思想政治教育内容的确立。当前，我国的教育目标主要是为了培养“有理想、有道德、有文化、有纪律”的社会主义建设者和接班人。对这一教育目标进行分解，在根本上就是要促进学生在德、智、体、美、劳各个方面的自由而充分的发展。在一定程度上说，学生思想政治教育从根本上是服务于教育的整体目标的，学生思想政治教育为实现教育的整体目标的重要组成部分或者是重要的途径。从最终目的上来看，学生思想政治教育就是围绕着培养“有理想、有道德、有文化、有纪律”的社会主义建设者和接班人而展开的，而学生思想政治教育是内含于教育整体目标中德育部分的内容。教育的整体目标，直接决定着学生思想政治教育内容的选择、设计和确立。教育的整体目标从总的方向上，对学生思想政治教育内容的选择、设计和编排都做出了一定的规划与指导，学生思想政治教育内容只能在这个框架和方向内进行选择和编排。脱离了教育的整体目标，学生思想政治教育内容就成了一盘散沙，没有教育整体目标的指引，学生思想政治教育内容就失去了其确立的依据。因此，教育的整体目标从总体上影响着学生思想政治教育内容的选择、设计、编排等，是其内容确立的直接依据。

其次，思想政治教育的目标直接影响着学生思想政治教育内容的确立。思想政治教育的具体目标是学生思想政治教育内容确立的直接依据。“思想政治教育目标是指教育者根据社会的要求与人的发展要求，通过思想政治教育活动使受教育者的思想政治品德在一定时期内所要达到的预期结果。思想政治教育的目标贯穿于思想政治教育的全过程，它自始至终发挥导向、凝聚、纠偏和激励的作用。”① 通过以上对思想政治教育目标概念、作用的了解，我们可以看出，学生思想政治教育与思想政治教育目标具有某种内在的联系。可以说，无论是思想政治教育内容的选择，还是学生思想政治教育内容的追求，都始终在为实现思想政治教育的目标而服务，因而思想政治教育的目标就成为学生思想政治教育内容确立和实现的重要依据，只有依据思想政治教育的目标，我们才能更为透彻地明白，学生思想政治教育在内容上究竟在追求什么，最终又要实现什么。同时，学思想政治教育的目标又为学生思想政治教育内容提供方向和引导。学生思想政治教育内容必须以什么为依据才使它始终沿着正确的目标和方向前进，毫无疑问，必须以思想政治教育的目标为导向和指引。可见，学生思

① 邱伟光、张耀灿：《思想政治教育学原理》，高等教育出版社 1999 年版，第 182 页。

想政治教育内容的确立，必须以思想政治教育目标为依据，围绕思想政治教育的目标而进行，也唯有如此，才能使学生思想政治教育的内容沿着正确的方向前进，才能使建立起来的学生思想政治教育内容是合理的更是科学的。

四 学生实际是学生思想政治教育内容确立的个体依据

学生思想政治教育的对象指向的是学生，包括小学生、中学生和大学生等，因此，学生的身心发展特点与水平、品德发展规律、学生的需要和问题，都是制约和确定学生思想政治教育内容的一个重要因素和依据。可以说，学生思想政治教育内容应该选择和可能达到什么样的规格与要求，都取决于是否考虑到了教育对象的发展状况。教育对象通过以下方面来影响和制约学生思想政治教育内容的确立。

首先，学生的身心发展特点是学生思想政治教育内容确立必须考虑的重要依据。人的思想既是对社会客观现实的能动反映，又是人脑的生理属性，人脑是思维的器官，是人的思想的加工厂。人脑是特殊方法组织起来的物质器官，这种物质机能的发展和人的年龄增长密切相关。随着年龄的增长，由小学生到中学生再到大学生的过渡，身体的各个器官特别是脑神经系统的生理结构已经先后达到成熟水平。在此基础上，学生的生理活动也迅速得到发展，心理机能得到加强，心理结构日趋完善，个性的心理倾向趋向逐步稳定，学生的个人喜好、兴趣，自身的气质、能力、性格也渐趋日益完善，特别是自我的独立意识、自我的教育能力、自我的评价能力都得到加强，这些都为学生形成正确的思想道德品德奠定了生理和心理基础，也为学生自觉、有效地去接受学生思想政治教育的内容、要求，达到学生思想政治教育内容的要求提供了身心条件。可以说，学生身心的发展变化和特点都成为影响学生思想政治教育内容的重要方面。因而，学生思想政治教育的内容的规格、设定和组织，必须根据各个学段、年龄段的学生在生理、心理的特征。否则，就会使学生思想政治教育的活动造成事倍功半的效果。如在学生思想政治教育内容的选择上，忽视学生自身的身心发展状况和认知接受能力的发展，使低年级的思想政治教育内容出现在高年级的思想政治教育内容中或者高年级的思想政治教育内容出现在低年级的思想政治教育内容中，打乱了学生思想政治教育内容上的连贯性、层次性和递进性，造成学生思想政治教育内容上的跳跃、断层和滞后，使学生思想政治教育的内容超越或滞后于学生应有的心理接受能力和思维发展过程，这既违背了学生身心发展过程，也使学生思想政治教育的内容难以真正地得到贯彻和落实。因此，学生思想政治教育内容的确立必须同学生的知识水平和身心发展的实际情况相结合。

其次，学生思想品德形成发展的过程和规律是学生思想政治教育内容必须遵循的重要规律。学生思想品德的发展，不是一蹴而就的，而是有一个形成和发展变化的过程。人的思想政治品德一般是按照心理—思想—行为和习惯的程序，由简单到复杂、由低级到高级、由不稳定到稳定、由不完善到完善发展的，是主观因素和客观因素交互作用的结果。一般而言，个体思想政治品德的形成和发展呈现为两个过程，一是理性化过程，即在受教育者的帮助下或在其他社会教育因素的作用下，接受社会所要求的政治观点、思想体系、道德规范，并以此形成个体思想政治观念的过程，即"内化"过程。二是社会化阶段，即根据个体所形成的思想政治观念而行动的过程，也就是在现实生活中产生良好的行为结果的过程，即"外化"阶段。在一定程度上说，"学生个体思想品德的形成和发展不是一次就可以完成和实现的，而是需要不断地进行理性化和社会化过程，在一次次的螺旋式上升的过程中，不断修改和完善，直到相对稳定和成熟①。"在学生个体的思想品德形成和发展过程中，呈现出阶段性的特点。这一特点就要求学生思想政治教育内容要切合学生思想品德发展的特点和规律，学生思想政治教育的内容也必须遵循学生思想品德形成发展的过程和规律，既要着重理论素养和观念、理想层面的要求，也要强调知行统一、行为践履层面的要求，既不能偏离于学生思想品德发展的过程和阶段，也不能超越和落后于学生自身思想品德发展的规律性。

最后，学生的需要和问题是学生思想政治教育内容被接受程度如何的重要保障。在某种意义上说，思想政治教育的内容能否真正地被学生所接受，就在于是否对学生的问题有所解决和对学生的合理需要有所满足，因为只有解决了学生的需要和问题，才能使他们真正地对学生思想政治教育产生亲切感和信任感，进而通过自身对学生思想政治教育内容的学习，承认、认同并接受学生思想政治教育的内容，从而真正实现学生思想政治教育内容的要求。一方面，学生思想政治教育内容必须考虑学生的需要。

---

① 骆郁廷：《高校思想政治理论课课程论》，武汉大学出版社2006年版，第94页。

“美国的心理学家马斯洛提出了需要的层次理论，他将人的需要分为生理需要、安全需要、感情的需要、自尊的需要以及自我实现的需要。”① 可以说，学生的需要更多地集中在自我的需要和自我和他人关系的需要上，自我的需要主要包括学生自我发展的需要、自我实现的需要，而自我和他人关系的需要，包括交往的需要、尊重的需要、安全的需要等。可以说，学生的这些需要对他们自身的发展是有着积极意义的，正如马克思曾说的，“任何人如果不同时为了自己的某种需要和为了这种需要的器官而做事，他就什么也不能做。”② 但是，在现实的学生思想政治教育的内容中，却往往忽视学生的这些需要，更多地去强调社会的需要和要求，对学生的“需要”和“被需要”重视不够。如在学生思想政治教育的目标上，强调整齐划一，忽视学生的差异性和创造性的发展，结果是培养出的学生毫无自身的个性和特长，难以真正实现学生个体自我发展、自我实现的需要。而在学生思想政治教育的内容上，主要从社会需要的角度出发，对学生在生活、人际交往、学习层面的需求发展关注较少，难以满足学生对自我和他人关系需要的满足。可以说，对学生需要的忽视，在一定程度上是对人性的违背，抑制了学生作为“人”的需要，不利于挖掘出学生在激发促进学生思想政治教育实效性上的价值，更难以真正地实现学生思想政治教育内容的内化和外化。

另一方面，学生思想政治教育内容必须要真正纳入学生的问题，真正解决学生的问题。随着年龄的不断增长，社会阅历的不断丰富，人际交往的更广泛，学生总是会碰到升学问题、人际交往问题、对自我发展的把握问题、恋爱问题、学习与其他活动的协调问题等，这些都是学生所直接面对和将要面对的问题。在学生思想政治教育的实效上，我们的学生思想政治教育还是不理想的，这就促使我们不断去反思，我们当前的学生思想政治教育在内容上所存在的问题。我们必须承认，对学生问题的忽视，是学生思想政治教育实效性不佳的重要因素。同样，脱离了学生的问题也是影响思想政治教育内容不完善、不健全的重要因素。学生的问题得到解决，才能使学生意识到学生思想政治教育的实际价值，从而信服学生思想政治教育，才能在实践活动中践行之，这也同时达到了学生思想政治教育内容

① 马斯洛：《马斯洛人本哲学》，成明译，九州出版社 2003 年版，第 78 页。

② 《马克思恩格斯全集》（第二卷），人民出版社 1998 年版，第 118 页。

的要求。因而，学生问题是影响和实现学生思想政治教育内容的重要保障之一。

可知，国家意志、社会需要、教育目标和学生实际是学生思想政治教育内容确立的依据所在，国家意志是核心依据，社会需要是根本依据，教育目标是直接依据，而学生实际则是个体依据，它们四者相互联系、密切结合，共同影响和制约着学生思想政治教育内容的确立，是学生思想政治教育内容确立的依据所在。

第二节 学生思想政治教育内容的构成

学生思想政治教育内容的构成是学生思想政治教育必须深入探讨的问题，因为内容直接决定着学生思想政治教育将要宣传什么、传递什么，是学生思想政治教育开展的凭证，是实现学生思想政治教育目标的重要保证，更直接影响着学生思想政治教育的性质和目的。因而，认识与把握学生思想政治教育，首先要对学生思想政治教育的内容由哪些部分构成进行理性探讨，才能对学生进行切实有效的教育，最大限度地发挥出学生思想政治教育的效果。近年来，对思想政治教育内容的构成，许多学者从不同的角度、不同的方面进行了划分，如思想政治教育包括“世界观、人生观、价值观教育，爱国主义、集体主义、社会主义教育，社会公德、职业道德、家庭美德教育”①、“世界观教育、政治观教育、人生观教育、道德观教育、法制观教育、创造观教育和健康心理教育”②，这些对思想政治教育内容的划分有其合理性的成分所在，为学生思想政治教育内容的构成提供了启发式的思考，但这些内容却也存在着不够全面的问题。我们认为，学生思想政治教育内容是由价值体系教育、规范体系教育、学生的需要体系教育和问题体系教育四部分构成的有机整体。

一 价值体系教育是学生思想政治教育的核心内容

无论人们是否意识到，但是在日常的实践和社会活动中人们总不可避免地遇到价值观问题，如何使现实中的人们正确地处理好这种价值观冲

① 邱伟光、张耀灿：《思想政治教育学原理》，高等教育出版社1999年版，第193页。

② 陈秉公：《思想政治教育学原理》，高等教育出版社2006年版，第242页。

突，问题的关键就在于建立社会的价值体系。那么，一个社会的价值体系是什么呢？在此之前，让我们先来思考什么是价值，即价值是什么。“在哲学的视野中，价值指的是客体的功能属性对主体需要的满足。一般以为，当特定客体的功能属性满足了特定主体的某种需要，它对特定主体来说就是有价值的。一种事物之所以有价值，一方面是它有某种功能属性，另一方面是主体对它有需求，正是这种功能属性与主体需要的关系，才构成了价值的范畴。价值是一个有着多层语意的概念，它在不同的语境下有不同所指。也正是因为这种多层语意，才有了价值概念的学术分歧。实际上，价值可以有三种不同的语意：其一，如果我们指称客体的价值，往往就是指它的功能属性（隐含着与主体需要的契合）；其二，如果我们指称主体的价值，往往就是指主体的需要和追求；其三，当进入价值实现与否的判断语境中，我们强调的是客体的功能属性对主体需要的满足（其中隐含着价值标准）。可见，由于价值的主体维度和尺度，除掉价值实现判断的语境，价值多半就是指主体的需要和追求。”① 那么，什么是价值体系呢？根据我们对价值的理解，我们可以得知，价值体系即是对追求、主张、需要等的系统化、综合性的表达，它作为一种体系而存在。从根本上来说，价值体系就是内在需要、追求和主张外在表现的观念或对象化形态，是观念形态上的国家意志。

任何一个社会和国家的运行，都需要价值体系，即要表明自己追求什么，主张什么，通过价值体系来表明自己对他事物的立场、观点和态度。同时，社会和国家需要价值体系，还由于价值体系的有用性。概括地说，价值体系具有以下三个方面的作用：首先，引领价值认同的作用。伴随着全球化进程的演进，原本彼此孤立的价值观念在沟通、融合中开始发生激烈的碰撞与冲突，究竟如何在全球化的浪潮中坚持住自己所坚守的价值观念，批判腐朽的价值观念，这是一个值得深思的问题。这就需要构建自己的价值体系，通过价值体系使社会或者国家在多元并存的价值观念中选择与接受有利于各国建设和同世界发展潮流相适应的价值体系，从而提高自身适应全球和社会变化和发展的能力，增强各国建设的信心。其次，回应价值冲突的作用。“价值冲突是认同不同价值观的主体或者同一主体内心

① 王立仁：《思想政治教育内容体系及其逻辑展开模式构想》，《长春工业大学学报》（高教研究版）2008 年第 6 期。

之中在价值评价、选择、取向和创造的过程中所表现出来的不和谐、不一致，甚至碰撞与争斗。”① 可以说，这种价值冲突会随着不同时期的经济和政治发展而呈现出复杂的情况。通过构建价值体系，能够反映出一个社会的价值理想、价值规范、价值取向和价值目标，为人们的行为选择提供信念和指南，从而有效地解决和回应价值冲突问题。最后，促进价值实现的作用。从历史的发展来看，任何一个统治阶级的意识形态，都不可能自然而然地处于领导地位，总是要在与不同的意识形态的矛盾和斗争中，才能成为社会生活的主旋律。一个社会或者国家，通过价值体系的建立，能够旗帜鲜明地在各种价值冲突中表明自己的立场，通过宣传、教育，统一人们的思想和行为，并将其转化为强大的精神动力，从而确立其社会所信奉的价值体系，促进价值实现。也正是价值体系的重大作用，也使得价值体系内容是学生思想政治教育内容的核心构成部分。

一个社会的价值体系，只有真正成为整个社会的普遍的价值准则，成为广大社会成员的价值实践，才能真正达到价值体系建设的目的，收到价值体系教育的成效。学生思想政治教育作为一项社会实践活动，其职能之一就是要使教育对象能够理解、认同和接受社会的价值体系，并成为指导学生思想和行动的指针。可见，价值体系教育成为学生思想政治教育的核心内容便不言而明。价值体系教育，“既要让教育对象知道价值体系的内容，即社会的主张、需要和追求，又要为这些需要和追求的合理性和正当性进行论证，任何社会都要通过有效手段向自己的成员传输社会价值体系，而这个有效手段之一，就是思想政治教育。”② 我们党现在提出的核心价值体系，在其基本内容构成方面，马克思主义指导思想是灵魂，中国特色社会主义共同理想是其主题，以爱国主义为核心的民族精神和以改革创新为核心的时代精神是其精髓，社会主义荣辱观是其基础。可以说，社会主义核心价值体系的建立，为人们的价值选择、评价等提供了最终依据，有助于社会广大成员在精神心理上、价值观念上和人格上自觉而普遍地接受我国改革开放和现代化建设的实践活动形式、行为方式和生活方式，从而形成社会建设的巨大合力，促进我国的社会主义现代化建设事业的实现。

① 邹宏秋：《社会主义核心价值体系教育论纲》，浙江大学出版社 2008 年版，第 33 页。

② 王立仁：《思想政治教育内容体系及其逻辑展开模式构想》，《长春工业大学学报》（高教研究版）2008 年第 6 期。

二　规范体系教育是学生思想政治教育的基本内容

规范是社会生活中的规约，是一个社会得以运行的有效保证，规范是约束和调解人们行为的准则，一个社会得以运行，需要多种因素，其中一个基本因素在于有规范体系的存在。没有规范，社会就无法运行。规范在本质上是社会的属性，是因为社会生活我们才需要规范，没有社会和社会生活的存在，规范的存在就失去了其存在的合理性价值。“规范表现为对人行为的约束，它是对人的一种束缚，然而它的功能除掉约束之外还有保护，即通过约束人的行为对人进行保护。规范的约束是一种手段，规范的保护则是一种目的，因而规范是手段和目的的统一。社会生活中有多种规范的存在，社会越发展，对人的行为调节、约束和保护的规范就越多，而且会越来越细化和具体。规范的形式是一种行为的准则和要求的体现。在某种意义上说，规范不过是社会生活中人与人之间妥协的一种产物，人们认可社会生活的必要，与此相适应就要承认社会生活中的规范，因为以约束形式体现的社会规范，规定和划分了人们之间的权利和义务。所有的社会规范，都是对人们权利和义务的一种确认。”① 一个人离开社会到大自然中去，就不存在社会规范的约束，只有对大自然的敬畏和遵从。在社会规范之中，有社会性规范，是代表所有社会成员的意愿的；有法律规范，它是占统治地位的阶级整体意志的体现，它是国家以强制力保证实施的规范；有道德规范，道德规范是靠舆论、良心、信念维系的，其中占主导地位的是统治阶级的道德规范；行业和岗位规范，这是扮演社会角色的人必须遵守的准则。诸多的规范构成了社会的规范体系，其中，虽然有社会性规范代表着所有社会成员的意愿，但所有的规范都必须符合统治阶级的意志，即便是社会性规范也不得与统治阶级的意志相冲突。所以，社会规范体系最本质的特征还是统治阶级意志的反映。

规范体系教育之所以构成学生思想政治教育的基本内容，主要有以下几个方面的依据：一是规范体系是统治阶级实现统治的需要。一个社会的规范总是一方面集中表达了统治阶级的愿望和要求，代表了统治阶级的阶级意志，另一方面也为统治阶级稳定、巩固自己的统治地位和统治秩序，

---

① 王立仁：《思想政治教育内容体系及其逻辑展开模式构想》，《长春工业大学学报》（高教研究版）2008 年第 6 期。

实现自己的统治愿望提供了保证。二是规范是实现和维护国家运行不可或缺的手段。学生思想政治教育在根本上是要服务于国家发展，促进社会的发展。而规范体系则是实现国家发展的重要手段和工具。三是规范体系还是社会得以运行的基本保证。没有规范的约束和束缚，社会的一切都没有保障；规范意识的强弱，还是社会文明与进步的标志，规范不仅是文明的内容，而且也是文明发展水平的写照，一个社会也好，一个个人也好，其发展的重要标志之一，就是规范意识的强弱；规范还是社会发展的促进手段，规范对发展的目标、手段的设定，激励和约束人们按照规范的走向发展。由于社会规范体系的价值自然使它成为学生思想政治教育的基本内容。任何一个社会、国家的建立，最基本的条件就是有保证社会运行的规范体系。因此，掌握国家政权的阶级或集团，总是把建立规范体系作为自己最基本的任务。而为了使规范在社会生活中实现，除建立规范体系之外，就要对社会成员进行规范体系教育。

“对学生进行规范体系的教育，一是让学生知道社会生活中有哪些规范、各种规范的效力；二是让学生知道社会规范中权利、义务划分以及违背社会规范的社会和个人所要承担的后果和责任；三是让学生认识规范的价值，即约束和保护的双重职能；四是让学生遵奉社会规范的意义，自觉遵守规范意味着良好的素质和文明修养。一个社会或国家的规范教育可以有不同的形式采取不同的方法，也可以由不同的职能机关来承担，但必须进行规范体系教育是毋庸置疑的。”①

学生思想政治教育内容中的规范体系教育包含以下三个方面的内容：一是道德规范教育，二是社会规范教育，三是法律规范教育。这里的道德规范，是一定社会或者阶级用以调整人们之间利益关系的行为准则，也是评价人们行为善恶的标准。它是社会要求的基础或者是最基础的部分，是为了调整人们之间以及个人与社会之间的关系，要求人们遵守的行为准则，是人们的道德行为和道德关系普遍规律的反映，是一定社会或者阶级对人们行为的基本要求的概括，是人们的社会关系在道德生活中的体现。不同的时代和阶段总是有着不同的道德规范。我国社会主义时期的道德规范是五爱（爱祖国、爱人民、爱劳动、爱科学、爱社会主义）、全心全意

---

① 王立仁：《思想政治教育内容体系及其逻辑展开模式构想》，《长春工业大学学报》（高教研究版）2008 年第 6 期。

为人民服务、共产主义的劳动态度、社会主义人道主义等。社会规范，是人们在社会生活的长期实践中积累形成的，用以调节其成员与成员、成员与社会的行为标准、准则或者规则。它是某一社会用来调节人的社会行为，控制社会秩序，维护社会稳定的工具，一方面是对人们社会行为和社会关系普遍规律的反映，是一定社会人们行为和相互关系基本要求的概括。另一方面它是通过某种习俗、传统方式固定下来或由国家及社会组织认可，构成一定社会成员普遍遵循的行为准则。法律规范是国家机关制定或者认可、由国家强制力保证其实施的一般行为规则，反映由一定的物质生活条件所决定的统治阶级的意志。

在这里需要值得注意的是，对学生开展规范体系教育，必须以依据学生的思想品德发展规律和身心发展规律为基础来进行。一般来说，对学生进行规范体系教育时，低年级的学生以道德规范教育和社会规范教育为主，而高年级的学生则以社会规范教育和法律规范教育为主。可以说，规范体系教育作为学生思想政治教育的基本内容，对提升学生的思想品德水平和实现社会的有序发展都是必不可少的重要内容，是实现个体发展和社会发展的重要途径和内容。

三　需要体系教育是学生思想政治教育的重要内容

“美国的马斯洛则提出了需要的层次理论，他将人的需要分为生理需要、安全需要、感情的需要、自尊的需要以及自我实现的需要。”① 可以说，学生的需要更多地集中在自我的需要与自我和他人关系的需要上，自我的需要主要包括学生自我发展的需要、自我实现的需要，而自我和他人关系的需要，主要包括交往的需要、尊重的需要、安全的需要等。可以说，学生的这些需要对他们自身的发展是有积极意义的，正如马克思曾说的，“任何人如果不同时为了自己的某种需要和为了这种需要的器官而做事，他就什么也不能做。”② 而教育对象的需要体系教育，就是说学生思想政治教育要把对象的需要纳入学生思想政治教育的内容之中，要解释对象的合理性需要，要解决对象的合理性需要，更要设法满足对象的合理性需要。这里的教育对象的需要，并非是一切需要，而是那些关系到教育对

① 马斯洛：《马斯洛人本哲学》，成明译，九州出版社 2003 年版，第 78 页。

② 《马克思恩格斯全集》（第二卷），人民出版社 1998 年版，第 118 页。

象生存、学习、发展的需要，是一切需要中正当的、合理的需要，而这些需要的满足与解决不仅有助于教育对象自身的发展，更能有助于社会的发展，进而有助于国家的发展。

那么，把教育对象的需要纳入学生思想政治教育的内容中是出于哪些考虑抑或是为什么要把教育对象的需要体系纳入学生思想政治教育的内容体系当中？这是我们所必须认真思考的问题。

首先，学生思想政治教育直接面对的对象是学生。其一，学生思想政治教育的对象是鲜活的有着与教育主体一样的能动精神、物质需要和精神追求的人。其二，学生思想政治教育的对象是处于社会环境中的人，他们的思想、行为等方面的发展不仅仅受到社会大环境的影响，而且受到教育对象自身各方面素质的影响，这就使得教育对象在自身的生活、学习、发展过程中，总会出现这样或者那样的问题。其三，学生思想政治教育的对象是处于发展中的人，其思想观念、道德品质等均未定性，学生的一切都处于发展中，而发展中的学生更多地倾向于对自我需要的满足。可以说，学生思想政治教育对象的这种独特性，使得学生思想政治教育必须把其需要体系纳入学生思想政治教育的内容中。其次，满足学生的需要，是学生思想政治教育的一项基本职能。教育对象在社会生活和教育过程中的主体地位决定着学生思想政治教育要关心他们的需要和追求，可以说，在学生思想政治教育的本质规定中，包含着帮助、指导教育对象解决需要追求的取向。最后，把教育对象的需要体系纳入学生思想政治教育的内容体系当中，是对实效追求的考量。在一定意义上说，学生思想政治教育的实效规约着学生思想政治教育要把教育对象的需要和追求纳入学生思想政治教育的内容体系当中，要求学生思想政治教育必须要考虑学生的需要，满足学生的需要。“当一种教育只顾及如何让教育对象接受社会要求的价值体系和规范体系，无视教育对象的内在需求的时候，教育对象就会对教育内容甚至教育者持拒斥态度，影响效果的达成。一方面，帮助解决教育对象的需要，是学生思想政治教育职能的本质规定；另一方面，只有有效地帮助教育对象解决他们学习、生活、发展过程中的需要和追求，他们才能更好地接受社会要求的价值体系和规范体系。”① 因此，在学生思想政治教育

① 王立仁：《思想政治教育内容体系及其逻辑展开模式构想》，《长春工业大学学报》（高教研究版）2008 年第 6 期。

的过程中，必须把教育对象的需要体系纳入学生思想政治教育的内容之中，使其成为学生思想政治教育内容体系的重要构成部分。

学生思想政治教育把教育对象的需要追求体系纳入思想政治教育的内容体系当中，其一是要认真研究教育对象的需要，这是学生思想政治教育的基础性工作。只有知道教育对象的需要，知道教育对象有哪些需要，才可能把这些需要纳入学生思想政治教育的内容体系当中。需要是一个人行动的内驱力，构成人们行动的动力，当这种需要获得满足后，新的需要就要产生并开始引领人们的行动方向。因此我们要对学生的需要给予足够的重视与满足。首先，要科学评价学生的需要，抵制不合理、不正当需要。对学生需要的满足，必须是有前提的，这个前提就是要科学衡量、评价学生的需要。因为人的需要总是有正当与不正当、合理和不合理之分，这就使科学评价学生的需要显得尤为重要。这就需要教育者要深入到教育对象当中，了解教育对象的需要，了解他们在自身的学习、生活和发展的过程中所面临的困难，了解他们面对这些困难的处境和需求，通过学生思想政治教育来帮助学生区分、鉴别自己的需要，对那些有益于个人进步和社会发展的合理正当的需要要给予鼓励，而对于非合理、不正当的需要，要给予及时地修正和抵制，让他们树立起符合自身实际的正当需求。

其二是设法帮助他们提供解决这些需要的对策，在可能的情况下，甚至可以直接帮助他们解决问题以满足他们的实际需要。满足学生的需要，并不意味着满足学生的一切需要和所有需要，而是要满足他们的合理的、正当的需要。因而一方面要关心学生的物质需求，满足学生的物质需要。物质需要的满足是人们生存与发展的基础，因此，学生思想政治教育要正视学生正当的物质需求，保证学生基本的合理的物质需求的满足，提高他们的物质生活质量。同时，还要满足和提升学生的精神需要。因为仅有物质需求的人，是不完整的人。在物质需要获得满足后，必须提升自身的需要层次，提高自身的精神需要。如可以采用通过阅读古典名著、进行影视赏析等方式进行。

其三是帮助教育对象深化对需要的理性认识。在对教育对象的合理需要进行满足后，并非意味着思想政治教育的任务完成了，满足教育对象的合理需要是对学生合理需要的肯定，而帮助教育对象深化对需要的意义和价值的理性认识，却是对教育对象合理需要的升华、提高。不可否认，在人生中，学生总是会面临各种各样的需要，一个需要满足后，可能另一个需要又将出现。其实，在人生中的诸多需要中，有些是合理的且必需的，值得被满足、被肯定。而有些需要是不合理的，需要被舍弃。那么如何做出取舍，这就需要教育对象在充分的认识和体会需要的价值和意义的基础上做出理性的选择。在一定意义上，解决教育对象的需要问题，可以拉近教育主体和教育对象之间情感和心理的距离，使他们更好地接受社会需要的价值体系和规范体系，从而间接地提高学生思想政治教育实效。

四　问题体系教育是学生思想政治教育的现实内容

问题，一直伴随着学生的发展而存在，可以说，学生的思想政治教育无时无刻不处于问题的包围中，从一定意义上，甚至可以说，正是教育对象自身存在的问题，催促着我们不断地开展学生思想政治教育。社会的要求与教育对象之间总是会存在着一定的差距，即表现为教育对象的思想品德与社会要求的差距和社会要求与教育对象的差距。可以说，这两种差距，都会导致问题出现。可以说，无论是从社会要求的视角出发，还是从教育者自身品德发展的视角出发，都使得问题的存在不可避免。而学生思想政治教育，作为培养学生的良好品德和行为的特殊的实践活动，就理应直面教育对象自身存在的问题，而不能回避教育对象自身存在的问题，而且要设法解决这些问题。不解决学生的问题，学生思想政治教育就抛弃了自身的职责和任务，失去了其自身存在的价值和意义，使学生思想政治教育难以真正接地气。只有把握学生的问题，进而解决学生的问题，才能使学生思想政治教育发挥出其应有的价值和作用，进而使学生真正地体会到学生思想政治教育对个体自我发展的实际意义，从而从内心里信服学生思想政治教育。

解决问题是解决矛盾的要求，也是针对性的现实体现。问题在于，该如何把问题纳入思想政治教育的内容体系，我们该如何解决问题，如何解决矛盾，提升水平。首先，要深入把握学生的问题。要解决问题，就要把握问题，把握问题是解决问题的前提，只有把握问题才能针对问题从而解决问题。这就需要教育对象深入研究，只有把问题搞清楚，才有可能把问题解决好。而要搞清楚问题，就需要大量的调查研究。通过调查研究，把握问题的表现，对问题进行归类和确证。这就需要学生思想政治教育不仅要把握学生在生活、学习、发展中所直接面对的问题，还要把握住学生的思想政治品德现状与社会要求之间存在的问题。

其次，要分析问题的成因。分析问题的成因，是解决问题的关键性环节。这就像给病人治病一样，不仅要知道病人得的是什么病，确诊准确，而且还要找到病因。因为同是一种问题却会有不同的成因。比如过敏的病，非要找到过敏源，才能治好。对教育对象思想品德中存在的问题，也同样要找到形成的原因，只有如此，才有可能对症下药解决问题，进而把教育对象的思想道德水平提高到社会需要的水平。

最后，积极探索解决问题的对策。我们研究问题、分析问题、把握问题，其最终的落脚点就是要找到解决问题的方法。但是解决问题并非是一件容易的事情，找到相应的解决对策也需要我们的积极探索。对策的确定必须具有现实性、针对性。在针对问题教育的过程中，其一，要通过教育对象自身来确证问题，让他们和我们一起来分析自身存在的问题及其表现。记得亚历山大·波普说过："人应当受教育，但不要让他感到在受教育，对于别人不知道的事，要当作他忘掉的事告诉他。"[①] "人们通常总是被自己亲身所见到的道理说服，更甚于被别人精神里所想到的道理说服。"[②] 因而，同样的问题，让教育对象自己说出来，会减少教育者与教育对象之间的距离。其二，"要和教育对象一起分析这些问题的危害。分析问题的危害，在于认识问题的严重性。一方面要认识这些问题对社会所造成的危害，另一方面更要认识这些问题对自己造成的影响。其三，就是与教育对象一起讨论问题产生的原因和解决问题的对策。认识危害，分析原因，为解决问题的对策提供了条件。对策的制定不能超越现实，不能急于求成，要采取鼓励为主的方法和艺术。驯鲸的人把它训练到能在水中跃起几米的高度，一是采取不断提高要求的办法，二是采取欣赏和鼓励的办法。这个办法运用到学生思想政治教育过程中，具有非常重要的意义，即人的培养目标不能过高，要循序渐进，还要采取欣赏和鼓励的艺术"[③]。

第三节　学生思想政治教育内容的学段划分

学生思想政治教育的对象是广泛地分布于大学、中学、小学的学生，

① 卡耐基：《处理人际关系的艺术》，北京出版社1988年版。

② 帕斯卡尔：《思想录》，商务印书馆1995年版，第8页。

③ 王立仁：《思想政治教育内容体系及其逻辑展开模式构想》，《长春工业大学学报》（高教研究版）2008年第6期。

由于他们的思想基础、心理特点和生长环境不同，导致了他们在思想品德的发展状况上有所差异。可以说，学生思想政治教育内容的学段划分是基于不同学段学生个体发展的差异提出来的。将学生思想政治教育的内容进行学段上的划分，不仅有利于实现满足不同学生内容需求上的层次性和差异性，而且有助于提高学生思想政治教育内容上的针对性和实效性。

一　小学阶段的学生思想政治教育内容

（一）价值体系教育内容

1. 爱祖国、爱人民、爱社会主义教育内容："尊重国旗、国徽，学唱国歌，为自己是中国人感到自豪；知道我国的地理位置、领土面积、海陆疆域、行政区划。知道我国是一个地域辽阔、有着许多名山大川和名胜古迹的国家，体验热爱国土的情感；知道台湾是我国不可分割的一部分，祖国的领土神圣不可侵犯；知道我国是一个统一的多民族国家。"① 各民族共同创造了中华民族的历史和文化；关心了解周围不同行业的劳动者，感受并感激他们的劳动给人们生活带来的便利，尊重并珍惜他们的劳动成果。

2. 集体主义教育内容：知道自己是集体中的一员，关心集体，喜欢集体生活，爱护班集体荣誉，对自己承担的任务负责；了解家乡的风景名胜、主要物产，感受家乡的发展变化；热爱革命领袖，了解英雄模范人物的光荣事迹；关心集体、积极参加集体活动，维护集体荣誉，对自己承担的任务负责。

3. 共同理想教育内容：知道近代我国遭受过列强的侵略以及中华民族的抗争，敬仰民族英雄和革命先烈，树立奋发图强的爱国志向；知道中国共产党、新中国的成立和改革开放，加深对社会主义祖国和中国共产党的热爱；了解不同民族的生活习惯和风土人情，理解和尊重不同民族的文化。

4. 价值观教育内容：了解我国曾经发生的地震、洪水等重大自然灾害，知道大自然有不可抗拒的一面，感受人们在灾害中团结互助的可贵精神；知道中国人民解放军是保卫祖国、维护和平的重要力量，热爱中国人

① 李季湄、张华：《义务教育品德与生活课程标准解读》，高等教育出版社 2012 年版，第 92 页。

民解放军。

（二）规范体系教育内容

1. 道德规范教育内容：按时作息，生活有规律；养成良好的个人饮食和卫生习惯；生活中自己能做的事情自己做；懂得邻里生活中要讲道德、守规则，与邻里要和睦相处，爱护家庭周边公共环境卫生；懂得感恩和基本的礼仪常识，学会欣赏、宽容和尊重他人；理解做人要诚实守信，学做诚信的人。懂礼貌、守秩序，爱护公物，行为文明；能初步分辨是非，做了错事勇于承认和改正，诚实不说谎；养成良好的学习习惯，独立完成学习任务，不抄袭、不作弊；尊重社会各个行业的劳动者，爱惜他们的劳动成果；爱护动植物，节约资源；关心他人，友爱同伴，乐于分享与合作。

2. 社会规范教育内容：知道班级和学校中的有关规则，感受公共生活中规则的作用，初步形成规则意识、遵守活动规则和学校纪律；体会生命来之不易，抵制不健康的生活方式，有安全意识和基本的自护自救能力；自觉遵守公共秩序；知道现代通信的种类和方式，体会现代传媒，尤其是网络与人们生活的关系，在有效获取信息的同时，增强对信息的辨别能力，遵守通信的基本礼貌和网络道德、法律规范，做到文明上网。

3. 法律规范教育内容：知道自己是中华人民共和国的公民，初步了解自己的权利和义务；知道我国颁布的与少年儿童有关的法律、法规，学习运用法律保护自己，形成初步的民主与法制意识。通过班级和学校生活，体会民主、平等在生活中的现实意义；知道自己作为公民，拥有的基本权利与义务；形成初步的法律意识。

（三）需要体系教育内容

1. 生活教育内容：了解天气、季节变化对生活的影响，学会照顾自己；亲近大自然，喜欢在大自然中活动；知道初步的保健常识并在生活中运用；了解儿童易发疾病的有关知识，积极参加预防疾病的活动；了解家庭经济来源和生活必要的开支，学习合理消费、勤俭节约的途径和方法；初步了解我国工农业生产与人们生活的关系；知道现代通信的种类和方式，体会现代传媒，尤其是网络与人们生活的关系。

2. 安全教育内容：熟悉校园环境，能利用好校园中的各种设施；知道初步的保健常识并在生活中运用；使用玩具、设备进行活动时，遵守规则，注意安全。认识常见的交通标志和安全标志，遵守交通规则，注意安全；了解当地多发的自然灾害的知识，知道在紧急情况下的逃生或求助方法；了解儿童易发疾病的有关知识，积极参加预防疾病的活动。

3. 科学教育内容：对周围环境充满兴趣，喜欢发问和搜寻答案；能对问题提出自己的想法与看法；能根据需要动手制作简单的小道具、小模型、小物品等开展活动；学习用观察、比较、调查等方法进行简单的生活和社会探究活动；学习利用图书、电视、网络等方式搜集信息。

（四）问题体系教育内容

1. 学生问题教育内容：了解迷恋网络和电子游戏等不良嗜好的危害，抵制不健康的生活方式；知道吸食毒品是违法行为，远离毒品，珍爱生命，过积极、健康的生活；学习和生活中遇到困难时愿意想办法，有应对挑战的信心和勇气；懂得做人要自尊、自爱，有荣誉感和羞耻心，愿意反思自己的生活和行为；在学校里情绪安定，心情愉快；喜欢和同学、老师交往，高兴地学，愉快地玩耍；知道家庭成员之间应该相互沟通和谅解，学习化解家庭成员矛盾的方法；在成人的帮助下，能够较快地化解自己的消极情绪；在成人的引导下学会正确地对待自己的学习成绩；在成人的帮助下能制定出自己可行的目标，并努力地实现；学习欣赏自己和别人的优点和长处，并以此激励自己不断进步；敢于尝试有一定难度的任务或者活动。

2. 社会问题教育内容：理解人与自然、环境的依存关系，了解当前环境恶化、资源匮乏、人口急剧增长等问题，参与到力所能及的环境保护活动中，增强环境保护意识；了解我国不同地区自然环境的差异，知道并了解这些差异对人们的生产和生活方式的影响；了解我国的交通发展状况，感受交通在人们生活中的重要作用，关注城乡交通存在的问题。

3. 全球问题教育内容：初步了解全球环境恶化、人口急剧增长、资源匮乏等状况，以及各个国家和地区采取的相关对策，体会人类只有一个地球的含义。

二　初中阶段的学生思想政治教育内容

（一）价值体系教育内容

1. 思想教育内容：知道马克思列宁主义、毛泽东思想、邓小平理论和“三个代表”重要思想是建设中国特色社会主义事业的指导思想，了解科学发展观是发展中国特色社会主义必须坚持和贯彻的重大战略思想。

2. 爱国教育内容：知道我国是一个统一的多民族的国家，各族人民平等互助、团结合作、艰苦创业、共同发展，维护国家和民族团结；学习和了解中华民族文化传统，增强民族自豪感，增强与世界文明交流和对话的意识；了解文化的多样性与丰富性，尊重不同的文化与习俗，以平等的态度与其他民族和国家的人民友好交往；弘扬和培育民族精神，认识当代青年的社会责任，增强为实现推进现代化建设、完成祖国统一、维护世界和平与促进世界共同发展的使命感与自信心。

3. 爱社会主义教育内容：了解全面建设小康社会的奋斗目标，了解社会发展不平衡的现状，知道增强城乡、区域发展协调性是实现全面建设小康社会的奋斗目标；正确认识个人与集体的关系，主动参与班级和学校活动，并发挥积极作用，有团队意识和集体荣誉感，体会集体的理论；知道我国的人口、资源、环境等状况，了解计划生育、保护环境、合理利用资源的政策，形成可持续发展意识；知道中国特色社会主义理论体系，知道我国各族人民的共同理想；了解当今世界发展趋势，知道我国在世界格局中的地位、作用和面临的机遇与挑战，增强忧患意识。

4. 党的基本路线、方针教育内容：知道党在社会主义初级阶段的基本路线，以及我国现阶段的基本经济制度和根本政治制度，了解构建社会主义和谐社会的目标、主要任务和意义。

（二）规范体系教育内容

1. 道德规范教育内容：知道礼貌是文明交往的前提，掌握基本的交往礼仪与技能，养成文明礼貌的行为习惯，学会人际交流与沟通，善于与人合作，建立良好的人际关系；体会父母为抚养自己所付出的辛苦，孝敬父母和长辈；懂得对人守信、对事负责是诚实的基本要求，知道诚实才能得到信任，正确认识、体会生活中诚实的复杂性，努力做诚实的人；学会尊重人，学会理解与宽容，学会感恩、关心、理解他人，乐于助人，学会与人为善；勤俭节约，反对超前消费，反对攀比。

2. 社会规范教育内容：尊重各行各业的道德规范，努力配合协作，尊重别人的劳动成果；积极参与公共生活，爱护公共环境和设施，遵守社会公德和公共秩序；热爱大自然，保护珍稀物种；保护环境，能够劝阻别人污染环境的行为；树立资源的可持续发展意识，科学合理地利用资源。

3. 法律规范教育内容：学习遵守《中学生守则》；"知道依法治国是我国的基本方略，增强法律意识；认识法律在维护社会秩序中的重要作用，维护法律的权威；了解宪法对公民基本权利和义务的规定，懂得正确行使权利，自觉履行义务；知道法律保护消费者的合法权益，学会运用法律维护自己作为消费者的权益；知道法律对未成年人的特殊保护，了解家庭保护、学校保护、社会保护和司法保护的基本内容；掌握获得法律帮助和维护合法权益的方式和途径，提高运用法律的能力；知道我国环境保护的基本法律，增强环境保护意识，自觉履行环境保护的义务”①。

（三）需要体系教育内容

1. 生命教育内容：认识自身生命的独特性，珍爱生命，能够进行基本的自救自护；自尊自爱，不做有损人格的事；养成自信自立的生活态度，体会自强不息的意义。能够客观地认识自我，积极接纳自我，形成比较清晰的自我整体形象；客观分析挫折和逆境，寻找有效的应对方法，养成勇于克服困难和开拓进取的优良品质，做到珍惜生命、热爱生活。

2. 交往教育内容：理解文明交往的个人意义和社会价值；理解竞争与合作的关系，敢于竞争，善于合作；正确认识异性同学之间的交往与友谊，把握尺度与原则，学会用恰当的方式与同龄人交往；体会承担责任的意义，努力做一个负责任的公民。

3. 心理教育内容：了解青春期闭锁心理现象及其危害，积极与同学、朋友和成人交往，养成诚实、热情、开朗的性格；了解教师的工作，积极与教师进行有效的沟通，正确对待教师的表扬与批评，增进与教师的感情；热爱科学，远离迷信；改进自己的思维方法和思维方式，提高创新意识。

4. 学习与就业教育内容：主动锻炼个性心理品质，磨砺意志，陶冶情操，养成良好的学习、劳动习惯和生活态度，懂得应考的心理调适，增强心理承受能力；懂得特长的发挥与社会需要之间的关系，懂得职业与个性发展的关系。

（四）问题体系教育内容

1. 青春期问题教育内容：悦纳自己的生理变化，促进生理与心理的协调发展；了解自我评价的重要性；了解青春期心理卫生知识，体会青春期的美好，学会克服青春期的烦恼；理解情绪的多样性和复杂性，学会调节和控制情绪，保持乐观、积极的心态；关注社会发展变化，养成亲社会

① 胡田庚：《中学思想政治课程标准与教材分析》，科学出版社2012年版，第52—53页。

行为；学会与父母平等沟通，正确认识父母对自己的关爱和教育，以及可能产生的矛盾，学会与父母沟通的技巧，调试“逆反”心理。

2. 升学与就业选择问题教育内容：正确对待学习压力，克服厌学情绪和考试焦虑，培养正确的学习观念和成就动机，从个人实际出发，面向社会，正确处理好升学和就业之间的关系，了解不同劳动和职业的特点及其独特价值，做好升学和职业选择的心理准备；正确认识生活中的困难和逆境，提高心理承受能力，保持积极进取的精神状态。

三 高中阶段的学生思想政治教育内容

（一）价值体系教育内容

1. 思想教育内容：知道马克思列宁主义、毛泽东思想、邓小平理论和“三个代表”重要思想是中国共产党的指导思想；坚持解放思想，实事求是的思想路线；学会运用马克思主义的基本观点观察问题、分析问题和解决问题；反对自私自利，提倡大公无私；正确认识个人同国家、集体之间的关系，正确地处理好三者之间的关系，坚持国家和人民利益至上的价值观；正确认识个人价值和社会价值之间的关系，认识到个人价值要在为人民服务的实践中才能得以实现；不断教育高中生树立正确的世界观、人生观和价值观。

2. 党的路线、方针与形势政策教育内容：知道中国共产党是中国特色社会主义事业的领导核心，知道中国共产党在社会主义初级阶段的基本路线和基本国策，热爱中国共产党，坚定走中国特色社会主义道路的信念。

3. 爱祖国、爱人民、爱社会主义教育内容：热爱祖国，热爱人民，关心祖国命运，增强民族自尊心、自信心和自豪感，弘扬民族精神，树立为实现中华民族伟大复兴而奋斗的志向。培养学生具有爱国主义、集体主义和社会主义的思想情感；了解社会主义制度，了解社会主义的本质，坚定社会主义的信念；了解一些军事知识，增强国防观念。

4. 理想教育内容：正确对待个人理想和社会理想的关系，初步树立起为祖国的富强、民主、文明而奋斗的共同理想；教育学生逐步树立起为社会做贡献，为人民服务的人生理想；学习科学家严谨的科学作风和为科学真理献身的伟大精神。

（二）规范体系教育内容

1. 道德规范教育内容：正直、诚实、善良；关心、孝敬父母；勤俭节约；热爱劳动，培养劳动观点和劳动习惯，珍视他人的劳动成果；真诚有爱、礼貌待人；讲文明、讲秩序、讲礼貌。

2. 社会规范教育内容：在社会公德中，遵循五个道德规范，即文明礼貌、助人为乐、爱护公物、保护环境、遵纪守法；树立合理而科学的消费观，抵制盲目消费、超前消费、过度消费；进一步学习同异性交往的礼仪，积极参加社会公益活动；遵守互联网的公共秩序；树立正确的友谊观、恋爱观和婚姻观；尊重各行各业的道德规范，努力配合协作，尊重别人的劳动成果。了解环保知识，产生热爱环境的情感，从自我做起，学会保护环境的技能，积极参与社会环境保护的调查和宣传活动，为生态环境的优化做贡献。

3. 法律规范教育内容：正确认识自由和纪律、法律的关系，“自觉遵守学校的学习制度、生活制度、劳动制度、体育锻炼制度以及课堂常规、校园纪律、图书馆规则等各项学校的规章制度”①。对学生进行民主与法制的观念教育，学习和掌握法律知识，树立法律面前人人平等的观念，树立法律意识，维护法律权威；积极参加法制宣传活动；初步懂得经济领域内重要的法律，保护经济利益；遵守学校的规章制度；遵守社会公共秩序；树立起依法服兵役的国防观念和义务感；了解未成年人的权利和义务；认真学习《未成年人保护法》和《劳动法》等相关法律，学会运用法律维护自己的合法权益。

（三）需要体系教育内容

1. 学习教育内容：把握好自己的兴趣与爱好，并结合自己的优势和长处，正确对待文理分科，选择有利于自身发展的方向；正确对待学习上的各种压力，考试中的成功和失败，提高自身的心理承受能力；勤奋好学，掌握适当的应试技巧和答题技巧，提高应试能力；对复杂的环境有一定的适应和应变能力，能自强自立，自控自律，健全个性，做好应考心理调适和临场的应变能力。

2. 心理教育内容：教育高中生坚强、正直、勇敢，有一定的抗挫折能力，能够勇敢面对生活、学习和工作中出现的困难；能够积极地调整自己的情绪，消除悲观、消极情绪的干扰，提倡以乐观开朗的心情面对生活。

---

① 詹万生：《整体构建德育体系总论》，教育科学出版社 2001 年版，第 331 页。

3. 升学教育内容：提高运用马克思主义立场、观点和方法面对实际问题，做出正确的价值判断和行为选择的能力；通过有效的途径和方法，磨炼自身的意志，培养意志的持久性和自控力；从自己的实际和社会的需要出发，正确对待专业选择，正确对待升学和就业的关系，做好准备，保持良好的学习心态和习惯，积极地面对现实；根据自己的特长和祖国的需要及二者之间的联系，做好职业选择。

（四）问题体系教育内容

1. 心理问题教育内容：学会调节和控制情绪，保持乐观、积极的心态；知道吸食毒品是违法行为，远离毒品，珍爱生命，过积极、健康的生活；学习和生活中遇到困难时愿意想办法，有应对挑战的信心和勇气；在成人的帮助下，能够较快地化解自己的消极情绪；正确地处理好与异性的关系，掌握好交友的原则，正确地处理好早恋等问题。

2. 自我发展问题教育内容：在成人的引导下学会正确地对待自己的学习成绩；在成人的帮助下能制定出切实可行的目标，并努力实现；正确对待学习压力，克服厌学情绪和考试焦虑，培养正确的学习观念和成就动机，从个人实际出发，面向社会，正确处理好升学和就业之间的关系，了解不同劳动和职业的特点及其独特价值，做好升学和职业选择的心理准备。

3. 社会问题教育内容：了解当前环境恶化、资源匮乏、人口急剧增长等问题，参与到力所能及的环境保护活动中，增强环境保护意识；积极关注、了解社会发展中出现的问题，为社会发展过程中出现的各种问题出谋划策。

四 大学阶段的学生思想政治教育内容

（一）价值体系教育内容

1. 思想教育内容：知道中国共产党始终坚持把马克思主基本原理同中国实际紧密结合，形成了毛泽东思想、邓小平理论和“三个代表”重要思想三大理论成果，提出了科学发展观、构建社会主义和谐社会等一系列的战略思想。马克思主义是我们党立国的根本指导思想，是社会主义核心价值体系的灵魂；社会主义社会的发展和共产主义是人类最崇高的社会理想。

2. 国情教育内容：加强对我国悠久历史的了解，认识中国人民进行的反帝反封建斗争内容，包括反对外国侵略的斗争、对国家出路的早期探索、辛亥革命和君主专制制度的终结。知道无产阶级领导的新民主主义革命，包括翻天覆地的三十年、中国革命的新道路、中华民族的抗日战争、为新中国而奋斗。深化对社会主义制度的认识即社会主义的革命、建设与改革，包括社会主义基本制度的确立、社会主义建设、改革开放和现代化建设。掌握我国的国家制度主要包括人民民主专政制度、人民代表大会制度、中国共产党领导的多党合作和政治协商制度、民族区域制度、基层群众自治制度和基本经济制度。

3. 人生观教育内容：教育大学生以与社会主义制度相适应的，以为人民服务为核心，以集体主义为原则，正确处理国家、集体、个人之间的关系的价值标准和价值导向。教育和帮助大学生提高明辨是非、善恶的能力，培养大学生自力更生、艰苦奋斗的精神和坚强的意志品质，坚决反对拜金主义、享乐主义和极端个人主义，帮助大学生确立正确的人生理想目标追求，树立科学的人生态度等。

（二）规范体系教育内容

1. 道德规范教育内容：文明礼貌，掌握和运用日常生活中基本的礼貌用语，能够礼貌地对待他人；助人为乐，学会力所能及地帮助别人，解决别人的困难，向别人伸出援助之手；学会了解人，关心他人，尊重他人，善于与他人相处，提高知人、做人的修养水平。

2. 社会规范教育内容：遵守公共秩序、爱护公共财物，团结友爱、助人为乐；尊老爱幼、尊重妇女和残疾人，文明节俭、热心公益活动；大力倡导爱岗敬业、诚实守信、办事公道、服务群众、奉献社会的职业道德教育，为规范大学生的职业行为，提高社会的职业道德水平做准备；大力倡导尊老爱幼、男女平等、夫妻和睦、勤俭持家、邻里团结的家庭美德教育。坚持集体主义价值导向，反对个人主义、享乐主义和拜金主义；开展爱国守法、明礼诚信、团结友善、勤俭自强、敬业奉献的公民基本道德规范教育。

3. 法律规范教育内容：了解法的概念及其历史发展；领会社会主义的法律精神，就是要正确认识我国社会主义法律的本质和作用，深刻理解我国社会主义法律的运行机制；知道我国社会主义法律的规范、预测、评价、强制和教育作用；知道宪法是国家的根本大法，具有最高的法律地位、法律权威、法律效力，具有根本性、全局性、稳定性和长期性，了解我国宪法的特征、基本原则，以及确保的公民的权利和义务，深刻理解中国特色社会主义法律体系的特征、构成和意义；掌握社会主义法治理念的基本内容，自觉树立社会主义法治理念，培养社会主义法治思维方式；维护法律的权威；教育大学生自觉遵守公共生活中的道德规范和法律规范，养成良好的行为习惯，锤炼高尚的品格。

（三）需要体系教育内容

1. 入学教育内容：结束了紧张而忙碌的高中生活，大学生开始步入大学生活，学习不再是学生唯一的主题，生活环境的转移，自由时间的增多，交往范围的扩大等，都使大学生容易陷入恐慌、失去自我目标。因此，需要对大学生进行入学教育，让大学生对大学四年里的学习、生活和工作有初步的了解，并结合自己的实际情况，做出自我发展的计划和目标，以更好地指导未来四年的大学生活。

2. 心理调节需要的教育内容：预防心理疾病教育，如心理卫生知识教育、心理疾病防治教育；心理调适能力培养与训练教育，如开展挫折教育，创新精神和竞争观念的培养；学会调适自己的情绪，当遇到消极情绪时，能够学会合理运用健康的方式进行排遣；对学生在学习、生活和工作中各方面的正常、正当竞争，要给予鼓励和支持，但坚决反对和禁止采取不正当手段的竞争，让大学生不仅仅学会公平竞争，还要学会相互合作。

3. 职业生涯教育内容：大学生即将从校园走向社会就业或创业，在当前严峻的就业形势下，作为接受过高等教育的大学生群体，能否在职业决策过程中做出恰当、有效的选择，不仅关乎大学生个人的终身发展，还关乎社会的发展与进步，因此，对大学生进行职业生涯教育就显得尤为迫切和关键，教育大学生对当前的就业形势理性看待，能根据自身实际进行职业生涯设计和职业规划。

（四）问题体系教育内容

1. 学习问题教育内容：要教育大学生认识到虽然结束了高考，但并不意味着学习的终结，做好在大学四年仍要坚持学习的思想准备；要教育大学生学会在可以自由支配的时间里，如何把握好充分的时间，如何更好地学习，要教育大学生在独立自主的生活空间中，选择好自己的发展方向，为以后的发展打好基础。

2. 人际关系问题教育内容：大学生步入大学校园生活，离开了以往熟悉的人际交往环境，接触到了生活于不同文化、环境背景下的同学，这就使人际交往问题摆在了他们的面前。要教育大学生掌握人际交往中的一些基本的礼仪、技巧等，能够促进大学生在公共场合中把握好自己的言行，掌握好做事的分寸，实现人际交往的良性发展。

3. 情感问题教育内容：亲情、爱情和友情应该如何处理好，这是大学生的情感问题中最为常见的问题。要教育大学生树立正确的恋爱观，理性对待恋爱问题，并学会处理好爱情和学业、自我发展之间的关系，切勿因情感问题而耽误了学业。要教育大学生正确看待亲情。在大学阶段，大学生开始远离父母，很容易使他们与父母产生隔阂，因此，要教育大学生能够正确看待父母的勤劳，懂得孝敬父母、理解父母、尊重父母。同时要教育大学生处理好友情，尤其是异性之间的友情，要学会把握好度，重视友情在个人成长中的作用。

4. 择业问题教育内容：面对激烈的人才竞争环境如何选择自己的发展方向，这是大学生所必须认真思考的问题，要教育大学生正视就业问题，根据自己所学和特长，结合社会发展的需要，来选择自己的职业。

五　学生思想政治教育内容的学段衔接问题

学生思想政治教育内容的学段划分，要处理好大、中、小学阶段学生思想政治教育内容的衔接问题。从纵向上看，学生思想政治教育的内容是一个大、中、小各阶段的学生思想政治教育内容所构成的复杂系统，可以说，大中小各阶段的学生思想政治教育内容是否衔接，衔接的程度如何，是学生思想政治教育内容能否形成一个有机整体和完整系统的重要环节。做好大、中、小学各阶段学生思想政治教育内容之间的衔接问题，就是在遵循青少年品德形成和发展规律的基础上，从纵向发展科学的规划和明确小学、初中、高中和大学阶段的具体内容，使大、中、小各个阶段的内容有机衔接、相互照应、各有侧重、循序渐进，构建起大、中、小各个阶段学生思想政治教育内容之间的内在逻辑关系。各个阶段的学生思想政治教育内容是不同的，各有侧重，各有差别，但它们并不是毫无关联的孤立存在，从总体上看，学生思想政治教育内容又必须做到层次分明、逻辑明晰，使各个阶段的内容，既相互联系、相互贯通，又能做到相互衔接、相互递进。可以说，厘清大、中、小各个阶段学生思想政治教育的具体内容，处理好大、中、小学各阶段学生思想政治教育内容之间的衔接问题是学生思想政治教育内容分段研究的重要任务。

同时，大、中、小各学段的学生思想政治教育内容衔接还要循序渐进。首先，要注意内容上的完整性。学生思想政治教育的内容是一个包含着价值体系教育、规范体系教育、学生需要体系教育和学生问题体系教育的统一整体，反映着社会对学生思想政治教育的整体要求。虽然在各个不同的阶段，学生思想政治教育内容的侧重点是不同的，但这四个构成部分的任何一个方面内容都不可或缺，它们之间相互协调、相互配合，才能实现学生思想政治教育内容的完整性。其次，要注意内容的层次性。学生思想政治教育的内容要依据学生的思想品德形成和发展的规律以及学生身心发展特点，有步骤、有计划地进行选择和设计，循序渐进地进行，切忌出现简单的机械重复或者断层现象。最后，要注意内容的渐进性。从总体上看，学生的道德水平是一个逐步提升的过程，一般而言，它呈现出波浪式前进、螺旋式上升的趋势，因此，在学生思想政治教育内容的安排上，要考虑到学生认知水平、思想水平和道德水平发展的总趋势，实现学生思想政治教育内容由简单到复杂、由具体到抽象的螺旋式上升。在循序性上必须避免两个错误，一是内容落后于学生思想品德实际。即教育内容落后于学生的教育发展阶段，把应该在此阶段学习的内容和解决的问题遗落在后面的学习阶段。二是内容超越于学生的品德发展实际。即教育内容超越了学生的思想品德发展基础，超越必经的教育阶段，把未来的教育内容提前学习，未来的问题提前解决，拔苗助长。可以说，这两种做法都是错误的，都不利于学生思想品德的发展，学生思想政治教育内容的选择和安排落在学生思想品德发展的“最近发展区”上为最佳。

第三章　学生思想政治教育对象

第一节　学生思想政治教育对象的释义

学生思想政治教育对象是思想政治教育的原点，是学生思想政治教育的核心指向。学生思想政治教育最核心的工作无非有二：一是把握国家和社会的要求，二是把握教育对象的成长发展状况。目前，我们对国家和社会要求普遍地比较关注，而对教育对象的成长发展现状下的功夫不够。增强学生思想政治教育的科学性、针对性和实效性，无法离开对学生思想政治教育对象的深入系统的分析和把握，甚至学生思想政治教育规律的把握也深深植根于教育对象的深入分析。对学生思想政治教育对象的深入系统分析，把国家和社会的要求与教育对象成长发展现状有机结合起来，才能建构具有科学性、针对性和实效性的学生思想政治教育目标、内容、方法乃至主体队伍。因此，学生思想政治教育对象研究是学生思想政治教育研究不可缺失的内容，也是核心环节。

一　学生思想政治教育对象是人

学生思想政治教育对象是指什么？就目前关于思想政治教育对象的理解来看，有人主张思想政治教育的对象是人，因而人无疑也是思想政治教育对象；有人主张思想政治教育对象是人的思想品德，因而学生思想政治教育对象就是人的思想品德。实际上，这里的纠结在于思想政治教育对象本身与思想政治教育对象范围的区分问题。就对象本身来看，思想政治教育对象乃至学生思想政治教育对象无疑是人，是做人的工作；就工作的领域和范围看，思想政治教育对象指向人，但并不是指向人的所有方面，而主要是指向人的思想品德，主要是做人的思想工作。尽管有人把人的思想品德作为思想政治教育对象不乏深刻性，但是正如农民种地，我们只能说土地是农民的对象，而不能说庄稼是他们的对象，尽管庄稼是从农民种的土地长出来的。当然，对象的规定性往往与实践主体相连，就目前人们普遍承认并持续探讨的思想政治教育对象与思想政治教育主体的人际性、互动性、平等性和民主性等而言，思想政治教育主体是具有一定认识和实践活动能力的人，也一定意义上指示了思想政治教育对象是人，而不是人的思想领域。

可以确定，学生思想政治教育对象只能是人，而不是人的思想品德。把学生思想政治教育对象界定为人，有利于在学生思想政治教育中做到目中有人。若把学生思想政治教育对象理解为人的思想品德，那么也很容易运演出改造、塑造人的思想品德，进而导致改造、塑造人以及忽视人的主体性。其实，思想品德归根结底是人的思想品德，受人的成长发展和生产生活的各种内外因素的影响，把学生思想政治教育对象界定为人，也有利于整体把握人的思想品德形成发展规律，进而使学生思想政治教育获取理想的效果。

二 学生思想政治教育对象是求学的人

按照学生思想政治教育对象的一般理解，可以确证学生思想政治教育的对象应该是人，而不是人的思想品德。现在的问题是，仅仅回答学生思想政治教育对象是人，并没有也无法区分学生思想政治教育对象与其他思想政治教育的对象。问题的关键在于，我们需要继续回答，学生思想政治教育对象是些什么人，这些人有哪些特点，在哪些范围上存在。因此，我们必须深入理解成为学生思想政治教育对象的那些人的特殊的规定性。理解这个问题，我们还需要从学生思想政治教育这个上位概念入手。我们提出学生思想政治教育，以区分教师思想政治教育、农民思想政治教育、工人思想政治教育、军人思想政治教育，就主要参照了教育对象的不同，根本就在于学生思想政治教育是对求学或上学的人进行的思想政治教育，而不是对教书的人、种地的人、做工的人或当兵的人进行的思想政治教育。因此，求学的人是学生思想政治教育提出的参照，应理所当然要成为学生思想政治教育的对象。学生思想政治教育，通俗地讲，就是对求学的人进行的思想政治教育。就现实看，求学的人可以理解为在学校里接受系统的正规教育的人。在学校里接受系统的正规教育的人都是些什么人，简单地说，就是在校的学生。通常的汉语词典对学生的释义就是在学校里处于求学的人。学生思想政治教育概念的提出以及自身的独特性，就是根据在整个思想政治教育体系中不同的教育对象为基点的。至此，我们可以把作为学生思想政治教育对象的那些特殊的人简单地规约为求学的人，或者说干脆就是学生，尽管学生思想政治教育对象是学生，显得有些绕口。

学生思想政治教育对象是求学的人，决定了学生思想政治教育在思想政治教育体系中的地位。就整个思想政治教育对象而言，学生是思想政治教育的主要对象，是思想政治教育的重点对象，是思想政治教育的关键对象，等等，似乎已经成为共识。因而这就根本上决定了以求学的人为对象的思想政治教育的地位。这种地位既可以体现在学校思想政治教育中，也可以体现在整个思想政治教育中。学校思想政治教育一般包括教师思想政治教育和学生思想政治教育，尽管教师思想政治教育要针对教师加强思想政治教育，但是就加强和改进学校思想政治教育的整体而言，或者就目前关于加强和改进学校思想政治教育的语境而言，学生思想政治教育是学校思想政治教育的核心。一定意义上，人们甚至会把学校思想政治教育等同于学生思想政治教育。学校的使命就是育人，就是通过创设各种条件促进求学的人健康全面地成长发展。同时，以求学的人为对象的思想政治教育不仅决定其是学校思想政治教育的核心和主体，还决定其是社会思想政治教育的根本和基础。社会思想政治教育是对社会中的人进行的思想政治教育，社会中的人意味着与求学的人有着不同的角色扮演，但就现实意义上看，一个人要想成功地进入社会，必须要有一个准备的过程，这个准备过程的核心就是首先要进入学校学习，要成为求学的人，要系统地学习未来社会生活必需的各种知识、技能和品德。目前的法规是个体最低也要接受完义务教育，才能有法定资格成为进入社会的人。可知，社会思想政治教育通常是在学生思想政治教育的基础上进行，就是个体接受了一段思想政治教育后，进入社会后才接受的思想政治教育。个体的求学阶段不仅积累了一定的知识和技能基础，还形成了一定接受社会思想政治教育的基础。认识到学生思想政治教育的对象是求学的人，学生是学生思想政治教育的对象，有利于理解学生思想政治教育在思想政治教育体系中的地位。

三　学生思想政治教育对象是发展的人

学生思想政治教育的对象是求学的人，那么求学的人是一些什么样的人？这就需要理解什么样的人才需要和能够成为学生。学生最简单最明了的是需要进行系统学习的人，需要增长知识、积累经验、锻炼能力的人。什么样的人需要学习，需要成为学生。无非就是那些知识、能力和经验不足的人。那么什么样的人又是一些知识经验和能力不足的人，就现实的一般意义上看，只有那些心智处于成长发展过程中的人，由于自身生理、心理以及社会性处于发展中需要进行系统的知识经验和能力的积累，需要成为系统接受学习的人。当然，从能够求学的角度看，也可以确证学生思想政治教育对象是处于成长发展过程中的人，尽管终身学习已经成为一种理念和行动，但是就人生学习的通常意义上看，能够适合学习、能够迅速学习、能够有效学习的人，只能是那些处于生命蓬勃发展期的人，只能是处于成长发展关键期的人。否则一旦错过成长发展的关键期和奠基期，就很难成为卓有成效地掌握系统的知识经验和能力的人。当然，学生虽是处于成长发展过程中的人，但处于成长发展过程中的人并不都是学生。在人类社会发展漫长时期，乃至教育比较发达的阶段，很多处于成长发展过程中的人都无法成为求学的人去系统地接受知识经验的积累和能力的训练。就人类的个体而言，尽管就通常意义上看，个体的求学时期与个体的成长发展期在时间上具有一致性，尤其伴随如今社会生活的复杂以及人才素质的要求，个体进入社会的求学期也在延长；个体的成熟期也在后置。有关研究显示：个体到了 25 岁才能达到成人的标准线。可以说，就求学阶段与成长阶段的关系看，二者在结束的时段上越来越具有一致性，但是就求学阶段与成长阶段的开始阶段看，二者是不会重合的。尽管目前孩子在 2 岁、3 岁的时候就被送到幼儿园，但是就正规意义上个体的求学阶段而言往往要从 6 岁、7 岁的小学阶段算起。尽管如此，我们不能否认个体求学阶段与成长阶段的关联性，进而不能否认学生思想政治教育的对象是处于成长发展过程中的人。尽管个体发展的很多指标在幼儿阶段即进入小学阶段之前就开始迅速发展，甚至达到比较成熟的程度，但是求学阶段却是成长发展的关键阶段。个体求学阶段涵括了个体成长发展的童年阶段、少年阶段，乃至青年前中期。就总体意义而言，求学的人是处于成长发展过程中的人，学生思想政治教育以人为对象，实质上是以成长发展过程中的人为对象，学生思想政治教育的对象是成长发展的人。

学生思想政治教育对象作为成长发展的人凸显了学生思想政治教育对象的特殊性。其他思想政治教育对象都不是处于成长发展过程中的人，唯有学生思想政治教育才是成长发展的人。就此点来看，这就决定了学生思想政治教育对象本身的双重任务，他们既要面临身心的成长发展，同时还要担负知识积累、能力锻炼和品德养成。任何其他思想政治教育对象都不会面临这种求学过程和成长过程的重合性。同时，这种重合性不仅标示了学生思想政治教育对象本身的特殊性，同时也赋予了学生思想政治教育的特殊规定性。我们要做好现实中的学生思想政治教育工作，必须把促进教育对象发展作为自己的核心职责。如果学生思想政治教育不能促进教育对象的发展，那无疑违背了教育对象的成长发展的规律。因此，学生思想政治教育必须把教育对象的健康全面发展作为自己的核心宗旨。同时，认识到学生思想政治教育对象是成长发展的人，也决定了我们在对学生思想政治教育对象进行理论研究的过程中必须融入成长发展过程的视角，必须从学生成长发展全过程的角度对学生思想政治教育对象进行深入系统的研究，才能把握教育对象成长发展的本质、特点、阶段和规律。同时，基于成长发展过程的角度分析教育对象的实际，既要看到教育对象各种思想行为乃至品德问题表现背后的成长发展的不足因素，更要从成长发展视角察觉教育对象身上蕴含的成长因素和积极品质，进而找到教育的切入点和结合点。

四　学生思想政治教育对象的层次构成

学生思想政治教育是求学的人，求学的人是由哪些人构成的呢？这涉及学生思想政治教育对象的层次构成。人们经常把思想政治教育对象划分为集体思想政治教育对象和个体思想政治教育对象。集体思想政治教育对象又划分为正式群体思想政治教育对象和非正式群体思想政治教育对象；个体思想政治教育对象划分为思想先进、思想一般、思想落后的思想政治教育对象。这种思想政治教育对象的层次划分理路在学生思想政治教育对象的层次把握上也得到了贯彻。目前经常把学生思想政治教育对象划分为班级学生思想政治教育对象和个体学生思想政治教育对象。而班级学生思想政治教育对象又划分为正式学生群体和非正式学生群体；个体学生思想政治教育对象又划分为好、中、差。可以说，这种层次划分有利于深层把握学生思想政治教育对象都是哪些类型的人，有利于深化不同层次的学生思想政治教育对象的理解。但是这种划分也有一定的局限性，这种划分没有基于学生思想政治教育对象的整体，没有从纵向层次的角度去把握学生思想政治教育对象由哪些人构成。

学生思想政治教育对象作为求学的人或学生，因而从纵向角度把握学生思想政治教育对象的层次构成，可以从求学的人或学生的纵向层次入手。就现实来说，学生一般包括大学生、中学生和小学生，而大学生包括了本科生和研究生，中学生又包括了初中生和高中生。从这个意义上看，学生思想政治教育对象要包括小学生、高中生和大学生，更具体地说，包括小学生、初中生、高中生、本科生和研究生。求学的人就是由小学生、初中生、高中生、本科生和研究生构成的人。因而学生思想政治教育对象的层次可以由小学生、中学生和大学生构成。问题是，就目前来看，说学生思想政治教育对象是大学生，甚至是中学生还能够理解，但要说学生思想政治教育对象是小学生，抑或对小学生也要进行思想政治教育，那么要想理解还有一定的困难。因为从现实看，大学生是要接受思想政治理论教育的，至少中学生中的高中生还有思想政治课程，而在小学阶段，尤其是伴随着小学生身心发展规律的研究以及去政治化思潮的影响，人们普遍感觉到小学生不应该有思想政治教育，而应进行基本的日常行为习惯和道德规范教育。这种理解是有误区的，这是单纯从教育内容的角度否定小学生思想政治教育的存在。而不是从教育性质和发展趋势的角度来肯定小学生思想政治教育的存在。实质上，即便是从教育内容角度看，目前小学领域中存在的品德与生活（社会）以及班队会主题教育活动一定意义上也都初步涉及爱祖国、爱人民、爱社会主义的常识。小学生的身心接受水平决定只能对小学生进行行为习惯和道德常识教育，而不能像大学生那样进行思想政治理论教育，但总体上小学生的行为习惯和道德常识，不论是性质上看，还是从发展趋势上看，都属于学生思想政治教育系列，是学生思想政治教育的起初环节，是学生思想政治教育深入的发展基础。认识到学生思想政治教育对象包括大学生、中学生和小学生具有非常重要的现实意义。在思想政治教育领域，人们比较缺失学生思想政治教育对象的整体视域，还没有对学生思想政治教育对象进行诸学段的贯通性把握。目前，一提到学生思想政治教育对象人们想到的是大学生，至多能想到高中生；人们研究大学生的多，研究中小学生的少。甚至几乎没有人把小学生纳入学生思想政治教育对象研究中。大学生属于高等教育阶段，中小学生一般属于基础教育阶段，学生思想政治教育对象研究既要研究高等教育阶段的学生，也要研究基础教育阶段的学生。

五　学生思想政治教育对象的本体元素

学生思想政治教育对象是发展的人，这种发展的人是指哪些方面的发展呢？这涉及学生思想政治教育对象本体构成问题。所谓学生思想政治教育对象本体构成主要就是指学生思想政治教育视域中的个体发展主要是由哪些方面构成。对于这个问题，单纯从个体发展的维度，我们很难确定学生思想政治教育对象本体到底由哪些方面构成。就个体发展的一般理解而言，不同的视域可以形成不同的发展内容。心理学领域往往把个体的发展划分为生理发展、心理发展和社会性发展。教育学领域往往把个体的发展划分为知识发展、能力发展和素质发展等。德育学领域往往把个体的品德发展划分为道德认知发展、道德情感发展、道德意志发展和道德行为发展。那么，学生思想政治教育对象本身的发展应该由哪些方面构成呢？马克思在谈到对象的实质时指出："对象如何对他来说成为他的对象，这取决于对象的性质以及与之相适应的本质力量的性质。"① "我的对象只能是我的本质力量的确证……任何一个对象对我的意义都以我的感觉所及的程度为限。"② 可知，学生思想政治教育对象的本体构成既要遵循个体成长发展的逻辑，也要遵循学生思想政治教育本身的逻辑。就个体成长发展的逻辑而言，学生思想政治教育对象的本体构成一定是个体成长发展的构成，而个体成长发展的构成不一定就是学生思想政治教育对象的本体构成。就学生思想政治教育本身的逻辑而言，学生思想政治教育对象的本体构成是学生思想政治教育本质要求的一种投射，这种投射是按照做好学生思想政治教育需要系统地把握个体成长发展的哪些方面形成的。因而，如果把学生思想政治教育对象的本体构成看成是个体成长发展的内容与学生思想政治教育本质要求的矛盾统一体的话，那么这个矛盾的主导方面则是学生思想政治教育的本质要求。因此，把握学生思想政治教育对象的本体构成，需要首先明确做好学生思想政治教育需要把握个体成长发展的哪些方面。

学生思想政治教育视域图解个体成长发展的本体构成，应该关注个体成长发展的五大核心元素。

① 《马克思恩格斯全集》（第四十二卷），人民出版社 1979 年版，第 125 页。

② 同上书，第 126 页。

第一大核心元素就是个体成长发展的生理。生理之所以成为学生思想政治教育对象本体的元素，是由生理发展在学生思想政治教育视域中个体成长发展的前提性地位决定的。学生思想政治教育对象是处于成长发展过程中的人，这个成长发展过程的第一制约因素就是生理的发育。生理的发育构成个体成长发展的一方面，同时也是个体其他方面成长发展的基础。从学生思想政治教育的角度，无论是培养良好的思想品德，还是培养正确的世界观、人生观和价值观，思想品德、世界观、人生观和价值观的形成发展都离不开一定的生理发育基础，个体的生理发育制约个体这些方面的形成发展。

第二大核心元素是个体成长发展的心理。心理所以成为学生思想政治教育对象本体的元素，是由心理发展在学生思想政治教育视域中个体成长发展的基础性地位决定的。对处于个体成长发展过程中的人进行思想政治教育，必然受制于个体的心理发展状况，个体的心理过程以及个性心理的发展水平直接制约和决定了个体接受思想政治教育的能力和水平。一定意义上，世界观、人生观、价值观乃至思想品德从形式上看都属于个性心理的范畴，尽管从内容上世界观、人生观、价值观乃至思想道德也属于哲学、伦理学和思想政治教育学的范畴。但是却从一定角度说明了要想培养个体正确的世界观、人生观和价值观以及思想品德，必须把心理作为学生思想政治教育对象本体的元素构成。

第三大核心元素是个体成长发展的需要。如果说，生理、心理能够成为学生思想政治教育对象本体的元素构成可以理解，那么为什么需要也能够成为学生思想政治教育对象本体的元素并还是核心元素呢？就现实来说，提到需要，人们一般想到的就是心理需要，常把需要作为心理学的范畴和领域。实际上，需要并非就是指心理需要，研究需要也并非是心理学的专有。至少就目前而言，需要也是哲学、经济学和伦理学等学科要研究的内容。其实即便是心理学对需要的研究也未能摆正需要的位置，目前心理学一般把需要作为个性心理倾向的一个方面，实际上需要不仅是个性心理倾向的一个方面，更是个性心理倾向的基础，甚至整个心理倾向就是需要的体现。尽管需要会涉及生理需要和心理需要，但需要更多地是涉及非身心需要，主要会涉及精神需要和社会需要。因而需要具有相对独立性。但是需要之所以成为学生思想政治教育对象本体的元素，主要是由需要发展在学生思想政治教育视域中个体成长发展的核心性地位决定的。学生思想政治教育要想促进个体的成长发展，必须满足学生成长发展的需要，需要既是个体成长发展的重要方面，也是个体成长发展的原动力，更是个体形成思想品德、世界观、人生观、价值观的内驱力。

第四大核心元素是个体成长发展的行为。行为之所以成为学生思想政治教育对象本体的元素，是由行为在学生思想政治教育视域中个体成长发展的关键性地位决定的。个体的成长发展离不开行为，甚至在个体发展的早期（1 岁到 2 岁）阶段，一方面个体的生理发展体现为动作发展及精细化，另一方面个体就是通过感知运动来实现心理发展的，在后来的时期个体动作中的社会性、价值性和伦理性成分越来越多，进而成为名副其实的行为。因而行为发展状况体现了个体成长发展的水平，而学生思想政治教育归根结底就是要培养个体良好的思想品德行为。由于思想品德行为总体上寓于行为的一般发展之中，因而从根本的意义上看，要把行为作为学生思想政治教育对象本体的元素构成。

第五大核心元素是个体成长发展的问题。从归根结底的意义上看，问题也是学生思想政治教育对象本体元素的有机构成。不论是从事物矛盾的普遍性，还是从个体成长发展的实际看，个体存在这样或那样的困惑、不足乃至与社会要求的差距，都具有不可避免性。当个体成长发展进入学生思想政治教育视域时，学生思想政治教育视域中个体的成长发展也必然具有这样或那样的问题。学生思想政治教育从促进个体成长发展的意义上看，必须关注个体成长发展中的问题，必须把握个体成长发展的问题。学生思想政治教育只有关注了问题、把握了问题，才能帮助个体健康的成长发展。当然，学生思想政治教育视域中个体成长发展的问题主要就是思想品德问题，当然为了解决思想品德问题或为了以人为本也必须关注个体成长发展中的困惑问题。问题在学生思想政治教育视域中个体成长发展过程中具有伴随性地位，具有不可避免性，因而从这个意义上问题也是学生思想政治教育对象本体元素的有机构成。

综上，学生思想政治教育对象本体由生理、心理、需要、行为和问题五大元素有机构成。其中，生理是前提，心理是基础，需要是核心，行为是关键，问题是伴随。这五大元素既属于个体成长发展的内容构成，体现了学生思想政治教育的本质要求，更是学生思想政治教育视域中个体成长发展的本体还原和逻辑生成。这五大元素从归根结底的意义上构成学生思想政治教育对象的本体。一定意义上，对这五大本体元素深层把握是解读学生思想政治教育对象的根本钥匙，也是培养良好思想品德和正确世界观、人生观、价值观的根本依据。学生思想政治教育是求学的人，求学的人包括小学生、中学生、大学生；学生思想政治教育对象是发展的人，这种发展包括生理、心理、需要、行为和问题。因此，接下来，有必要系统把握学生思想政治教育对象本体元素及在不同学段中的发展状况。

第二节　学生思想政治教育对象的生理

学生思想政治教育对象是成长发展的人，这种发展就离不开和要表现为学生思想政治教育对象的生理及其发展。生理是个体存在的根据，生理发育是个体发展的前提。学生思想政治教育要了解求学过程中个体的成长发展，进而引导个体在求学过程中实现成长发展，就必须首先对学生思想政治教育对象的生理作一些基本的把握和了解。

一　学生思想政治教育对象的生理指涉

学生思想政治教育视域中的个体成长生理并不是关涉个体通常意义上的生理的所有方面和细节。尽管学生思想政治教育要尽力去把握个体成长发展生理的各方面，但是毕竟学生思想政治教育不是专门研究个体成长发展的生理。即使现实中人们对个体成长发展的生理进行专门的研究也往往只是涉及生理发展的某个层面。例如，生物学侧重从生理结构及功能的角度研究人体以及动物的生理，医学则侧重从个体生理的解剖以及病变的角度研究人体的生理。况且，研究学生思想政治教育对象的思想政治教育学科还远非像生物学、医学等学科那样属于自然科学，而是属于人文社会科学。因此，学生思想政治教育对象生理的分析和把握就要有着自己的特殊指涉。这种指涉既决定了学生思想政治教育对象生理的分析和把握必须借鉴目前各个不同学科尤其是自然科学的关于个体生理发展的研究成果，也决定必须从做好学生思想政治教育的角度去重点关涉学生思想政治教育对象生理的所指。

学生思想政治教育视域中个体生理发展的关注点主要是从生理对心理、思想行为、品德以及世界观、人生观和价值观的关系的角度来厘定应该关注哪些生理现象。就是说，学生思想政治教育对象生理的关注不像自然科学那样需要对个体生理进行解剖实验，而是从制约个体心理、思想、行为、品德以及世界观、人生观和价值观的关系的角度来把握个体生理发展的一些基本元素及其发展脉络。那么，到底哪些生理因素及其发育与个体的心理、思想、行为以及世界观、人生观和价值观的形成发展最为密切呢？当然，就可能性而言，我们不可能穷尽所有与个体的心理、思想、行为以及世界观、人生观和价值观形成发展的所有生理因素；我们也很难排出哪种生理因素就一定与个体的心理、思想、行为以及世界观、人生观和价值观形成发展是无关的。因为只要是人的生理因素及发育，就一定会制约影响人的其他发展，或直接或间接。但我们不能因此而妨碍对学生思想政治教育对象生理因素的分析。我们可以从经验和理性的角度来深入探究学生思想政治教育视域中的个体生理发展。鉴于此，就学生思想政治教育视域中个体生理发展与心理、思想、行为、品德以及世界观、人生观和价值观的主要关系而言，有如下几种个体成长发展的生理因素不可忽视。

学生思想政治教育应该把握个体神经系统及发展。这是由神经系统在学生思想政治教育视域中个体成长发展的根本性地位决定的。哲学研究表明，意识是人脑对客观世界的主观反映，这里的意识一定意义上涵括了心理、思想、道德、精神等现象，这里表明了人脑是意识形成的物质载体。心理学的研究直接指出：心理是人脑的机能，人脑是心理的物质基础，没有人脑就无所谓心理的形成。因此，人们已经认识到大脑在人的思想意识中的根本性作用。大脑的实质是什么？大脑就是复杂的高级神经系统。虽然复杂的高级神经系统并不一定就是大脑，人的复杂的神经系统往往还包括各种脊柱神经系统以及各种肢体末梢神经系统，这些非大脑神经系统的形成对个体的感知觉、动作的协调以及行为能力的发展具有重要意义。但是大脑确实构成复杂的神经系统的主体。因此，大脑的实质地位决定了要把握个体神经系统及其发育现状，而个体的神经系统不只包括大脑，决定了要以把握个体整个神经系统及其发育的形式来把握神经系统对个体成长发展的影响。

学生思想政治教育应该把握个体内分泌系统及发展。学生思想政治教育视域中个体的成长发展，除了受到个体神经系统生长发育的影响外，还受到个体内分泌系统及发展状况的影响。生理学的研究表明，人体的内分泌系统是个体的重要调节系统，往往与神经系统相辅相成，在促进个体的成长发育以及新陈代谢，以及影响行为方面具有重要的作用。内分泌系统对个体发育以及行为影响主要是通过相关腺体及激素分泌发生作用。学生思想政治教育视域中个体成长发展从生理角度看最为明显的是身高、体形、体态的变化以及生殖功能的成熟。这些生理变化往往影响着个体对自己的感受以及看法，进而使个体形成一定的内心状态以及行为取向。而这些生理变化一定程度都与个体内分泌系统以及发展有关。因为医学研究表明，个体的内分泌系统具有激素的调节、传输等功能，具有产生激素的腺体。其中，把握学生思想政治教育视域中个体内分泌系统及发展，主要就是把握个体生长激素、性激素的水平及发展状况，把握产生相关生长激素、性激素的腺体。医学常识表明，与生长激素相关的腺体主要有甲状腺、脑垂体；与性激素相关的腺体主要包括肾上腺和性腺。

学生思想政治教育视域中个体的生理成长发展，除了包括个体神经系统和内分泌系统的相关指标的成熟发展状况外，还涉及个体的运动系统、呼吸系统，乃至生殖系统等发育状况。个体的运动系统是由骨、关节和骨骼肌组成的，也有一个发育的过程。生物学的研究表明，运动系统约占成人体重的60%。在个体的成长中，运动系统不仅与骨骼、肌肉、体重、体形、力量、耐力等相关，还往往起着支撑体重、保护内脏和维持体貌的作用。运动系统的这些关联性指标都与个体的生理发育有关，更影响到个体的内心感受以及行为活动的能力和范围，因而应该成为学生思想政治教育视域中个体生理发展不容忽视的内容。同时，呼吸系统在个体生理发育中的发展状况也是学生思想政治教育视域中个体生理发展不容忽视的内容，呼吸系统主要是通过个体的肺及肺活量等指标显现，是人体综合生理发育状况及机能的反映，影响着个体的活动能力以及范围。作为对成长发展中的个体进行的思想政治教育，要关注个体的生殖系统的发育状况，一定意义上看，伴随着各种生长激素以及性激素的发展，个体在成长发展阶段将会经历生殖系统的成长发育。生殖系统的成长发育最突出的表征就是个体第二性征的出现。狭义上的青春期，主要就是个体性生理及特征的发育时期。个体生殖系统的发育尤其第二性征的明显对个体的内心以及行为方式产生非常重要的影响，也使异性交往变得敏感，同时也与个体的性别角色以及婚恋观等有关，因而在学生思想政治教育视域中也要把握个体生殖系统的发展状况。

当然，学生思想政治教育视域中个体生理发展，还可以涉及生理的其他方面。因为人体系统一般包括九大系统，即运动系统、消化系统、呼吸系统、泌尿系统、生殖系统、内分泌系统、免疫系统、神经系统、循环系统。这九大系统构成了人的整个生命系统，也实际上构成了个体生理发育的基本方面。但学生思想政治教育视域中个体生理的成长发展并不是要涉及个体生理发育的所有方面，主要是指那些与个体心智成长以及行为能力密切相关的系统，这些系统主要就是前述的神经系统、内分泌系统、运动系统、呼吸系统以及生殖系统等。更具体点说，主要是指神经系统的大脑发育、内分泌系统中腺体及激素的发育、运动系统中骨骼肌肉以及运动能力的发育、呼吸系统中肺以及肺活量的发育、生殖系统中第二性征的发育。

二 学生思想政治教育对象的生理发展

学生思想政治教育对象是成长发展的人，生理是学生思想政治教育对象的本体构成，因而学生思想政治教育对象生理是发展变化的过程。学生思想政治教育对象生理的指涉范围主要是指神经系统的大脑发育、内分泌系统中腺体及激素的发育、运动系统中骨骼肌肉以及运动能力的发育、呼吸系统中肺以及肺活量的发育、生殖系统中第二性征的发育，因而这就规定了学生思想政治教育对象生理发展的基本方面。以大脑为主要代表的个体神经系统的发展过程。个体大脑的发育可以分为个体出生前和出生后。大脑的发育是整个生命个体优先发育的部分，个体大脑的发育从形成受精卵以后的胚胎期就已经开始，在胎儿的 3 个月的时候更是大脑中枢神经系统的初步定型时期，在新生儿出生时，大脑重量已经达到成人脑重的1/4。在个体出生后，个体大脑的发育速度遵循由快到慢，并逐步走向成熟。这种发育又主要体现在脑重、脑结构、脑功能等方面。就个体出生后的脑重发育而言，个体出生后第一年是脑重增加最快的时期，到个体出生的第三年，脑重已经能够达到成人脑重的 3/4，随后的几年个体大脑重量的增加开始放缓，到个体进入小学一、二年级的时候个体大脑的重量已经能够达到成人的 90% 以上。当然，脑重最终停止增加并达到正常水平要到大约 20 岁左右。就脑结构的变化而言，脑结构的日益完善及复杂化是大脑发育的主要指标，甚至有研究发现，个体出生后脑重的变化很大程度就与脑结构的发育完善有关，脑重的增加并不是脑细胞数量的简单增殖，而主要是脑细胞结构的复杂化和神经纤维的增长以及各种沟回的加深和神经纤维髓鞘化的完成。有研究表明，个体大脑结构在新生儿出生时就已经开始髓鞘化。在随后的一两年内，先是与感觉运动有关的部位，后是与智慧活动有关的额叶、顶叶等区域完成髓鞘化。当个体进入小学一、二年级的时候几乎所有的大脑皮质传导通路都已髓鞘化。就脑功能而言，主要体现为大脑在5岁、6岁时是脑电波的飞速发展时期，大脑的功能区在发展完善，个体在小学三年级的时候枕叶开始基本成熟，个体在小学五年级的时候颞叶开始基本成熟，而整个大脑的皮质即枕叶、颞叶和顶叶要到大约初中一年级才能基本成熟，而就大脑整个功能的稳定而言则要到高中一、二年级。可知，个体大脑的发育经历出生前和出生后，呈现出先快后慢、先重量后结构等过程。从发育的时间段看，大脑发育主要在个体成长的早期，当然个体进入小学阶段，乃至中学阶段和大学阶段也是大脑的发展完善时期。个体大脑的发育及完善对个体的认知和行为都会产生非常重要的影响，学生思想政治教育必须把握如上个体大脑发育的基本内容，才能更好地了解不同学段的教育对象。例如，个体在四年级的时候，由于大脑精神系统的发育完善，学生爱玩的天性逐渐消失，思维和行为变得更加内敛和稳定，而在这之前由于个体大脑精神系统的兴奋度比较高，所以学生往往表现出活泼好动，注意力难以长时间集中等行为表现。

以腺体及激素的发育为代表的内分泌系统的发展过程。人体的内分泌系统是一个复杂的系统，这个系统与人体的生长发育的关系最为密切。这体现为相关腺体对性激素和生长激素的分泌及对个体生长发育的影响，而这又集中体现为对青春期的发动。青春期的发动主要是由下丘脑分泌的促性腺激素、脑垂体分泌的另一种促性腺激素以及性腺发育共同完成的。这些激素的形成之前有一个相关腺体的发育过程。有研究表明，女孩6岁到7岁，男孩7岁到8岁，肾上腺皮质就开始发育，这要先于性腺2年到3年，然后随着肾上腺的去氢异雄酮先升高，开始形成相关激素，刺激性腺分泌性激素。个体一般进入小学中高年级，女孩大约11岁、12岁左右，男孩大约12岁、13岁左右，性器官对性激素的敏感性增强，促进第二性征发育。这就进入了通常所说的青春期，这个过程大约一般从12岁、13岁开始到17岁、18岁结束，此后个体的生理发育开始趋于稳定或缓慢阶段。同时，随着青春期的发动，个体的甲状腺、脑垂体等在个体进入青春期以后开始发育并分泌大量的生长激素。生长激素与生长因子协同，与性激素协同促进个体体貌体征的变化。因此，学生思想政治教育必须充分把握如上以腺体及激素的发育为代表的内分泌系统的发展过程，并根据相关腺体及其激素的生长发育节奏来理解个体的内心感受、心理变化、发展需要以及面临的困惑与问题，进而适时引导个体正确对待自己的生长发育以及带来的不适，促进个体健康成长。

以骨骼肌肉及其运动能力发育为代表的运动系统的发展过程。骨骼肌肉及运动能力的发育是学生思想政治教育视域中个体生理成长发育的重要组成部分。就骨骼的发育而言，个体在小学阶段，骨骼茁壮成长，骨骼成分中胶质较多，钙质较少，富有弹性，可塑性较大，坚固性较差，易弯曲变形，不易骨折，容易脱臼扭伤；在中学阶段，骨骼的发育迅速，骨骼中胶质成分减少，钙质成分增多，生长软骨开始硬化并趋向停止生长，坚固性增强，不易弯曲变形；大学阶段，骨骼基本停止生长，骨骼钙化增多，不易弯曲变形，达到成人骨骼标准。就个体的肌肉而言，个体在小学阶段，肌肉发育尚不完善，肌肉中含水较高，肌肉细长而柔弱，因而在小学阶段开展思想政治教育时不宜安排强度较大的各类活动，更不易安排一些爆发性的竞赛类活动；中学阶段，肌肉发育开始完善，肌肉中纤维增多，肌肉的力量增强，肌腱发达，肌肉伸缩能力增强；大学阶段，肌肉的各项指标已经趋向成人标准，腿部、腰部力量增强，肌肉的爆发能力显著。伴随着个体的骨骼肌肉的发育，个体的身高也有一个明显的变化过程。有研究表明，男生在9岁到10岁左右，女生在8岁到9岁左右，身高、坐高、体重、胸围等指标开始突增。一般来说，女生的身高、坐高在初三到高一年级开始趋于稳定，随之而来的体重增加、胸围丰满；男生的身高、坐高在整个高中后期开始趋于稳定，随后体重增强，胸围宽阔。因此，对成长发展中的个体开展思想政治教育必须充分认识到个体骨骼肌肉及运动能力以及相关指标的发育节奏及特点，尤其在开展不同学段的教育活动时要考虑到个体的活动能力。

以肺及肺活量的发育为代表的呼吸系统的发展过程。个体肺的发育直接制约个体的行为活动能力和健康水平，因而学生思想政治教育必须了解肺的发育过程。就个体肺的发育而言，肺可能是人体器官发育比较晚，同时也是发育较快的器官。人体的肺是在胎儿的后期开始发展的，尤其是胎儿出生时，脱离母体，肺部才开始与外界空气接触，使肺部获得扩张。在随后的几年内，个体的肺开始获得迅速发展。这种发展既表现为儿童肺活量的增加，更主要表现为肺的结构的发育完成。有研究表明，个体在小学一、二年级肺的基本结构已经发育完成，到小学毕业时，个体的肺的结构发育较为完善，医学领域中的通行小学儿童的肺活量参照标准显示：在小学一年级男生是1342毫升，女生是1213毫升；二年级，男生是1496毫升，女生是1354毫升；三年级，男生是1354毫升，女生是1516毫升；四年级，男生是1843毫升，女生是1685毫升；五年级，男生是2010毫升，女生是1883毫升；六年级，男生是2200毫升，女生是2077毫升。肺的发育在经历了小学阶段后主要表现为肺活量的增强。中学阶段，肺活量迅速增加，在初三时，男生平均能达到3300毫升，女生能达到2800毫升；高三时，男生平均能达到3600毫升，女生平均能达到3200毫升。在大学阶段，肺的结构和肺活量已经日趋发育完善，各项功能指标均已达到成人标准。个体肺的发育成熟，标志着个体内部机能的增强，活动范围的扩大。学生思想政治教育在开展各类活动时必须根据个体肺的功能的发育状况，既适应肺的发育状况，又能促进肺的发育健全。

以第二性征的发育为代表的生殖系统的发展过程。把握个体第二性征的发育既是促进个体身心发展的需要，也是适时进行性生理、性知识和性道德教育的需要。虽然个体第二性征的发育过程与内分泌系统中相关腺体及其激素的分泌有关，但是其作为生殖系统的组成部分，却有着自己相对独立的发育表征和轨迹。第二性征的出现与青春期密切相关，是青春发育期到来的标志性现象。其实，生殖系统的发育过程在青春期到来以前就已经缓慢发展。同时，伴随着社会生活水平的提高、不合理的饮食，以及外在环境的刺激，个体的青春发育期已经普遍提前。青春发育期的普遍提前意味着第二性征出现的迁移。目前有关研究表明，个体在小学高年级已经普遍进入了青春发育期，女生的生殖发育已经达到一般以上。“现在女性发育的平均年龄是9.2岁，平均来例假的时间为12.54岁，男生性发育的年龄是11岁，平均初次遗精的时间为13.85岁。男女生性发育的提前，要求我们从小学就开始进行系统的性教育。”① 在初中阶段，男女生的性器官和副性征的发育最为迅速，性激素急剧增多，第二性征的外形特征开始趋向成人标准。在高中阶段，女生已经完成生殖发育并走向性生理的成熟，男生的生殖发育也开始放缓放慢，并进入强烈性萌动阶段。在大学阶段，男女生的生殖发育已经成熟，开始进入求偶恋爱阶段。由于生殖发育对个体的第二性征以及性心理、性行为、性道德等产生重要的影响，因而学生思想政治教育必须根据个体生殖发育的节奏和节点，进行有针对性的

① 张春铭：《斩断伸向孩子的黑手》，《中国教育报》2013年7月23日。

教育引导活动，进而促进养成良好的性观念、性态度，形成正确的性角色和婚姻恋爱观。

第三节　学生思想政治教育对象的心理

心理是学生思想政治教育对象本体的第二大元素，学生思想政治教育视域中个体的成长发展离不开心理，心理既是学生思想政治教育视域中个体成长发展的基础，也是成长发展的重要方面。因此，我们必须对学生思想政治教育对象的心理有一个基本的了解和把握。

一　学生思想政治教育对象的心理所指

把握学生思想政治教育对象的心理，必须要明确应把握哪些心理。就心理现象而言，往往纷繁复杂，涉及种系和个体的方方面面，很难穷尽所有心理。不光学生思想政治教育无法弄清楚全部心理现象，就是专门以心理现象为研究对象的学科也无法清楚把握全部心理现象。专门研究心理的学科分化趋势特别明显，形成了专门研究心理现象中认知的认知心理学，专门研究心理现象中人格的人格心理学，专门研究心理现象中自我的自我心理等。这说明了即使是专门研究心理现象的学科，也只能从某一个角度、某一个层面去研究纷繁复杂的心理现象。当然，学生思想政治教育关于心理的研究还必须认识到，虽然目前有专门研究心理的学科，心理学就是专门研究心理的学科，但是研究心理现象并不是心理学学科的专属。在现实中，除了专门研究心理学的学科外，哲学、教育学、社会学、经济学等学科也涉及心理现象的研究。这些学科都从自己的视角对心理现象进行了独特的研究并形成了一定研究成果。这就启发我们，可以从学生思想政治教育的角度对心理现象进行独特的研究。目前，我们几乎还没有对学生思想政治教育视域中心理现象进行相对系统的研究。我们总以为只要是对心理现象的研究，就是跑到了心理学领域，就超越了自己的研究边界；或把心理现象的研究等同于心理学的同时，往往照搬心理学领域的成果分析学生思想政治教育领域中的心理现象。对学生思想政治教育对象的心理进行研究，我们必须克服只要是对心理现象的研究，或者是只要涉及心理现象的问题，就生搬硬套心理学领域的成果的障碍，进而从学生思想政治教育的视角对心理现象进行独特的研究。

对学生思想政治教育对象的心理进行独特的研究，不是要研究所有的心理现象，而是要研究与学生思想政治教育视域中个体成长发展密切相关的心理现象。学生思想政治教育视域中的个体成长发展不是一般意义上的个体成长发展，这里的成长发展主要是思想品德的成长发展，说到底是个体世界观、人生观、价值观以及良好行为习惯的形成。个体思想品德成长发展或正确世界观、人生观、价值观以及良好行为习惯的形成并不是孤立进行的事件，而是既与个体整体的成长发展密切相关，也与个体的心理发展水平密切相关。也正是在这种意义上决定了必须研究学生思想政治教育视域中个体成长发展的心理。现在问题是，到底哪些心理现象与个体思想品德形成或世界观、人生观、价值观以及行为习惯的发展密切相关，换句话说，个体思想品德或世界观、人生观、价值观以及行为习惯的形成通常都需要哪些心理现象的参与。经验和理性表明：个体思想品德的形成需要认知、情感、意志和行为等心理因素的参与。除了这些心理成分外，世界观、人生观、价值观的形成还需要认知能力、思考能力、反思能力以及自我控制能力的发展。通常意义上讲，个体思想品德或世界观、人生观、价值观的形成需要心理认知的参与，也需要心理状态的投入。

其实，从心理学的意义上看，思想品德或世界观、人生观、价值观等本身属于一种心理现象，这种心理现象在普通心理学中常称为个性心理即心理特征和心理倾向。同时，心理学在把思想品德或世界观、人生观、价值观等本身看作是个性心理进行研究的同时，也承认个体思想品德的形成或世界观、人生观、价值观等需要心理认知和心理状态成分的参与。当然，心理学的视域与我们讨论的学生思想政治教育视域中个体成长发展的心理处于不同的理解视角。从一致性上看，学生思想政治教育视域中个体成长发展的心理成分与心理学视域中承认个体思想品德或世界观、人生观、价值观等形成需要心理认知和心理状态成分的参与。而从视域分野看，学生思想政治教育不可能把个体思想品德或世界观、人生观、价值观等本身看作是一种心理现象，如果把这看作是一种心理现象无疑就取消了学生思想政治教育对个体成长发展进行研究的独立性，同时也就把培养个体良好的思想品德或正确世界观、人生观、价值观的实践活动蜕变成了一种心理咨询与治疗技术。其实，学生思想政治教育的独立性和特殊性恰恰就在于，学生思想政治教育不像心理学那样把个体思想品德或世界观、人生观、价值观等本身看作是一种心理现象，而是把个体思想品德的形成或世界观、人生观、价值观等看作是一种有着实际的内容性和方向性的一种思想政治或道德现象，进而根据国家社会需要通过开展有目的、有计划、有系统的实践活动，把个体培养成为有理想、有道德、有文化、有纪律的自由全面发展的人。就是说，学生思想政治教育不能再把个体思想品德的形成或世界观、人生观、价值观看作是一种心理现象，而是把它们看作是一种思想政治现象或思想道德现象。学生思想政治教育视域中个体成长发展也不能把思想品德或世界观、人生观、价值观看作是一种心理现象，学生思想政治教育视域中个体成长发展的心理主要应该是心理认知和心理状态成分。问题是，到底是学生思想政治教育对象的哪些心理认知和心理状态成分参与了思想品德或世界观、人生观、价值观的形成发展呢？

就心理认知成分而言，个体思想品德或世界观、人生观、价值观的形成发展主要是离不开知觉成分、记忆成分、思维成分以及情绪情感成分的参与。没有这些心理认知成分的参与及发展，个体就无法认识自我与他人、与社会、与自然的关系，无法形成正确的观念、判断以及形成良好的行为。知觉能力有利于个体认识到事或物的存在以及状况；记忆能力能够使个体学会总结经验以及知识的迁移运用；思维能力能够使个体对事或物形成正确的判断并做出正确的行为选择；情绪情感能力影响着个体对事或物的态度体验以及价值选择。尽管参与个体思想品德或世界观、人生观、价值观的形成的心理认知成分并不限于此，但是就主要意义上而言，如上心理认知成分却是个体思想品德或世界观、人生观、价值观形成发展的必要构成。其实，个体思想品德或世界观、人生观、价值观形成中的感知、记忆、思维以及情绪情感等心理认知成分，也与现代认知心理学的研究成果相印证，因为现代认知心理学通常就是把认知心理划分为感觉、知觉、记忆、思维等认知成分。不过，现代心理学在总体划分心理认知成分的基础上，只是一般性地对这些心理认知成分进行研究，是在概念原理意义上对不同的心理认知成分的研究。而思想品德或世界观、人生观、价值观的形成中心理的认知成分的角度不同于现代心理学关于认知心理的研究。例如，现代心理学研究的是感觉，而研究思想品德或世界观、人生观、价值观的形成中认知心理就不是研究一般的意义上的感觉，而是要研究情绪情感。这里的特殊性是研究个体思想品德或世界观、人生观、价值观形成相关的认知、记忆、思维以及情绪情感。因此，把思想品德或世界观、人生观、价值观形成中的心理认知成分规约为感知、记忆、思维以及情绪情感，既可以从现代认知心理学获得印证，同时也应该看到其特殊性。

就心理状态而言，个体思想品德或世界观、人生观、价值观的形成发展主要是注意成分和意志成分的参与。通常意义上，注意和意志虽是心理学领域经常探讨的两种心理状态，对正在成长发展的人进行思想政治教育而言，也是个体思想品德或世界观、人生观、价值观的形成发展不可缺失的最重要的心理状态。学生思想政治教育对象的成长发展离不开心理状态中注意成分的参与，注意作为一种心理状态几乎伴随着个体思想品德或世界观、人生观、价值观形成发展的各个环节，直接或间接地制约着个体的认识水平和行为选择。个体在不同的学段具有的注意水平和能力对教育内容以及教育方法途径的选择都有一定的客观要求，制约着个体接受教育的状况以及效果。同时，个体不论是接受思想政治教育的过程，还是养成良好思想品德的过程，抑或选择世界观、价值观和人生观的过程，都必然遇到这样或那样的困难，都需要心理意志成分的参与。没有心理意志成分的参与，个体很难有效接受思想政治教育，养成良好的思想品德以及做出正确的价值判断和行为选择。因此，研究学生思想政治教育对象的心理状态必须关注意志成分。当然，对于一般心理状态而言，心理学除了研究注意、意志，还研究心境、灵感、激情等，但是就与个体思想品德或世界观、人生观、价值观的养成最密切的心理状态而言，注意和意志则是学生思想政治教育对象心理状态的主要成分。

二　学生思想政治教育对象的心理发展

学生思想政治教育对象作为成长发展的人，其心理必然有着一个成长发展的过程。这里的心理发展并不是一般意义上的心理发展，而是指学生思想政治教育视域中的心理发展，具体来说，是学生思想政治教育对象的知觉、记忆、思维以及情绪情感等心理认知成分和注意、意志等心理状态成分的发展。

知觉的发展。知觉是个体心理认知的基础性成分，学生思想政治教育视域中个体的知觉在不同的阶段有着不同的发展内容和水平。随着年级的增长，知觉的知觉品质在不断发展。小学阶段，个体知觉一般具有无意性强、精确性较低、全面性不够等特点。例如，一般小学低年级的学生在查数班级的人数时，往往会忘记把自己也数进去，做作业时也容易混淆形近字。因而这就会导致个体在品德学习和行为习惯养成中缺乏精确性和主动性。到了小学高年级，知觉的有意性、精确性、全面性均会大幅度提高。中学阶段，知觉的目的性、持久性、精确性和概括性等不断地增强。中学生知觉能力较小学阶段的基础上有很大的发展，中学生知觉的随意性突出，能够根据自己的目的进行观察事物，各种感官能够长久准确地专注于某事物，尤其高中生不仅能够感知事物的外部特征，还能够发觉事物的主要特征和本质特征，更加全面地理解事物。有研究发现，初中学生的视觉感受性比一年级学生的视觉感受性增加60%以上，初三、高一学生的视觉和听觉的感受性都能达到成人水平，甚至超过成人。大学阶段，个体知觉的针对性、深刻性、批判性、全面性等均已获得最大发展，个体观察自然、社会和自我的能力和水平不断趋于完善，个体能够从纷繁复杂的现象中，揭示和感知事物的本质和规律，个体能够根据自己的需要随机、有选择地觉知各种事物，并作出自己的判断。因而，这就为我们在大学阶段引导大学生开展各种社会调研、观察和分析社会现象，提供了知觉发展的基础。学生思想政治教育增强针对性、主动性和适应性，就必须充分考虑不同学段的知觉发展的特点、内容和趋势。

记忆的发展。学生思想政治教育视域中的个体要把国家和社会的要求转化成为自身的认识和实践，必须有记忆成分的参与。当然，个体的记忆能力及水平并不是一成不变的，而是有一个成长发展的过程。小学阶段，从记忆的随意性看，在小学低年级个体记忆的随意性不是很强，无意注意占主导地位，到了小学高年级，个体有意记忆的频率和效果开始逐渐超过无意注意。就记忆方法来说，小学生一般记忆由最初的机械记忆向高年级的意义记忆过渡。一般来说，小学低年级由于知识经验缺乏，抽象思维欠缺，因而他们关于品德与生活的学习主要采取机械识记的方法，到了小学高年级，由于个体认识能力以及知识经验的积累和信息加工能力的提升，在学习活动中运用意义识记的比例在逐渐增大。就识记的内容来说，小学生在形象记忆的基础上，关于符号、概念等抽象记忆在迅速发展。在小学低年级由于第一信号系统占优势，因而一般为形象记忆，伴随着个体发展，到了小学中高年级，随着学生知识经验的积累，大脑第二信号系统开始逐渐占优势，因而开始有了比较明显的抽象记忆。当然，这里的抽象记忆仍然还是要以事物的具体形象为基础。中学阶段是人的一生中记忆力最佳的发展期。从记忆的随意性看，初中阶段是有意记忆基本占主导地位阶段，高中是有意记忆继续发展阶段。个体到了初中阶段，随着自我意识，做事的目的性、计划性在逐渐增强，有意记忆的效果在逐渐增强，并占据主导地位，到了高中阶段，随着个体知识经验以及各方面能力的发展，有意记忆已占据绝对的主导地位。有研究发现，在同样长的时间里，高中一、二年级学生记住的学习材料的数量，比一、二年级学生几乎多4倍，比初中一、二年级学生多1倍。就记忆的方法而言，中学阶段，虽然初中阶段的个体还存在一定的机械记忆，但是对于高中阶段的学生已经能够完全依赖意义记忆进行学习。记忆的内容而言，随着知识学习以及个体发展，中学阶段，尤其是初三以及高中阶段的学生，他们记忆的内容越来越抽象化、概念化、理论化和系统性。大学阶段，就个体记忆的整体发展而言处于发展完善阶段，但是与中学阶段相比，其已经过了记忆发展的迅速阶段。研究资料表明，随着年龄的增长，从16岁至18岁，记忆的成绩基本上没有什么变化。因而，这就预示着大学阶段记忆不论是在随意性、方法，以及内容上，都只能处于发展完善阶段，基本上已经处于有意记忆、意义记忆和抽象记忆占主导地位的阶段。

思维的发展。思维是认知心理和认识发展的核心内容。学生思想政治教育视域中个体的思想品德或世界观、人生观、价值观的形成发展离不开思维能力和水平的发展。小学阶段，思维处于从具体形象思维向抽象思维过渡的阶段。低年级的学生品德与生活知识的学习往往以具体形象思维为主，从小学高年级开始，个体逐渐开始运用概念进行判断和学习。小学高年级的学生一般开始逐步区分概念中本质的东西和非本质的东西，尽管这个辨析过程仍需要感性经验的辅助。有研究发现，小学中年级是个体思维发展由具体思维向抽象思维过渡的关键阶段。中学阶段，抽象逻辑思维处于优势地位。这突出表现在中学生能够通过假设进行思维，思维具有预见性，思维活动中自我意识或监控能力明显，思维的深刻性、灵活性和独立性突出。就中学阶段的形式逻辑思维与辩证逻辑思维的发展而言，初中阶段是形式逻辑思维占据主导地位的阶段，到了高中阶段个体的辩证逻辑思维发展迅速。这种中学阶段思维的发展及不同，为我们对这个阶段的个体开展有针对性的思想政治教育提供了思维前提。林崇德认为：“初中二年级（约十三四岁）是中学阶段思维发展的关键期。从初二开始，青少年的抽象逻辑思维即由经验型水平向理论型水平转化。到了高中二年级（约十六七岁）这种转化初步完成。”[①] 大学阶段，思维发展进一步走向完善，思维中理论性、批判性、创造性等不断增强。因而，大学阶段，个体思维的这种发展，一方面促使了个体不断地思考自我与社会、国家和他人的关系，另一方面也为其接受系统的思想政治理论教育奠定了基础。

情绪情感的发展。情绪情感是在感觉的基础上发展起来的，因而是认知心理的重要构成部分，同时也是学生思想政治教育视域中个体认知心理的重要内容。当然，学生思想政治教育并不是在一般的意义上关注个体感觉的发展，而是要关注个体的情绪情感。小学阶段，学生富有表情，情感控制力不足，易受感染而产生多变、不稳定的情感。个体到了小学高年级，情感的内容不断扩大加深，情感的稳定性增强。小学四年级是个体情感稳定性的重要发展期。中学阶段，个体往往充满热情，富有朝气，感情热烈，由于伴随着生理发育以及自我意识和成人感的增强，个体情感的两极性、波动性等比较突出。一般来说，高中阶段是道德感、理智感等比较成熟的阶段。大学阶段，个体的情绪情感仍在发展，但是就总体而言，情绪情感的自控性、稳定性、现实性、社会性等都在不断发展完善，同时尽管在中学阶段，个体的异性交往已经进入敏感期，但是大学阶段则是两性情感发展全面深刻的阶段。因此，对成长发展过程的人进行思想政治教育，必须根据不同学段情感发展的特点来选择不同的教育内容、方法、途径以及活动。

注意的发展。学生思想政治教育视域中的心理发展，不仅包括认知心理的发展，还包括心理状态的发展。其中，注意就是学生思想政治教育对象重要的心理状态。开展学生思想政治教育，必须根据个体在不同学段的注意心理状态的发展水平进行。小学阶段，从无意注意占优势，逐渐发展到有意注意占主导地位。一般来说，小学低年级个体在品德学习中注意状态主要受到事物强度、新颖性、差异性和变化性等方面的特点的影响。到了小学高年级，随着年龄的增长以及大脑的成熟和神经内抑制功能的发展，到小学生毕业时，有意注意基本上占据主导地位。就总体而言，小学生注意力不够稳定，不易持久，有意注意虽有发展，但是很不完善，集中注意的时间有差异，小学低年级一般集中注意时间在 20 分钟以内，中年

① 林崇德：《中学生心理学》，中国轻工业出版社 2013 年版，第 155 页。

级能到20分钟左右，高年级一般能在25分钟左右。中学阶段，个体的有意注意已经占据绝对的地位，个体对事物的注意主要受到注意目的性的支配，尤其高中阶段的个体，注意的集中性、持久性等在不断发展完善，甚至集中注意的时间能达到45分钟以上。因而，这种个体注意发展的水平和能力为从事思想品德学习或践行道德能力提供了心理状态基础。大学阶段，注意的发展已经开始走向完善，尽管注意的深刻性、全面性和持久性仍在发展完善，但是就总体而言，注意的各种指标和能力已经达到正常水平。因此，越是对学段较低的个体开展思想政治教育，就越要考虑到个体注意发展的状态和水平。

意志的发展。意志是个体重要的心理状态，这种心理状态的发展水平是学生思想政治教育视域中个体心理发展不容忽视的内容。一般来说，意志的发展状况直接关涉个体思想品德认知以及良好行为习惯的养成。小学阶段，个体的意志的目的性不断增强，克服困难的毅力在逐步发展，并形成一定的意志品质。有研究发现，意志的自觉性从小学中年级就开始形成，学生一般能够自觉遵守纪律；意志的坚持性在小学三年级就成为比较稳定的意志品质。当然，就总体而言，小学阶段个体的意志水平并不高，依赖性较强，克服困难的毅力不足。中学阶段是个体意志发展的最重要的阶段。中学生随着年龄的增长，年级的升高，依赖性逐渐减少，根据目的而做出意志决定的水平不断提高，各种意志品质都获得重大发展。当然，初中阶段和高中阶段，意志发展又有细微差别。有研究表明，初中生自制力较差，行为举止较难控制，高中生的自制能力则比较强。初中阶段表现出来的青春期激情比高中阶段要强得多，意志难以控制。随着情感的稳定性发展，初三年级至高一年级这一阶段，学生意志行动的自制力也在逐步加强。小学生和初中生的意志果断性都不高，到了高中阶段才是果断性发展的黄金阶段。大学阶段，意志在经历了中学阶段的迅速发展，已经不断地走向了成熟，但是就总体来看，意志的品质还在不断地发展，个体克服困难、执行计划的能力不断提高，意志行为结果的预见能力也在增强。因此，学生思想政治教育要根据不同学段意志发展的特点，开展充分利用意志发展特点培养思想品德或实现理想目标的活动。

第四节　学生思想政治教育对象的需要

需要是学生思想政治教育对象本体的核心元素，学生思想政治教育要促进求学的人的成长发展，必须满足和引导他们的需要。正如牛奶和面包不能硬往婴儿嘴里塞，即便是再完美的教育内容要求，再精致的教育方法艺术，再高超的教育实践者，如果不能满足和引导教育对象的需要，那也无法促进他们的成长发展。因为不需要！在学生思想政治教育领域，必须树立“需要”意识，加强学生思想政治教育对象需要的研究。

一　学生思想政治教育对象需要的含义

通常来看，说到需要，人们经常把它理解成为有机体内部的一种不平衡状态，或者说是有机体因某事物的欠缺而形成的紧张状态。这是心理学教科书中的通常界定，是心理学视域中关于需要的经典解读。但这种理解只是心理需要的定义，而不能代替其他视域或层面对需要的理解。就需要的类别看，尽管需要包括心理需要，但并非只有心理需要，不能用心理需要来理解需要。就研究需要的学科而言，需要也并非是心理学的专属，有很多的学科都在研究需要。经济学会研究人的消费需要，伦理学会研究人的道德需要，社会学会研究人的交往需要等。在学生思想政治教育理论和实践中，我们不能在心理学的层面理解学生思想政治教育对象的需要，要是那样的话，这里的需要只能属于学生思想政治教育对象的心理范畴，既没有必要把需要看作是教育对象的本体元素，也没有必要对教育对象的需要作单独研究。学生思想政治教育视域中与心理并列存在需要应该有着自己的规定。

学生思想政治教育对象的需要厘定既涉及需要本身的理解，也要融入学生思想政治教育视域。学生思想政治教育对象的需要作为一种需要无疑服从需要一般。就一般而言，需要本质上是欲求状态，反映的是一种倾向性。生理需要无疑是生理欲求的倾向性，心理需要无疑是一种心理欲求的倾向性。因而，学生思想政治教育对象的需要无疑反映的是学生思想政治教育对象欲求的倾向性。问题是，这到底反映的是学生思想政治教育对象哪方面的欲求倾向性呢？这就还要引入学生思想政治教育视域，即要把握学生思想政治教育视域中个体的欲求倾向。学生思想政治教育是要培养良好的思想政治品德或正确的世界观、人生观和价值观。学生思想政治教育视域中的欲求倾向性应该与思想政治品德或世界观、人生观和价值观等相关。那么思想政治品德、世界观、人生观和价值观等属于什么层面呢？或者说这些概念的上位范畴是什么呢？总体上看，这些内容都属于思想意识范畴。因而，学生思想政治教育视域中个体欲求倾向性是与思想意识相关的欲求倾向性，是思想意识的欲求倾向。这种思想意识中的欲求状态，不同于生理欲求，也不同于心理欲求。生理的欲求往往与肉体有关，反映的是肉体渴望满足的紧张状态；心理欲求往往与个体的心理有关，反映的是各种心理成分的渴求满足的倾向。思想意识欲求是社会性欲求，涵括个体与自我、与他人、与社会、与国家等层面的关系，是个体思想意识对这种内在环境或外在环境的一种稳定的敏感性。就是说，学生思想政治教育对象的需要，本质上是一种思想意识中的欲求状态，反映的是思想意识中的倾向性和敏感性，是涉及个体对自我、他人、社会、国家的一种稳定的主观要求。

学生思想政治教育对象需要作为一种思想意识中的欲求倾向，我们就要到教育对象自身的思想意识中去寻找需要。学生思想政治教育对象的需要不是他人的需要，不是成人的需要，更不是社会的需要。目前，人们谈到教育对象的需要或提出的教育对象需要，往往把国家和社会提出的要求直接说成是教育对象自身的需要。实际上，教育对象的需要是他们自己的需要，是他们思想意识本身的欲求倾向，而不是成人或社会为他们提出的种种要求。尽管我们不否认，成人和社会为教育对象提出的要求中往往会蕴含教育对象的需要，并且具有促进教育对象健康成长发展的初衷。但是就教育对象的需要本身看，教育对象的需要只能是教育对象思想意识中的欲求倾向。因此，寻找教育对象的需要不能到国家和社会的要求中去寻找，不能到成人的期待和希望中去寻找，更不能把国家、社会和成人的要求直接看成是教育对象自身的需要，而是要到教育对象思想意识的欲求状态中去寻找。学生思想政治教育对象思想意识中欲求的表达往往通过思想意识的渴望、追求、期待、期许、盼望等形式表达出来。分析学生思想政治教育对象的需要，就要把握其思想意识在处理自我、他人、社会、国家等不同层面关系中都有哪些渴望、追求、期待、喜好等，特别是思想意识中的那些长期的、稳定的、持久的主观欲求，是我们要重点把握的需要。

二 学生思想政治教育对象需要的功能

把需要看作是学生思想政治教育对象本体的核心元素进行专门分析，不仅在于这里的需要与生理、心理等相区别，有自己的特殊规定，还在于这里的需要具有的功能。在现实中，我们往往忽视对教育对象需要的分析，在实际工作中还只是单纯地从教育对象的思想出发，还不善于分析思想意识背后的需要机理。与其肤浅地分析思想现象，还不如深入分析思想背后的欲求倾向。现实中很多思想现象背后都有需要根源。

需要具有价值发生的功能。正确价值观的培育和引导是学生思想政治教育的核心任务。教育对象价值观有着自己形成发展的规律。就价值的本性而言，价值是事物的功能属性，对人的需要的满足关系。尽管价值的形成离不开客观事物的功能属性，但是就主体方面而言，价值却是主体需要的反映。人们需要什么，往往就会与什么发生价值关系，就会认为什么具有价值。需要在价值本体发生中具有能动性、主导性和核心性地位。学生思想政治教育对象的需要作为需要一般中的一种需要，同样具有价值的发生功能。在现实中，教育对象在思想意识中欲求什么，往往就期待着什么能够满足他们的需要，进而形成相应的价值期待、价值关系，乃至价值观念。要想了解现实中教育对象的价值观点就必须把握教育对象的需要。教育对象的需要不同于事物的功能属性，产生的满足关系也不同。要培育和引导教育对象的价值观就要研究教育对象的需要。对教育对象的需要进行合理的引导，才能在深层次上形成正确的价值观。

需要具有理想形成的功能。个体理想的形成是一个复杂的过程，既是奋斗目标的确立过程，也是精神追求的定格过程，更是自我需要调整的过程。自我需要既是理想目标形成的基础，也是理想精神追求的动力。个体的需要不同，往往会形成不同的目标追求。个体需要什么，往往就追求什么，渴望什么，期待什么。理想的发展变化实质上是个体需要不断调整的结果。自我需要有一个发展变化的过程，个体对自我需要的认识也有不断深化的过程，自我需要以及其认识的发展往往就意味着自我追求的调整，因而理想目标就会因自我需要的变化而调整。学生思想政治教育要想培养人的理想，就得关注教育对象的需要，知道教育对象思想意识的欲求倾向是什么样的，然后摸清教育对象的理想目标现状，通过引导教育对象的需要，进而使教育对象形成正确的理想追求。理想教育的实质就是需要的引导，就是把个体的需要和社会的需要有机统一起来确立目标追求，而这里的前提是深入分析教育对象的需要。

需要具有情感体验的功能。人的情感体验即人的高兴快乐、灰心丧气、心气平和等，撇去各种次要的因素，从根本上看都是由人的思想意识中需要状态决定的。需要既是情感体验的中介，也是情感体验的尺度。需要作为先在于情感体验的东西，如果某事物能够满足人们的需要，能够符合人们思想意识中的欲求状态，那么就会产生高兴快乐，乃至轻松欣慰的情感体验。如果某事物不能够满足人们的需要，思想意识中的渴望和追求无法实现和满足，那么就会产生悲观失望、灰心丧气的情感体验。学生思想政治教育要培养个体积极的情感体验，形成良好的思想道德情感，那么就得把握教育对象的需要，明晰教育对象自身都有哪些需要，合理引导教育对象需要的满足。人的情感体验是由人的需要决定，也启发我们要培养教育对象高尚的情操，就得提升和发展教育对象高层次的需要，通过引导教育对象高层次的需要，形成高层次的思想意识倾向性，进而产生良好的道德情操。

需要具有人格发育的功能。在学生思想政治教育视域中，人格是个体相对稳定的思想行为特征和道德境界。人格体现的是人与人之间的差异性，不同的人具有不同的人格特征和精神境界。那么，到底是什么决定了人格的形成发展？西方的弗洛伊德、马斯诺等对此做出了相同层次的回答，那就是人的需要。虽然在具体层面，弗洛伊德主张的是性欲决定人格结构，马斯洛主张的是需要层次决定人格层次。就学生思想政治教育视域中人格的形成发展而言，其形成发展也离不开个体思想意识中的欲求，个体思想意识在涉及自我、他人、社会和国家层面的相对稳定的欲求倾向，决定着思想行为特点和道德境界。个体思想意识中需要什么，往往就会追求什么；个体追求什么，往往就会成为什么样的人。人的不同往往反映的是个体需要结构差异以及需要追求的不同。在现实中，个体需要的缺失对个体人格形成发育的消极影响非常深远。那些不良少年或品德问题频发的学生，往往都是因为其成长需要没有得到满足，进而形成自卑人格或问题学生。学生思想政治教育为了引导个体形成健全的人格，就必须充分地关照、满足并引导教育对象的需要。

需要具有行为动力的功能。需要不仅作用于人的思想意识世界，对人的价值观念、理想目标、情感体验、人格发育等产生根本性的影响，同时，需要还作用于人的行为实践，对人的行为实践产生驱动和激发作用。在学生思想政治教育领域，人们往往都是从需要与行为动力之间的关系来认识教育对象的需要功能的。尽管我们还要从价值发生、理想形成、情感体验、人格发育等层面认识教育对象的需要功能，但是人们对需要和行为关系的这种认识还是值得肯定的。人的行为都是有意识的行为，都是在一定的目的引导下的行为，需要作为思想意识中的欲求状态，体现的是人的追求和渴望。因而，需要往往会通过形成一定的追求和渴望，作用于行为的目的，进而成为人的行为动力。人作为一个复杂的生命体，需要与行为的关系并不是映射关系。人的需要能够推动行为还需要一系列的环节（理性判断、道德评价、效果预期等），这里的关键是需要能否转化成为动机，转化成为动机的需要往往就成为行为的动力。虽然，行为具有相对独立的表现形式，但这不能否认需要在行为形成中的源发地位。因此，要促使教育对象良好的行为形成，就必须关注教育对象的需要，就必须对需要进行引导和调节，既发挥需要的行为动力作用，也要克服需要不当表达造成的不良行为。

分析学生思想政治教育对象需要的功能，是为了确证需要在个体成长发展以及思想政治教育中的地位。我们不能按照心理学等学科来理解需要，认为需要就是心理需要，而应该基于需要之于价值观念、理想目标、情感体验等功能的基础上，把需要从心理需要理解中提升出来，给予需要以实质性的内容和现实性的功能。

三　学生思想政治教育对象需要的发展

学生思想政治教育对象是处于成长发展过程中求学的人，对需要进行专门研究，就要对不同发展阶段或学段的需要进行研究，把握需要发展的过程及阶段内容。

学生思想政治教育对象在小学阶段的主要需要。这里的主要需要是指个体在小学阶段思想意识中主要的欲求状态，或者说是占主导地位的欲求倾向。首先，小学低年级的主要需要。一是游戏娱乐的需要。小学低年级的孩子特别地喜欢玩耍嬉戏，往往乐此不疲。二是关心抚慰的需要。孩子喜欢围在老师的身边，如果老师们抚摸他们的头和脸蛋，他们就会表现得特别高兴和满足。三是喜欢被口头表扬的需要。孩子喜欢听老师的口头表扬，他们并不太估计为什么表扬，他们只关注即时性的表扬，只要老师表扬他们、夸他们听话，做事做得好，他们就很高兴，并且经常是为了追求表扬而做事。四是被组织安排的需要。小学低年级的学生在生活学习中特别地希望成人能够告诉他们怎么做，该做些什么，期待着或渴望着成人能够组织安排他们的学习、游戏等各种活动，很乐意担任各种角色和任务。如上四种需要则是小学低年级比较明显的需要，我们必须充分利用并满足这些需要的过程使个体形成良好的行为习惯和生活常识。其次，小学中年级的主要需要：一是有了主动表现自己的需要。个体到了小学中年级，他们越来越在意自己在他人、集体中的形象和地位，与低年级学生相比，他们意识中开始主动表现自己，以使自己获得在同学、老师和集体中的良好形象。二是明显的情感体验需要。与个体低年级较容易受情绪影响相比，他们在意识中更喜欢追求和投入到深层的情感体验中，喜欢感受事物，揣摩故事人物的心理，移情体验突出。三是渴望被理解的需要。小学中年级的个体，随着内心活动的丰富以及自我形象的关注，越来越渴望与同学、老师和父母建立良好的关系，得到他人的理解、同情和支持。四是独立思考的需要明显。小学中年级的个体思想意识的欲求中最明显的一个变化就是有了独立思考的意识倾向，他们在生活和学习中开始喜欢对身边的事物充满好奇并开始试图自己思考来探索答案。因此，如上这些小学中年级需要的形成、萌发对引导学生形成了解自己、关心他人以及初步的责任意识、角色意识等都具有重要价值。最后，小学高年级的主要需要：一是同伴接纳认可的需要强烈。在小学高年级，随着自我意识的增强，越来越投向同伴交往，渴望获得友谊，渴望在同伴中有一定的影响，获得同伴的接受和认可。二是了解认知社会的需要。个体到了小学高年级，最明显的一种欲求倾向就是开始对各种社会现象和事物感兴趣，开始关注社会新闻话题，开始参与家庭事务。三是追求学业成绩的需要高涨。虽然在小学的中低阶段个体也比较希望自己取得好成绩，但是就主动自觉以及并把它与自身的升学目标相连强烈地追求学业成绩则发生在小学高年级。四是未来想象需要的明显。小学高年级关于未来的想象是个体经常出现的意识倾向性，而不像小学低中年级个体那样关于未来目标的回答完全是受到外界因素的激发或把外界的期望直接回答成自己的未来理想。因此，培养小学高年级良好思想品德必须充分利用这些欲求倾向，重点引导个体初步认识自我与他人、与社会、与国家等不同层面的关系，进而传导初步的人际规范以及国家和社会赋予他们初步的权利、义务和责任等。

学生思想政治教育对象在中学阶段的主要需要。我们的教育对象作为成长发展过程中求学的人，其需要的发展变化必然在中学阶段有着新的表现。这里的中学阶段包括初中阶段和高中阶段。首先，初中阶段的主要需要。一是渴望获得独立的需要明显。个体进入初中阶段，随着身心的发育、知识经验的积累和自我意识的发展，他们普遍渴望摆脱父母、老师对他们的限制，希望获得独立并自主地安排自己的活动。二是平等交往的需要突出。初中阶段的个体由于独立意识和成人感的增强，他们渴望与成人拥有平等交往的机会。三是彰显和表达自我的需要。伴随着自我意识的觉醒，初中阶段的个体意识开始进入反观和表达自我的阶段，他们开始通过言行举止等来彰显和标榜自己，渴望引起别人的注意和关注。四是异性交往的需要强烈。虽然在小学的高年级，个体已经开始对异性充满兴趣，但就这种兴趣的强度远没有初中阶段那样强烈和普遍，伴随着生理发育以及性意识的发展，初中阶段的个体普遍地进入异性交往的渴望状态，形成了强烈接近异性的愿望。五是参与现实生活的需要。小学高年级个体已经开始关注社会现象并参与家庭事务，但是普遍地参与现实社会生活，现实生活中的流行和时尚很明显会体现在初中生身上，他们对外部世界充满好奇，有强烈地参与体验现实生活的倾向。六是憧憬未来的需要。个体在初中阶段由于自我意识的发展和升学就业的现实，他们开始经常思考自己是什么样的人，自己未来的打算以及理想目标。初中阶段教育对象如上这些需要，决定了我们必须注意利用这些需要敏感期对其进行人际交往、自由平等、民主法治、基本国情和理想目标等教育。其次，高中阶段的主要需要。一是主动发展的需要明显增强。个体进入高中阶段，开始对自我的发展形成自觉意识，有了主动学习和发展各种能力的倾向性。二是全面触及生活的需要增强。高中阶段的学生已经不再像初中学生那样只是关注社会现实的流行时尚，他们的思想意识已经有了普遍接触和讨论各种经济、政治、文化现象的倾向性，是各种社会观点形成的敏感阶段。三是休息娱乐的需要。个体到了高中阶段思想意识普遍渴望能够获得各种休息娱乐的时间，期待着能有自由放松的机会。四是学业成功的需要强烈。个体进入高中阶段，随着认识能力、责任意识的提高以及高考，所以他们在思想意识中普遍地渴望取得好成绩，能够考入理想的大学。五是获得精神鼓励支持的需要。高中阶段的个体与初中阶段相比，他们已经不再满足于成人及同伴的言语关心，他们渴望获得心灵的信任与精神的支持，他们希望周围的人能够理解他们的学习和生活的烦恼，并帮助他们提供参考意见。六是明显的思考人生的需要。高中阶段的个体普遍喜欢思考自己的未来，思考未来的方向以及努力的目标，这种思考已经远非初中关于自我未来的憧憬，此时的思考已经进入人生的层面，从人生意义及追求的层面探索自己的未来。因此，根据如上高中生思想意识中的这些欲求倾向进行教育，就必须对他们进行人生责任、审美情感、精神修养、理想目标以及社会生活基本领域的常识、规范和规则等教育。

学生思想政治教育对象在大学阶段的主要需要。教育对象的需要在经历了小学阶段和中学阶段的发展，进入大学阶段，由于生活环境、学习任务以及知识经验的积累，思想意识中会产生一些新的欲求倾向。一是能力发展的需要觉醒。个体进入大学阶段，是对能力产生敏感性的阶段，各个年级的大学生普遍关注自己各种能力的锻炼和提升，渴望拥有人际交往、生活学习等各种能力。二是理想生活的需要。大学阶段的个体与高中阶段只是基本的思考人生方向相比，他们已经开始有了明确的生活理想，对生活有了自己的看法和主张，开始对理想的生活进行展望和规划。三是专业成长的需要。大学生普遍渴望能够实现自己的专业成长发展，能够掌握本专业的一些基本的技能技巧，并通过专业学习毕业后能够获得满意的工作。四是社会实践的需要。大学生普遍渴望了解社会，参与社会，希望通过对社会的了解和参与积累各种经验，获得对社会的认知和了解。五是美好爱情的需要。大学阶段的个体由于已经成年，他们渴望找到自己爱慕的对象，希望能够获得异性的吸引和关注，渴望获得异性的关心和爱护，期待拥有情投意合的爱情。六是价值实现的需要。个体进入大学阶段已经有了相对成型的价值观念，有着自己的价值追求，渴望自己获得别人和社会的认可尊重，发挥自己的价值和作用。因此，大学阶段的思想政治教育，必须充分考虑大学生思想意识中这些比较明显的欲求倾向，通过引导这些需要的形式对个体进行思想观念、政治观点、道德规范、理想目标的教育。

综上可知，学生思想政治教育对象作为成长发展过程中求学的人，在不同的学段有着不同的需要内容。尽管从需要的形式上看，甚至个体在求学之前就已经具备了人的基本需要。但就需要的内容看，不仅求学前与求学后有着不同的需要，即使在整个求学不同阶段乃至不同年级，个体都会有不同的优势需要，都会有特定的需要内容。例如，同样是参与社会的需要，小学阶段只是开始关心社会新闻或参与家庭事务，中学阶段则是关心和参与日常生活和生活领域，大学阶段则体现出希望参与社会实践和积累社会经验。学生思想政治教育对象需要的发展主要不是需要形式的改变，而是需要形式中内容不断丰富完善和深化。就发展的基本趋势而言，学生思想政治教育对象的需要是由直接动作的需要向深层精神的需要转化，由情绪情感性的需要向理智理性的需要转化，由个体性需要向社会性需要转化，由现实性需要向未来性需要转化等。

第五节　学生思想政治教育对象的行为

行为是学生思想政治教育对象本体的有机构成，是学生思想政治教育对象成长发展的关键性元素。这里的行为有着特定的内涵，也有着独特的作用以及发展过程。

一　学生思想政治教育对象行为的解读

在学生思想政治教育领域，人们并没有对学生思想政治教育对象的行为作出明确的界定。单纯地谈到行为，我们很难明确它的内涵，只能具体分析。行为在不同的领域有着不同的所指。行为在生理学领域是指动物的各种习性；行为在心理学领域是指各种心理活动及过程；行为在语言学领域是指言语活动及交流活动，等等。人们对行为的认识总是具体的，总是基于一定的视角的。因此，要想准确地界定学生思想政治教育对象的行为，必须基于思想政治教育学科的视角，关注学生思想政治教育视域中的行为。在思想政治教育学科领域，在谈到行为时，一般都是思想行为、品德行为、思想政治行为、行为习惯，等等。可知，从话语的使用看，这里的行为不同于生理学中的本能习性、心理学中的心理活动、语言学中的言语活动。这里的行为主要是指思想意识指导下的行为，涉及个体与自我、他人、国家和社会利益关系的协调活动。一定意义上看，凡是能够进行价值判断的行为，都是学生思想政治教育要关注的行为。之所以这么理解学生思想政治教育对象的行为，还可以从学生思想政治教育领域中存在的学生日常行为规范和守则中获得启发。学生日常行为规范和守则涉及规约的行为，并不是生理意义的本能行为，而是心理意义上的心理活动，主要都是一些涉及个体如何处理与自我、他人、国家和社会关系的行为实践。即便有时候这里的行为规范也涉及心理内容，因为自我包括心理自我，个体要正确处理与心理自我的关系，但这也不是心理行为。

学生思想政治教育对象的行为从实质上涉及个体如何协调与自我、他人、社会、国家等关系的活动，但是就存在形式看，这里的行为是通过教育对象的日常生活表现出来的，是在日常生活中表现出的相对稳定的涉及个体如何处理与自我、他人、社会和国家关系的方式和模式。这里的行为不是内隐性的行为，而是外显性行为。学生思想政治教育是使教育对象形成能够促进自我发展、人际和谐以及符合国家和社会需要的行为实践。内隐性的行为只能算作是精神活动或意识活动，学生思想政治教育的追求和关注是一种表现性行为，是一种感性的活动，是一种正确处理个体与自我、他人、国家和社会关系的行为实践。也正是这种行为要通过日常生活表现出来，所以目前在学生思想政治教育领域才有各级学生日常行为规范和守则，为个体提供如何处理与自我、他人、社会和国家关系的准则和规范。因此，我们要到教育对象的日常生活表现中去观察和分析教育对象处理其与自我、他人、社会和国家等关系的方式和模式。

学生思想政治教育对象的行为不仅要到日常生活中去观察，还要联系个体的需要、生理、心理等元素。教育对象的需要不是心理意义上的需要，而是思想意识中的欲求倾向。这种欲求倾向或积极状态决定思想意识的内容及思想观点，进而形成相应行为表现。尽管这种思想意识中的欲求倾向受制于主客观条件。当然，并不是所有的需要都会转化成为相应的行为，行为也有自己的相对独立性，且行为实践本身也是相应需要形成的基础。需要与行为之间既关系密切，又都是相对独立的元素。同时，教育对象的行为涉及个体与自我、他人、国家和社会利益关系的协调，因而这就决定这里的行为还与生理发育以及心理认知水平等密切相关。就是说，这里的行为虽能够进行价值评判的行为，但是这种行为的形成发展与生理发育、自我思想意识、知识生活经验的积累，甚至文化传统等相关。因此，在现实中，我们不能机械地理解教育对象的行为，对教育对象的行为不仅要到日常生活中去观察，还要联系与行为相关的需要、生理、心理以及思想意识等进行分析。

二 学生思想政治教育对象的行为作用

在学生思想政治教育领域，我们没有对行为在个体成长发展及思想政治教育中的作用进行深入分析。深化学生思想政治教育对象行为作用的认识，既是对学生思想政治教育对象的行为规定的深度解读，也有利于引起我们对学生思想政治教育对象行为观察和研究的重视。

行为承载思想观念。教育对象在日常生活中表现的行为，往往承载着思想观念。思想观念主要是世界观、人生观和价值观。这里的承载有两重意蕴，一是说这些思想观念的形成离不开教育对象的行为实践，教育对象行为实践是思想观念形成的基础，没有教育对象的行为实践的发展变化，也就不会有思想观念的形成发展。教育对象自身处理与自我、他人、社会和国家关系的行为实践的变化，往往会带来思想观念的发展变化。二是说教育对象的思想观念要通过教育对象的行为获得体现。没有一定的行为活动，教育对象就没法体现自己的思想观念。教育对象的世界观、人生观、价值观等都内在于人的头脑中，这决定了如果离开了教育对象在日常生活中如何协调处理与自我、他人、社会和国家的关系的现实活动，就没法获得体现。因此，一定的思想观念的形成与行为实践相关，一定的思想观念要通过一定的行为实践表现出来，这既决定行为在思想观念形成中的作用，也决定了要了解教育对象的思想观念，必须深入理解教育对象的行为特点。研究教育对象的行为状况，一定意义上就是研究教育对象思想观念的发展状况。

行为承载政治观点。行为之所以进入学生思想政治教育的视域，还在于一定政治观点的形成发展既离不开教育对象的行为活动，与一定的行为实践状况有关，并且还要通过一定的行为实践体现出来。培养教育对象正确的政治方向是学生思想政治教育的首要任务。凡是与教育对象政治方向相关的内容，都是学生思想政治教育要关注的内容。行为承载政治观点，对成长发展中的个体而言，主要就是政治观点的形成往往是在日常生活的行为中形成的。要想培养良好的政治观点，就必须关注和研究日常生活中行为的特点和规律。同时，政治观点也和思想观念一样，往往都是内隐的，政治观点的表达也需要通过一定的行为，这种行为就是政治行为。没有一定的政治行为就没法体现政治观点，也没法认识政治观点，因而要想了解教育对象的政治观点，就必须研究个体在成长发展过程中的行为状况，通过个体在日常生活中对政治事务的反应来观察他们的政治观念发展状况。

行为承载道德规范。教育对象在日常生活中表现的行为由于涉及个体如何处理与自我、他人、社会和国家的关系，因而这种行为就必然与一定的道德规范相交织。虽然个体如何处理与自我、他人、社会和国家的关系还会涉及其他维度，如思想维度、政治维度、法律维度等，但是从道德角度看，一定的道德规范就是关于如何调节个体与自我、他人、社会和国家关系的一系列伦理规范和准则。道德规范就是关于日常生活中行为的伦理规范和准则，离开了个体如何处理与自我、他人、社会和国家的利益关系的协调，就不会有道德规范。因而从道德规范的对象看，行为承载着道德规范。同时，从道德规范的践行看，行为也承载着道德规范。一定的道德规范是否被人们接受，要想了解教育对象践行道德规范的发展状况，通过对教育对象自身成长发展过程是如何处理个体与自我、他人、社会和国家关系行为的观察就能获知其道德发展状况和水平。

行为承载习惯养成。习惯的本质就是行为，只不过这种行为是一种高度自动化的行为，是经过长期的训练或练习形成的一种相对稳定的行为。一种简单的随机的行为，我们很难说它是一种习惯，但是如果这种行为反复出现，达到高度自动化，那么我们就可以说它是一种习惯。有时我们把习惯也称为行为习惯。因此，从习惯的本质以及形成机理看，习惯就是在行为的基础上形成的，行为的发生是形成习惯的基础。同时，从习惯的表现看，习惯的形成及其表现是通过一系列的行为表现出来。离开一定的行为，习惯就没法表现出来。当然，之所以把行为承载习惯养成纳入学生思想政治教育对象行为功能的视域，还在于学生思想政治教育一定意义上就是要养成良好的行为习惯，这对于处于求学初期的个体更应是如此。为了使养成良好的习惯，就需要关注教育对象在日常生活中表现出的行为，既要通过透视这些行为了解已经形成的习惯，也要根据对良好行为的把握将其转化成为习惯。

行为承载创新创造。伴随着国家发展对创新创造的要求以及创新创造的个体意义，学生思想政治教育作为对处于成长发展过程中求学的人进行的思想政治教育，一方面这些人是国家和民族的未来和希望，另一方面这些处于发展过程中的人具有好奇心和创造的潜质，因而就决定了学生思想政治教育必须关注创新人才的培养，培养创造人格，激发创造精神。现在的问题是，如何教育引导创新创造？从归根结底的意义上看，不论是创新人格的培养，还是创新能力的形成，都离不开个体的行为实践，都不能离开行为实践中创新精神的培养和发挥。创新创造的形成与智力因素有关，但更与非智力因素有关。个体对自我、他人、社会和国家以及科学事业的情感、态度、价值观往往是在行为实践中养成的。更何况，任何发明创造都是由人的行为来完成的。因此，培养创新人才和建设创新国家，就必须充分地研究学生思想政治教育视域中的行为发展状况，根据行为特点，有针对性地引导个体形成创新的价值取向和思维方式。

综上，只有全面地了解学生思想政治教育对象行为的表现及特点，才能深入了解其思想观念、政治观点、道德规范等发展状况。当然，行为对这些内容的承载不是泾渭分明的。我们很难说某种行为只能或只是承载了思想观念或政治观点等。思想观念、政治观点、道德规范、行为习惯和创新精神本身是相互联系的，而行为本身也是多种因素交织作用的结果。因而，我们要根据教育实践的具体需要去分析行为承载的内容，同时我们也要对教育对象的行为进行整体把握，不要拘泥于行为承载内容的某一方面，而是要综合各种内容整体上分析把握行为的发展特点和规律。

三　学生思想政治教育对象的行为发展

学生思想政治教育对象作为成长发展过程中求学的人，在不同的发展阶段或学段，行为必然有着不同的内容。这些不同的行为内容主要体现行为特点的不同。把握学生思想政治教育对象行为的发展，就要在具体分析行为内容的基础上，把握其在不同发展阶段或学段的行为特点。

学生思想政治教育对象在小学阶段的行为发展。小学教育对象的行为是日常生活中表现出的涉及个体与自我、他人、社会和国家关系的协调活动，与教育对象的生理、心理和需要等本体元素的发展状况密切相关。因而，不仅小学阶段的教育对象的行为与其他学段不同，即便是在小学的中高低年级也会有不同的行为特点。首先，小学低年级的行为特点。一是活泼好动性。由于神经兴奋和抑制系统的发育状况以及心理发展和游戏娱乐的需要等决定了小学低年级的孩子不论是在课堂上，还是在操场上，都十分得活泼好动。二是行为的依附性明显。小学低年级的学生在处理各种事物时一般没有自己的判断，不会坚持自己的观点，他们往往都是把成人的喜好看成自己的喜好，把成人认为的是非看作自己对事物的判断。三是行为的向师性突出。小学低年级的学生对老师尊敬友好，他们以老师为自己活动的中心，课间经常围在老师的身边，向老师诉说自己的见闻，特别喜欢听到老师的表扬。四是行为的浅层化明显。小学低年级的行为往往比较简单、单纯和直接，他们对行为的表现是直接的、即时的，也是充满情绪体验的。其次，小学中年级的行为特点。一是行为的自主性萌发。个体到了小学中年级，随着认知能力的提高以及自我意识的发展，对人对事对物开始有了自己的初步判断，并开始主动地学习以及初步学会关心老师、家长和同学。二是行为的文饰性明显。小学中年级的个体行为的表现与内心的想法有时候开始分离，有了内心不说的小秘密，他们开始注意维护自己在他人心目中的形象。三是行为的兴趣性明显。小学中年级学生有了自己的兴趣爱好，对人对事对物的倾向性与低年级相比显得更加明显。四是行为的合作性增强。个体到了小学中年级，他们的集体意识逐渐形成并增强，开始积极参与各种班级活动，在活动中或与他人的交流中他们协调合作的能力开始增强。最后，小学高年级的行为特点。一是行为的自制性增强。小学高年级的学生与中低年级相比，他们自我管理、控制和约束的能力普遍提高，生活和学习的各种习惯基本形成，对学习和生活的安排有了目的性，也能够初步对行为后果的遇见性增强。二是行为的交互性形成。个体到了小学高年级，与同伴、成人和社会交往有了互动性，开始形成固定的朋友圈，学会了关心他人，甚至开始积极参与各种社会公益活动。三是行为的原则性出现。伴随着认识能力的提高和知识经验的积累，高年级的学生已经初步形成了自己的是非判断标准，开始既要求别人公平地对待自己，自己也开始逐渐公平地对待别人。四是行为的性别化形成。小学高年级的男生和女生与中年级相比行为表现的性别化越来越明显，开始在服饰以及情感表达和性别归属上完成了性别角色定位。因此，为了促进和引导其行为发展，对低年级要重点进行良好的行为习惯教育，对中年级要重点进行乐于探究的生活态度培养，对高年级要重点进行文明道德规范的教育。

学生思想政治教育对象在初中阶段的行为发展。中学阶段的教育对象在处理和协调个体与自我、他人、社会和国家等关系的过程中有了一些新的内容，表现出一些新的特点。初中阶段和高中阶段有着不同的行为特点。首先，初中年级的行为特点。一是行为的纯真性依然存在。初中阶段低年级行为比较的单纯，想问题比较简单，待人待事待物比较的真诚，文明规范较好。二是行为的情绪性凸显。个体到了初中阶段对自我、他人的情绪体验比较强烈，行为容易受到情绪的影响，时而兴奋高兴，时而偏激激动，往往不容易控制好自己的情绪。三是行为的逆反性明显。初中阶段的个体对成人对他们的态度特别的敏感，希望能够与成人建立民主平等的关系，为了在成人面前彰显或标榜自己的存在感，他们甚至表现出一些与成人要求相反的行为。四是行为的思想性形成。虽然小学中高年级个体已经能够对人对物对事有了一些自己的看法，但是这种看法还不够稳定，还比较表层，同时对自己行为的指导性比较弱，但是在初中阶段，随着个体认知能力以及自我意识和知识经验的积累，他们开始对人对物对事形成了一些相对稳定的看法和观点，并且这种看法和观点开始成为他们为人处世行为的普遍指导。五是行为的伦理性形成。行为的原则性在小学高年级虽已经初步形成，但是总体上看，在小学阶段个体的道德行为还不太具有对等性。个体往往对别人提出的要求多，而忽视自己应尽的责任，但是到了初中阶段，随着人际平等意识的形成，能够在人伦对等的意义对他人，也对自己提出的道德要求，能够从道德责任的层面要求自己的行为。六是行为的个性化形成。个体到了初中的高年级，行为越来越具有稳定性，越来越具有个性倾向性，开始具有明显的行为风格和个性特点。因此，针对初中阶段教育对象的行为发展状况，就要重点进行人际交往、思想观念、道德规范等教育，以促进良好行为的形成发展。其次，高中阶段的行为特点。一是行为的主动自觉性明显。个体到了高中阶段自理能力普遍提高，能够主动合理地安排自己的生活和学习乃至人际交往。二是行为的体贴互谅性增强。高中阶段的个体不论是在与成人的交往，还是在与同伴交往的过程中，有了明显的换位思考的能力，能够体谅到老师和父母的辛苦，学会了包容、关心和体贴人，既能够理解别人的难处，也能够体谅到别人的关爱。三是行为的责任性增强。高中阶段的个体能够普遍认识到自己的发展状况对于家庭、对于自己未来的意义，因而行为具有了明显的责任和担当。四是行为的批判性增强。个体能够深入参与社会生活的诸领域并形成自己的看法，而且还能够以自己的思想观点评判各种社会现象，进而决定自己的行为态度和行为方式。五是行为的理想目标性明显。高中阶段个体能够确立自己的理想目标，有着自己的理想追求，并将之用来普遍地指导自己的行为实践。六是行为的意志性明显。个体在高中阶段对待学习和生活以及其他方面，克服困难的能力，执行目标的持久力和意志力普遍的提高。因此，根据高中阶段教育对象的行为特点，就要重点进行理想目标、理性思维、人生价值、角色责任、艰苦奋斗等教育，为良好行为的形成发展注入积极健康的内容。

学生思想政治教育对象在大学阶段的行为发展。教育对象的行为在大学阶段表现出一些新的内容和特点。一是行为的自主规划性增强。个体在大学阶段已经能够普遍自主地规划自我，能够自主地安排自己的生活学习和休闲娱乐，主动经营自己的人际关系和发展目标。二是行为的价值选择性突出。大学阶段往往会面临不同的生活方式、学习态度、道德修养，乃至对各种政治观点的选择，个体在处理和协调与自我、他人、社会和国家的关系时要不断做出自己的行为选择和判断。虽然中学阶段的个体也会面临着价值的选择，但是就选择的广度和深度而言，远没有大学阶段的个体面临的价值选择要多样和复杂。三是行为的现实取向性明显。大学阶段的个体随着对社会的接触以及自我认识的深化，与中学阶段充满理想梦幻的行为取向相比，他们对自己的发展的定位开始面向社会和自我的客观实际，开始现实地看待和协调自我发展、人际交往，以及国家和社会的需要，甚至一定程度能够开始按照自己实际以及国家和社会的需要来安排自己的生活和学习。四是行为的社会责任性增强。与中学生的自我责任意识的觉醒相比，大学生已经能够开始站在人类历史或国家和民族未来发展角度来思考公民的责任和使命，一定程度上能够摆脱自我利益的限制来处理自我与社会和国家的关系。五是行为的未来预期性明显。大学阶段的个体普遍希望自己努力能够获得别人的认同，自己的能力能够获得国家和社会的认可，自己能够有理想的生活，能够有充分发挥自己的才能的工作，这些未来预期都导致大学生在日常生活中特别关注当下各种行为的未来效果以及回报，经常把自己的行为实践与未来的预期发展联系起来。虽然，教育对象在大学阶段表现出的新的行为特点不限于此，但是如上却是大学阶段教育对象与小学阶段和中学阶段相比，表现出的最明显、最主要的行为特点。根据这些行为特点，对大学生进行思想政治教育，就要重点进行价值观念、政治观点、社会责任感和人生意义教育。

可知，学生思想政治教育对象的行为是不断丰富和发展变化的。在不同的学段，教育对象的行为有着不同的内容和特点。如果不结合特定学段行为的内容进行具体分析，我们很难把握学段的行为特点。例如，同样是行为的主动性，小学阶段表现为活泼好动性；中学阶段，初中生则表现为独立叛逆性，高中生表现为主动自觉性；大学阶段则表现为自我发展的规划性。就总体而言，学生思想政治教育对象的行为呈现出由外在依附性向主体自觉性转换，由情绪情感性向思想指导性转换，由自我中心性向伦理关怀性转换，由榜样模仿性向价值创造性转换，由个体主观性向社会实现性转换。

第六节 学生思想政治教育对象的问题

问题是学生思想政治教育对象成长发展的伴随性现象，是学生思想政治教育对象本体的有机构成。从最直接的意义上看，我们之所以对成长发展过程中求学的人开展思想政治教育，主要就是求学的人在成长发展过程中存在这样或那样的问题。从人们对学生思想政治教育对象认识的逻辑发生看，人们往往都是看到教育对象的问题才开始去关注教育对象，虽然要全面了解学生思想政治教育对象，就要对其生理、心理、需要和行为等进行分析，但在现实中就这种认识的触发机制或深层指向看，却是以教育对象的问题为契机或是为了更深刻地理解教育对象的问题。尽管如此，但目前学界并没有对学生思想政治教育对象问题作本体化、概念化、条理化、序列化研究。我们读懂对象，促进对象发展，就要对对象问题的实质、根源及演化过程有一个基本的了解和把握。

一　学生思想政治教育对象问题的实质

学生思想政治教育对象的问题不是一般的问题，也不是所有的问题。人类最一般的问题是生、老、病、死。人类的问题纷繁复杂并且外延还在不断地扩大。仅仅以人的问题为研究对象的科学就有许多，如医学主要是以人的生理疾患为研究对象，宗教学主要是以人的信仰问题为研究对象等。虽然学生思想政治教育对象是人，但是学生思想政治教育对象是学生思想政治教育视域中的人，是处于成长发展过程中求学的人。学生思想政治教育对象的问题只能是学生思想政治教育视域中人的问题，或处于成长发展过程中求学的人的问题。学生思想政治教育要培养具有良好的思想品德的人。因而学生思想政治教育视域中人的问题，从一般的意义上看就是指思想品德问题。但是思想品德是抽象的，思想品德主要是通过个体处理与自我、他人、社会和国家的关系获得体现的，因而学生思想政治教育对象的问题，从具体的意义上看主要是指个体在处理与自我、他人、社会和国家等关系方面存在的困境或不足。

我们还可以换个角度揭示学生思想政治教育对象问题的实质，即学生思想政治教育视域中健康成长发展的人是怎样的？如果我们能够厘定学生思想政治教育视域中健康成长发展的人的规定性，那么我们就能从反面揭示学生思想政治教育视域中人的问题的实质。学生思想政治教育视域中健康成长发展的人至少要具备两大维度，一是能够实现自己的个性充分发展，二是能够满足国家和社会的要求。个体没有自己的个性，国家和社会的发展就会失去活力；个体无法满足国家和社会的需要，就不会实现自己的聪明才智。二者缺少任何一个维度，或者说，任何一个维度有问题，都不是学生思想政治教育视域中健康成长发展的人，都会成为有问题的人。因而，在这种意义上，学生思想政治教育对象的问题就是无法实现个性充分发展或无法满足国家和社会的要求。前一个问题可以主要表现为个体自身在成长发展过程中面临的困惑问题，涉及的是个体与自我的关系问题。后一个问题可以主要表现为个体的成长发展与国家和社会要求的差距问题，实际上主要涉及个体与他人、国家和社会的关系问题。

因此，学生思想政治教育对象的问题有着特定的内涵，是学生思想政治教育视域中的人的问题。基于这种视域，不论是从良好的思想品德的角度，还是从健康成长的人的角度，我们都能够得出学生思想政治教育对象的问题主要指涉求学中的个体在处理与自我、他人、国家和社会的关系方面存在的困惑或差距。

二 学生思想政治教育对象问题的根源

任何问题都有自己的根源，学生思想政治教育对象的问题亦如此。这种特殊的根源与学生思想政治教育对象本身有关，也与外在的环境有关。总体上看，学生思想政治教育对象的问题根源于自我的建构，也根源于社会的建构，同时还根源双向建构。

学生思想政治教育对象的问题根源于自我建构。教育对象的问题首先是由自身原因造成的，是自身成长发展的问题。学生思想政治教育对象作为成长发展过程中的人，与成熟的教育对象相比，在对自我、他人、社会和国家的认识方面，必然表现出一定的未成熟性、幼稚性。教育对象的心智未成熟性，决定了教育对象在认识自我、他人、社会和国家方面，不能够透过现象看本质，使自己处于困惑或迷茫状态。可以说，问题就是自我成长发展的困惑。当然，教育对象成长发展的过程性决定了问题也是自我成长发展的结果，教育对象之所以出现一些问题与其成长发展有关，甚至说没有教育对象一定程度的发展，就不会产生特定问题。例如，教育对象的人生困惑问题，只有认识能力、生活经验等发展到一定程度，才会思考人生，这个时候如果认识能力以及生活经验的不足，才会产生人生困惑问题。教育对象的问题根源于自我建构，也体现为教育对象的问题与其他本体元素的互构。问题往往与教育对象的生理发展阶段及其现状、心理的发展水平及能力、需要的发展阶段及层次、行为的发展过程及特点等密切相关。例如，教育对象的自制力差，自卑，恋爱等就与神经系统的调节抑制功能，性激素、性成熟等有关；教育对象的叛逆、情绪激动等就与青春期心理有关；教育对象的价值偏颇、人格畸形，理想缺失就与需要的偏斜有关或不能获得满足有关；教育对象的纪律性差、自由散漫就与行为的活动好动性或自主性不足有关。我们说问题根源于自我建构，主要是指教育对象的问题是成长发展的困惑，是成长发展的结果，是教育对象本体元素的互构。

学生思想政治教育对象的问题根源于社会建构。社会建构主要是通过社会主流话语实现的。教育对象存在哪些问题，虽然与自身的成长发展有关，但也是社会主流话语评判的结果。这种主流话语主要是一个社会占主导地位的价值观，是占支配地位的政治、经济、文化的综合反映，是国家意志和社会要求的集中体现。这种占主流地位的话语不仅规约和指导着国家和社会的发展，同时也对社会成员具有规范约束和评价的作用。一定的国家和社会需要一定的核心价值观，需要形成一定的主流话语，更为重要的是，为了实现国家和社会的发展，主流话语要发挥评判社会成员思想和行为的作用。学生思想政治教育对象是处于成长过程中的社会成员，必然要接受这种主流话语的规范和约束，同时，这种处于成长发展的人对于国家和社会发展的意义，更是决定了任何国家和社会都会致力于对这种人进行主流话语评价。当然，这种主流的话语评价是按照国家和社会的要求和期望对教育对象的评价，当教育对象的成长发展与国家和社会要求存在差距或不能满足国家和社会要求的期望时，在社会的主流话语中教育对象的问题就产生了。社会主流话语的运行有着非常精致的逻辑，甚至我们家长、教师等都是这种主流话语的言说者，都会以社会主流价值自居来建构教育对象的问题。学生思想政治教育就是以这种主流话语建构的问题为运行的根据，就是要通过教育对象问题的解决，把教育对象培养成为国家和社会要求的人。

学生思想政治教育对象的问题根源于自我与社会双向建构。教育对象问题的形成主要是自我建构和社会建构的结果。但我们不能说，教育对象问题的形成要么是自我建构的结果，要么是社会建构的结果。教育对象问题的形成还涉及自我与社会的双向建构。首先，教育对象成长发展的困惑不仅涉及自我的困惑，还会涉及社会的困惑。教育对象生活在社会中，受到社会生活各方面的影响。例如，问题学生或不良少年的形成就与家庭问题密切相关，有些本来不自卑或各方面能力发展还可以的学生，由于受到老师或父母的批评打击，结果可能一蹶不振、自暴自弃。当然，教育对象不是完全被动接受社会的作用，还会以自身成长重塑社会形象或使社会主流话语重新调整对自我的看法。例如，大学生对 2008 年中国北京奥运会的参与奉献，改变了社会主流话语关于他们责任感差的言说。其次，教育对象自身成长发展的困惑问题虽并不直接是与国家和社会要求的差距问题，但是也会成为社会主流话语言说的内容。从国家和社会的角度看主流话语的言说，主要涉及教育对象成长发展与国家和社会的期望和要求的差距问题。但是为了缩小教育对象与社会要求的差距，为了把教育对象培养成为国家和社会要求的人，社会主流话语也会建构教育对象在自身成长发展的困惑问题。国家和社会都明白教育对象自身无法成长发展，那么要把他们培养成为国家和社会需要的人无疑就失去了基础和可能。因此，教育对象问题的自我与社会双向建构表现为：教育对象成长发展的困惑不仅涉及自我的困惑，还会涉及社会的困惑；社会主流话语的言说中不仅会涉及教育对象自身成长发展与国家和社会要求的差距，也会涉及教育对象自身成长发展的困惑。

综上，只要学生思想政治教育对象存在着，不论是从成长发展的角度，还是国家和社会要求的角度，抑或二者融合的视角，都决定了问题存在的必然性。不管这种问题是成长发展的困惑问题，还是国家和社会要求的差距问题，都决定了问题必然伴随教育对象成长发展过程的始终。也正是在这种意义上，我们说问题是学生思想政治教育对象的本体构成。澄明教育对象问题的根源，加深教育对象问题发生的理解，有利于认识到问题在学生思想政治教育中的地位和作用。如果处于成长发展过程中求学的人能够具有良好的思想品德或健康成长，那么学生思想政治教育就没有存在的必要。一定意义上，探寻教育对象问题的根源，开显教育对象问题的必然性，也就找到了学生思想政治教育实践的合法性根据。

三 学生思想政治教育对象问题的演化

问题是学生思想政治教育对象成长发展的伴随性现象。在不同的发展阶段，由于成长发展的状态不同，国家和社会的要求和期待不同，问题必将伴随着教育对象的成长发展而不断演化，在不同的阶段或学段有不同的表征。

学生思想政治教育对象在小学阶段的典型问题。这里的典型问题是指教育对象在小学阶段由于不能够正确处理与自我、他人、社会和国家的关系而表现出的一些比较明显、比较突出且具有代表性、经常性的问题。由于小学阶段跨度比较大，在小学的不同年段，教育对象的成长发展与社会和国家要求（主要是通过学校教育要求体现）也不同，因而这些典型的问题往往又会以不同年段的形式出现。首先，小学低年级的典型问题。一是上学的适应问题。小学低年级是个体接受正规学校教育的起始阶段，与幼儿阶段的教育相比，个体将面临新的环境，陌生的老师和同学，还有严格的作息时间、学习的内容增多和难度加大等都会使小学低年级的个体在入学阶段出现一些心理适应的不良，甚至会产生消化不良、发烧感冒等。二是生活自理能力较差。小学低年级的个体在衣食住行等方面不能够完全自理，甚至有的学生经常会随意丢弃自己的生活用品。三是学习的规范缺失。小学低年级的学生，不论是课堂的坐姿，还是书写规范，乃至纪律规范，都还没有形成，经常出现课堂走神、走动，不会听课，不看黑板等现象。四是欺负打闹现象普遍。小学低年级学生活泼好动，易受情绪影响，经常会发生打闹现象，甚至还会出现一些学生随意欺负其他同学的现象。因此，根据这些小学低年级的典型问题，就要重点进行入学适应、初步的生活、学习规范以及友爱感、同情心等教育。其次，小学中年级的典型问题。一是逆反现象开始明显。随着认识能力的发展以及自我意识的增强，小中年级学生开始初步有了自己的想法和看法，由原来的完全依从成人权威开始有了稍许的独立性，开始变得调皮，有了自己的心眼。二是撒谎现象较为突出。随着自我意识的发展，以及认识能力的提高，个体为了维护自己在老师和同伴心目中的形象，在做错了事或犯了错误时往往会找一些其他的借口进行搪塞掩饰。三是纪律约束性较弱。虽然在小学低年级纪律约束性也不是太好，这一定程度上是无意识的，但是到了小学中年级个体违反纪律往往有了意图性，往往是故意犯错，明知故犯。四是学业成绩开始分化。小学中年级由于课程难度加大、学习进度加快，以及学习习惯和方法的状况，都促使学业成绩开始分化。因此，根据小学中年级的这些典型问题，就要重点进行尊敬长辈、诚实守信、课堂纪律以及学习方法习惯等教育。最后，小学高年级的典型问题。一是文明习惯的养成问题。虽然个体到了小学高年级由于活动范围的扩大、交往层次的加深，需要养成良好的文明习惯，但是有些学生为了吸引别人的注意或者是为了猎奇，男生经常会说脏话，女生会涂指甲，各种文明礼仪较弱。二是散漫现象增多。个体到了小学高年级由于学习的分化，以及理解和应对事物的能力提高，一些学生开始变得懒散，做事拖沓，面对老师的批评满不在乎。三是情绪波动起伏增强。由于青春期发育的开始、自我意识的增强，以及理智能力的不足，小学高年级的个体情绪体验变得敏感，情绪的波动起伏比较大，内心的挣扎困惑增多。四是异性交往的规范性问题增多。随着性意识的萌发，与小学中年级的异性疏远期相比，到了小学高年级个体已经普遍进入了异性的好感期，容易出现异性交往的不规范性现象。因此，根据小学高年级的这些问题，就要重点进行文明习惯、榜样示范、异性交往等教育。

学生思想政治教育对象在中学阶段的典型问题。伴随着教育对象进入中学阶段，在新的成长发展状态以及外在要求和期望的基础上会产生一些新的问题。而且初中和高中阶段会表现出不同的内容。首先，初中阶段的典型问题。一是初中入学的适应问题。对于刚进入初中的学生来说，面临新的环境、新的学习任务，往往会在一段时间内存在一定的学习生活和人际的困难。二是叛逆问题突出涌现。随着自我意识以及成人感的增强，初中阶段的个体渴望摆脱成人的管束，希望找到自我的存在感，经常反叛常规，出现叛逆逆反，甚至会违反道德规范。三是偶像崇拜集中出现。虽然个体在小学的高年级已经开始了一些榜样人物的模仿，但不论是在强度还是深度，都远没有初中阶段的个体那样对偶像崇拜的深刻。初中阶段集中出现的偶像崇拜往往是从言行、服饰等角度进行模仿，甚至到了狂热的地步，浪费很大的精力和时间。四是人际困惑集中出现。伴随着自我意识的发展以及理想自我形成，个体到了初中阶段在表达自我，关心别人，处理师生关系、父母关系、同伴关系，获得友谊等人际交往方面普遍感觉到困惑。五是早恋倾向集中增多。虽然个体在小学高年级已经进入了异性的好感期并开始了试探性交往，但是就恋爱行为的集中出现看，主要还是在初中阶段。因此，基于以上初中阶段的典型问题，就要重点进行入学适应、榜样人物、人际关系、异性交往等教育。其次，高中阶段的典型问题。一是高中生的入学适应问题。由于高中阶段的学习、生活以及环境等不同于初中阶段，所以个体在进入高中的开始阶段普遍会存在学习方法、时间安排以及生活环境的适应问题。二是生活烦恼的集中增多。高中阶段的个体思考的问题普遍增多，不仅经常思考学习生活，还会思考自己的未来，不仅思考当下人际交往，还会思考未来的社会交往，面对当下与未来、现实与理想等矛盾时，生活的烦恼与初中阶段相比会异常地增多。三是学业压力集中增强。高中阶段的个体由于自我意识的发展已经普遍认识到学业对于自我未来的意义，同时面临高考的现实都希望能够取得理想的成绩，以及老师和父母对自我的期望，因而他们的学业压力集中增大。四是违规违纪现象增多。高中阶段由于学习压力的增大，以及社会交往范围的扩大，学业成绩以及发展水平开始分化，一部分学生因学业的不理想很快就会将自己的注意力转移到逃课、打架、上网、小说，以及结交闲散人员等方面。五是情绪焦躁问题突出。由于学业压力、烦恼增多，高中阶段的个体经常存在情绪烦躁不安、心静不下来、紧张过度、心情忧郁等。六是自我的负责意识不强。高中阶段的个体虽然能够认识到学业对自我的意义，但是经常管不住自己，对自己未来目标不明确，在未来发展及专业的选择上存在很大的模糊认识，对父母、对周围人的依赖性比较强。因此，根据高中阶段的这些典型问题，就要重点进行入学适应、学习态度及方法、人生发展、理想目标等教育。

学生思想政治教育对象在大学阶段的典型问题。教育对象的问题在经历了小学阶段和中学阶段后在大学阶段会演化出新的内容。这些新的问题内容集中表现为以下几个方面：一是大学的入学适应问题。个体在进入大学阶段，一般要远离父母、家乡到外地求学，因而往往在生活、学习以及人际交往适应等方面会面临与存在一些问题。二是理想目标问题。一般来说，高中阶段的个体的目标就是要考大学，而考入了大学的目标实现后，个体往往不能结合自我与社会发展确立新的奋斗目标，导致很多大学生开始享受生活，不思进取，荒废学业，失去奋斗的方向。三是情感困惑的问题。大学阶段的个体已经进入普遍的求偶阶段，渴望获得异性的好感，渴望获得爱情，也经常遇到别人的感情冷漠、单相思、失恋等问题，面对这些问题，意志消沉、无法自拔。四是自由与纪律问题。大学阶段的个体渴望各种生活学习以及言论等自由，但是他们又往往不能够正确地理解自由，不能够认识自由的限度以及纪律包括校规校纪、国家的法律法规都是对自己的保护，往往认识不到为了自我发展，就必须遵循各种纪律，而不是纯粹主张虚妄的自由。五是眼高手低问题。个体在大学阶段自我感觉良好，不注意扎实专业知识和技能的学习，导致动手操作能力、解决实际问题能力差。虽然大学阶段教育对象还会包括文明习惯、人际交往、考研就业等问题，但就普遍意义上看，如上问题却是教育对象的典型问题，因此要重点进行入学适应、理想目标、婚恋观、自由与纪律、民主与法制、社会实践能力等教育。

综上，学生思想政治教育对象的问题处于不断的演化过程。这种演化过程表现为不同学段有不同的典型问题，这些典型问题的出现与教育对象的成长发展的阶段性有关，也与国家和社会要求的不同期待有关。虽然有些典型的问题从性质上在不同的学段经常出现，如入学的适应问题几乎贯穿于诸学段，但是就入学适应问题的具体内容而言，小学阶段可能是严格的作息时间以及接受正规学校教育的适应问题，中学阶段可能是学习方法、习惯和内容的适应问题，大学阶段可能是地域环境、饮食习惯以及理想与现实的落差等适应问题。再如，同样是异性交往问题，在小学可能主要表现为交往的规范性问题，中学阶段可能集中表现为早恋问题，大学阶段则可能表现为情感困惑问题。就总体的演化趋势看，学生思想政治教育对象的问题是由生活习惯问题向成长发展问题，由自由散漫问题向理想目标问题，由异性交往问题向情感困惑问题，由学业分化问题向眼高手低问题演化等。

第四章　学生思想政治教育主体

学生思想政治教育主体是学生思想政治教育过程中的基本要素，是学生思想政治教育系统运行的关键环节，是学生思想政治教育顺利进行的重要保证。如果没有一支热爱学生思想政治教育工作、责任心强且素质全面的主体队伍，那么想要搞好学生思想政治教育是不可能的。因此，必须正确认识学生思想政治教育主体，重视学生思想政治教育主体的队伍建设，提出切实可行的加强主体建设的方案和策略。本章主要从对学生思想政治教育主体的基本认识、学生思想政治教育主体素质、学生思想政治教育主体建设的基本路径三个方面进行探索和讨论。

第一节　学生思想政治教育主体研究概述

一　学生思想政治教育主体的内涵阐释

衡量理论成熟与否的一个重要标志就是看其内涵的阐释是否清楚明确，只有内涵清晰，才能为系统理论构建提供逻辑前提和保障，进而为实践的发展奠定理论基础。谈学生思想政治教育主体的内涵，首先我们从认识论的视角对主体进行把握，“主体是指在一定的对象性关系中从事认识活动和实践活动的物质承担者，在与客体的关系中通过自身的自觉活动取得对客体的主动态势，发挥能动作用并取得支配地位的现实的人；作为认识世界和改造世界的主体，是现实的人和现实的人类，但是，并非所有人都是主体，严格地说，主体应当是具有自觉意识并进行有目的的认识实践活动的人”①。这为我们准确地认识学生思想政治教育主体提供了重要的参考。当前学界关于学生思想政治教育主体的认识说法多样，总体处于各

---

① 刘基：《高校思想政治教育论》，中国社会科学出版社2008年版，第57页。

说各理，争论不休的状态。这种状态一定程度上造成了主体的迷失，同时也造成了主体自身责任意识的模糊和淡化，总体上不利于学生思想政治教育理论与实践的进步和发展。前面从认识论视角对主体的描述实质上为学生思想政治教育主体的确定提供了内在标准：第一，学生思想政治教育主体必须是能够发挥能动作用的现实的人，这为我们主体的确定初步地划定了一个范围，在学生思想政治教育过程当中，能够发挥能动作用的现实的人包括教育者和教育对象两大要素。第二，学生思想政治教育主体应该是在一定的对象关系中从事认识活动和实践活动的物质承担者。能够从事认识活动和实践活动是教育者与教育对象的共同特点，但仔细分析，二者在学生思想政治教育过程中从事的认识活动和实践活动却存在倾向上的差异，其中教育者是全局的掌控者，每个要素都是它认识和实践的对象，而教育对象则是以教育内容为重点的认识对象，相较于教育者而言，教育对象认识和实践的范围较小，而且教育对象自身也是教育者的重要认识对象。第三，学生思想政治教育主体是在学生思想政治教育过程中发挥主动态势、能动作用、取得支配地位的人。教育对象在接受教育的过程中能够发挥自身的主动性和能动性，从而取得良好的效果，但是在整个学生思想政治教育过程当中，他们并不是取得支配地位的人，这不是对他们自身能动作用的忽视和抹杀，而是依据各个要素的现实情况及它们在学生思想政治教育过程的实际作用而确定的。总体来看，学生思想政治教育对象是学生，是以未成年人为重要组成部分的群体，他们对事物的认知能力和把握能力都有待提升，即便是已经成年的大学生，他们的世界观、人生观和价值观都是初步形成，且尚不稳定，容易受外界因素的影响而发生动摇。相比较教育对象而言，教育者具有自身的特点和优势，他们无论是在知识结构、能力素质还是在经验阅历、组织管理等方面都占据优势，他们能够认识学生思想政治教育过程中的不同要素，协调各个要素之间的关系使它们发挥合理，从而做到掌控全局。因而，根据以上内容，我们可以明确学生思想政治教育的主体是教育者。

关于学生思想政治教育主体的概念具体阐述如下：学生思想政治教育主体是在学生思想政治教育教育过程当中发挥主导作用的、把学生思想政治教育过程当中的其他要素作为自己的认识和改变对象的，以协调各个要素之间的关系和促进过程整体运转为责任使命的，以实现学生思想政治教育目标为动力指向的教育者。这个学生思想政治教育主体的概念主要包含三个层面的含义：第一，教育者作为学生思想政治教育主体的定论只适用于学生思想政治教育整体过程当中，脱离整个过程这样界定是不科学的，因为教育者主体地位的确立既是其自身的条件特点所决定的，又是整个过程当中的分工所决定的，如果不在整个过程当中，在其他情境下，这样定义是不准确的。比如在学习过程当中，教育对象则是名副其实的主体。第二，学生思想政治教育主体在学生思想政治教育过程当中起主导作用，这就要求主体自身既要具备过硬的素质，又要具备沟通、协调和管理等方面的能力。第三，学生思想政治教育主体自身具备能动作用，他们作用发挥的程度直接影响着学生思想政治教育的整体进程和实际效果。通过以上概念分析可知，教育者是学生思想政治教育的主体，这对我们深化对主体的认识明确了范围和方向。

二　学生思想政治教育主体的特点辨明

前面我们厘清了思想政治教育主体何为的问题，但这只是对学生思想政治教育主体认识的起步，想要更好地了解学生思想政治教育主体，以便于更有成效地展开学生思想政治教育实践活动，就需要我们进一步把握学生思想政治教育主体的具体特点。我们可从以下四个方面来分析学生思想政治教育主体的具体特点。

（一）目的计划性

学生思想政治教育是有目的、按计划进行的系统的实践活动，学生思想政治教育的主体作为整个活动过程的主导者，首先它自身的活动要具有目的性和计划性，这样才能保证学生思想政治教育的发展方向，规划学生思想政治教育的实施进程，从而保证学生思想政治教育能够有条不紊地进行。如果把学生思想政治教育主体比作完成这项工作的劳动者，“劳动过程结束时得到的结果，在这个过程开始时就已经在劳动者的表象中存在着。即已经观念地存在着。”① 学生思想政治教育主体的目的计划性具体表现在：一方面，学生思想政治教育主体组织开展的一切活动都是以实现学生思想政治教育目的为导向的，学生思想政治教育主体首先将教育目的内化为自身的行动目标，然后以不同的形式对教育对象实施教育和引导，最终使他们达到教育目的的要求；另一方面，学生思想政治教育不是盲目

① 《马克思恩格斯全集》（第3卷），人民出版社1972年版，第156页。

无序地进行的，而是有计划地进行，有着严格的阶段性和层次性。整个进程由教育主体进行规划和掌控，在不同的阶段的教育都有自身特点，但各个阶段又是相互关联、彼此联系、前后衔接的，整体体现出递进性的特点。学生思想政治教育主体的目的计划性，既保障了学生思想政治教育具有明确的发展方向作为指引，又为学生思想政治教育的发展安排了具体可行的步骤，从而保障了学生思想政治教育过程的顺利实施。

（二）自主选择性

学生思想政治教育主体是具有主动性和选择性的教育者，他们在学生思想政治教育过程中作为组织者和领导者的地位也内在地要求了他们必须具备自主选择性的特点，因为学生思想政治教育过程是复杂的，要求教育者发挥自身的积极性和主动性去认识过程当中的具体要素，去探索学生思想政治教育过程的规律，去寻觅最有效地调动各个要素使他们协调运转的方式等。此外，学生思想政治教育主体具备过滤性和选择性的特点，因为他们是不仅已经形成了自身稳定的知识结构，同时更是具备不同思维方式和个性的人，当其所接收到的学生思想政治教育内容与其原有的认识不相符时，他们就会进行自主的辨别和筛选，将自己认为合理的教育内容纳入自己的知识体系中来，而很可能将他们认为不合理的内容过滤出去，而且他们会根据不同的教育对象、不同的教育情境、不同的教育内容等，选择最有助于学生接受的方法和路径。可以说，在要素的组织、协调和运转过程中，学生思想政治教育主体表现出很大的灵活性，也正是由于主体的自主选择和合理安排才使得学生思想政治教育成为贴合实际的实践活动，而不是千篇一律的简单重复。

（三）素质综合性

“思想政治教育者有两项基本职能：一是类似医生的职能；二是类似教练和导演的职能。”① 这两项基本职能不难理解，首先，医生，就是治病救人，帮人们解决身体上或心理上的疾病，在学生思想政治教育领域则是指教育主体帮助教育对象解决思想道德等方面存在的问题。其次，教练和导演，教练就是帮助人们训练某项技能，导演则是统筹整个拍戏过程，引导演员如何演戏，在学生思想政治教育过程当中具体指教育主体发挥主导作用，教育和引导教育对象，使他们形成合格的思想政

① 罗宏铁：《试论思想政治教育者的职能》，《思想教育研究》1996 年第 4 期。

治素质和道德品质，并指导他们进行正确的实践活动。这两个方面既对学生思想政治教育主体的基本职能作出了规定，也对学生思想政治教育主体的素质提出了要求，教育主体不仅自身在知识储备、技能水平、道德品质等方面要有较高的修养，更重要的是他们能够将自身具有的素质内容传递给教育对象。

（四）开放创新性

学生思想政治教育不仅是我国学校教育当中的传统组成部分，也是一项与时俱进的教育实践活动，要保证学生思想政治教育有效开展不仅要继承以往学生思想政治教育当中积累的宝贵成果和经验，更应该以开放的心态去不断探索和开拓学生思想政治教育新的发展道路。这就要求，作为学生思想政治教育组织者和发动者的教育主体，首先要具备开放的心态和创新的精神。教育主体不仅要继承学科发展历程当中积累的知识和经验，而且还要对其他学科知识和理论有所了解，对学生思想政治教育与其他学科的交叉内容有所涉猎，对国内先进的教育成果及时地掌握，对国外优秀的研究成果能适当地借鉴和参考，不拘泥于传统的教育内容、教育模式和教育方法，及时将党和国家最近的方针政策补充到教育教学中来，将最新的教育模式应用到教育教学中来，将最被学生所接受和认可的方法使用到教育教学中来，只有教育主体具备开放创新的特点，才能带动思想政治教育过程整体的与时俱进。

三　学生思想政治教育主体的角色把握

（一）思想政治教育活动的组织者

思想政治教育本身是一项有明确目的的实践活动，这项活动从产生至今，教育者始终承担着很重要的使命和职责，即思想政治教育活动的组织者。担任组织者的重要角色既是国家和社会对教育者职能的规定，也是由思想政治教育者自身的素质条件决定的。第一，从思想政治教育的概念来看，“思想政治教育是指一定阶级、政党、社会群体遵循人们的思想品德形成发展规律，用一定的思想观念、政治观点、道德规范，对其成员施加有目的、有计划、有组织的影响，使他们形成符合一定社会、一定阶级所需要的思想品德的社会实践活动”①。从这个定义中我们可以看出，在根

① 张耀灿、郑永廷：《现代思想政治教育学》，人民出版社2006年版，第50页。

本上，思想政治教育活动的倡导者和发动者是一定的阶级、政党等，而在现实中，阶级或政党等的意志一般是通过各类的组织来实现的，具体到各类组织中，又会把思想政治教育的任务落在具有一定的知识和能力且具有能动性、积极性和创造性的个人身上，代表组织在思想政治教育过程中发挥主体作用，保证各项工作顺利开展。思想政治教育者因其自身具备阶级、政党或组织对其代表者的要求，从而被赋予思想政治教育活动组织者的重任。第二，思想政治教育者自身的条件是他们成为思想政治教育活动组织者的基础保障。思想政治教育活动中的诸要素中具有主动性和能动性的只有教育者和受教育者，从两个对比来看，首先，从年龄差距上看，教育者绝大多数都是成年人，身心发展已经到了稳定和成熟阶段，而受教育者中很大一部分是未成年人，身心发展都不成熟，对待问题的认识也容易出现偏差，自身的发展需要教育者的教育和引领。其次，从知识丰富程度上，教育者一般都是接受过专业教育，而受教育者受年龄和学历等各种因素的限制，在知识储备上，还有很大欠缺。最后，从能力素质上看，教育者经过实际锻炼，具备一定的组织能力，受教育者则多数没有领导和组织经验，在这方面也略显不足。因此，各方面的现实共同赋予了教育者成为思想政治教育活动组织者的角色。

（二）思想政治教育要素的掌握者

思想政治教育是一项系统的实践活动，由各个不同的要素构成，思想政治教育的顺利开展需要从总体上对各个要素进行把握，教育者作为整个活动的主导者和组织者，首先最需要对教育对象有个准确的把握，这不仅是因为教育对象是在诸要素中（除教育者外）唯一具有主体性和能动性的要素，同时也是由教育对象自身的特点所决定的，思想政治教育对象的构成具有复杂性，他们是处于不同的年龄阶段、不同成长或发展环境的个体，他们在不同时期身心发展会表现出不同的特点，而且与外界要素存在着各种各样的联系，只有掌握教育对象的实际，思想政治教育的开展才能有的放矢，因此，对教育对象的认识和把握成为了开展思想政治教育最重要也最困难的问题。当然，思想政治教育的其他要素虽然不是具有主动性和能动性的个人，但是教育者对它们的掌握也很重要，每个要素都是思想政治教育过程必不可少的环节，而且这些要素也并不是一成不变的，它们各自有其自身发展变化的特点，诸如教育内容是不断更新和拓展的，教育方法是不断创新和完善的，对教育规律的认识也是不断地深化和具体的，教育环境是在日益复杂和不断地变化的，教育评估的标准需要不断细化且评估的难度也不断增大等，教育者作为整个教育过程的主导者，实质上是对这些要素发挥“主导”作用，“主导”作用发挥的关键步骤就是能够掌握这些动态的要素，认识这些要素的特点和功能，找到各要素之间的关联，协调各个要素之间的关系，使各要素融合成为一个统一的整体，在思想政治教育过程中共同发挥作用。

（三）思想政治教育方法的探寻者

思想政治教育方法采用的科学与否，直接影响教育对象对教育内容的接受程度，直接关系着思想政治教育的开展效果。教育者的一项重要任务就是不断地发现和探寻符合受教育者实际需要，容易被受教育者所接纳的方法。事实上，教育者在思想政治教育发展的过程中，也始终是发挥着这样的作用的。从思想政治教育发展过程来看，在学科成立之初，由于受当时人们认识程度和学科发展水平的限制，我们重点采用灌输式的教育方法，对其他方法的关注和使用程度不高，但是随着社会的不断发展和思想政治教育理论的不断完善，思想政治教育的方法也逐渐趋于多样化和科学化，开始在灌输方法的基础上采用说理引导法，在理论与实践结合的视角下运用实践锻炼法，利用外界环境的正面效应采纳熏陶感染法，引导教育者不断地提升内在素质的自我教育法，受古代育人传统启发形成的榜样教育法，以及借鉴心理学知识形成的心理咨询法等，思想政治教育者不断地总结和采纳新的方法，在这个过程中不仅受我国古代优秀的教育方法的启发，继承我国传统教育方法的精华，而且能够以开放的眼光去研究国外的教育，从国外教育的成功之处中吸取经验，把国外优秀的方法引进到思想政治教育中来，例如强调参与式的教育方法和开放式的教育方法等。此外，随着思想政治教育的实践发展，教育者逐步认识到了隐性思想政治教育方法所取得的成效，在教育过程中把显性教育方法和隐性教育方法结合起来。同时在科技时代，使思想政治教育与先进的科学技术结合起来，与人们的生活方式联系起来，网络教育法等方法不断地流行开来。思想政治教育者在方法道路上的不断探索，为人们更好地认识和接受思想政治教育奠定了基础，为思想政治教育的开展提供了方法上的保障。

（四）思想政治教育规律的研究者

“思想政治教育过程的规律，就是思想政治教育过程中诸因素、诸成分之间的本质的、必然的联系"[①]，只有按照规律办事，遵循规律才能取得预期的教育效果，违背规律必然会带来负面的影响。规律是事物本质的体现，区别于现象，不是浮于事物的表面的，认识思想政治教育规律不是一蹴而就的，而是一个不断探索和挖掘的过程，更是一个由浅入深的过程。认识思想政治教育过程的规律不仅需要发挥人们的主观能动性，还对规律的研究者提出了客观的要求。研究者需要具备扎实的专业知识和能力，能够准确地把握思想政治教育过程内部要素之间的联系，贴近研究对象，并且能够在长期的思想政治教育工作当中不断刻苦钻研，取得研究成果。这些要求把思想政治教育规律的研究者直接指向了教育者，教育者无论是在知识、能力等自身条件还是工作、环境等外在条件上，都具有研究思想政治教育规律的优势。在思想政治教育发展的过程中，思想政治教育者也始终致力于对思想政治教育规律的研究，当前关于思想政治过程的基本规律、具体规律等方面的研究成果不断涌现，不断深化人们对思想政治教育规律的认识，这些关于规律的认识在实践中也发挥了重要的指导作用。但是，认识规律是一个永无止境的过程，如何能够更准确地把握"人的思想品德形成和发展规律以及对人们进行思想政治教育的规律"[②]，仍然是教育者肩上的重要使命，如何准确地定义何为"思想政治教育的根本规律"，何为"思想政治教育的具体规律"还需要在实践的基础上不断的研究和推敲。这些也依旧是教育者在今后的工作中需要重点研究和解决的问题。

（五）思想政治教育内容的设计者

思想政治教育内容包含着一定阶级或政党对社会成员在政治、思想、道德等方面的基本要求，通过教育者传授给教育对象，但是在传授的过程当中，教育者是具有主体性和能动性的人，他们不是将教育内容原封不动地传授给教育者，而是发挥自身的能动作用，担当起设计者的角色。第一，教育者会对教育内容进行筛选。每个教育者在开展思想政治教育之前都会对教育内容进行学习和研究，开展自我教育是教育的前提步骤，但是每个教育者原来都具有自己的知识和价值体系，对教育内容的学习过程也是自己对教育内容进行鉴别和选择的过程，与自己原有认知相符的部分被

① 邱伟光、张耀灿：《思想政治教育学原理》，高等教育出版社 1999 年版，第 114 页。

② 同上书，第 6 页。

顺利吸收，有一些不熟悉的内容经过不断地理解和消化以新知识的形式被纳入到自己的知识体系之中，当然还有一部分与自己原有的认知机构完全不符，矛盾冲突很大就被过滤在接受范围之外。第二，教育者会在自己对教育内容的理解和把握的基础之上，对教育内容进行规划和设计，比如怎样分阶段分层次地将教育内容传达给教育对象；通过何种方式整合教育内容，使教育对象更容易接受；怎样把教育内容和当前的实际相结合，增强教育内容同教育对象之间的联系；怎样从教育对象的实际出发，利用教育内容帮助学生解决当下的实际问题等。第三，教育内容更多的是固化的知识，而思想政治教育的最终目的是帮助学生确立正确的思想和价值，因此，需要教育者在传达知识的过程中，深刻理解教育内容所要传达的内在的思想价值，为教育对象提供价值上的导向和指引。可以说，教育者要求教育内容进行二次的加工制造和设计包装，以实现教育内容更好地满足教育对象的现实需要。

（六）思想政治教育言行的示范者

教育者不仅在传输教育内容的过程中起着重要作用，同时教育者本身也是教育素材的重要组成，可以毫不夸张地说，每个教育者都是一本鲜活的“教材”，只是教育者个体素质的不同，使“教材”的质量也存在着很大的差异。教育者自身具有很强的示范性，往往成为了重要的教育因素，参与到教育过程之中，并影响教育的效果。此外，教育对象很大一部分是由青少年构成，在他们身上表现出很强的向师性，老师很容易成为他们模仿的对象。基于此，思想政治教育者在思想政治教育过程中不仅要注重自己的言行，更要很好地利用自己的言行，对教育对象形成正面的积极影响。具体来说，首先，思想政治教育者应该是道德的模范，具备高尚的品格和良好的职业道德，才有资格加入到教育者的行列中来，教育者的道德品质是教育者素质的基础构成，教育者良好的道德品质不仅使教育者能够赢得教育对象的尊敬，而且高尚的品德会在无形中对教育对象形成感染作用。其次，教育者还要是学识渊博的指导者，正所谓“学高为师”，教育者具备扎实的专业知识是开展思想政治教育的必要条件，也是获取学生肯定和信任的重要因素。最后，教育者更是思想政治理论的践行者。理论的传播者和理论的践行者统一在教育者身上，才能证明思想政治教育理论的正确性，增强思想政治教育的说服力，而且教育者同教育对象接触密切，在学习和生活的各个细节中都可能起到示范和影响作用。

（七）思想政治教育形象的代表者

思想政治教育是在全社会广泛开展活动，教育者作为主体，在思想政治教育过程中也发挥着重要的中介作用，“思想政治教育者就像牧师是上帝的阐释者一样，他们是他的时代和国家的伟大的道德观念的阐释者”①，是搭建在统治阶级与社会成员之间的重要的桥梁，而且他们与受教育者群体的接触最为密切，思想政治教育者的形象不单纯地代表个人，更是思想政治教育的动态的标签。思想政治教育者自身形象的优良与否，直接关系着思想政治教育影响力的发挥。因此，教育者要不断地完善自身的形象。在思想政治教育过程中，教育者给教育对象的第一印象十分关键，“初次的印象在对人认知中发生一定的作用，它往往成为以后交往与否的根据，教育对象对教育者第一印象的好坏，直接影响教育者威信的树立和工作的开展，如果教育者给予教育对象以良好的第一印象，受其喜爱，它就会作为今后交往的起点，彼此之间交流和沟通的机会就会增多，这有利于及时充分地掌握教育对象的思想和行为动态，工作自然会取得较好的成效”②。反之，思想政治教育工作的顺利进行就会受到阻碍。此外，思想政治教育者在与教育对象接触过程中，专业素养、道德修养、工作态度、生活作风、人格品质、对待学生的态度，甚至穿着打扮等方面都是教育者形象的表现，可以说，教育者无论是在教书育人的过程中还是在日常生活的细节中，他们的一言一行都代表着思想政治教育的形象，影响着教育对象对思想政治教育的认可和信服程度，教育者要明确自身作为思想政治教育形象代表者的重要性，时刻严格要求自己，为提升个人素质和思想政治教育良好形象而不懈努力。

（八）思想政治教育路径的开拓者

思想政治教育者不仅要关注应该向教育对象传授什么，而且还要明确如何传授的问题，不断地拓展思想政治教育的路径。随着思想政治教育的不断成熟和发展，思想政治教育路径也在不断地由单一走向多元，诸如由最开始的课堂教学拓展到课堂教学与社会实践相结合；不仅通过口头传授，更加广泛地使用网络和大众传媒手段；不仅强调教育者的导向作用，

① 蒋文程：《史鉴思想政治教育者的形象》，《黑龙江史志》2013 年第 13 期。

② 易莉、曾艳：《论思想政治教育者的印象整饰》，《学校党建与思想教育》2004 年第 5 期。

而且开始注重党团组织影响作用；不仅注重教育对象的知识需求，而且满足教育对象的精神需要；不仅重视对教育对象的品格养成，而且关注对教育对象的心理疏导。而且，教育者还结合社会实际，将和谐校园、传统文化、人文关怀、科学发展观等因素与思想政治教育路径相结合，在这些视域下对思想政治教育路径进行了深化和拓展研究。不仅如此，思想政治教育还在探索符合不同群体实际的思想政治教育路径，诸如大学生群体、弱势群体、“蚁族”群体、青年官员、新生代企业员工、农民群体等。思想政治教育路径的拓展不仅是对思想政治教育理论的完善，更是对思想政治教育实现方式的摸索，有助于推动思想政治教育实践不断走向科学化，也有助于提高思想政治教育自身的影响力。

通过以上几个方面我们对思想政治教育主体即教育者的基本角色形成了基本的认识，这些角色是思想政治教育内在赋予的，担当起教育主体角色之时起就应该承担的，笔者希望通过对这些角色的归纳和总结，能够帮助人们正确地认识教育主体，明确教育主体在思想政治教育过程中的责任和使命，同时希冀教育者们能够不辱使命，在思想政治教育相关的教育、教学和研究中发挥最大的效能。

四　学生思想政治教育主体的地位确认

角色的多样性和重要性内在地决定了地位的特殊性和关键性，学生思想政治教育主体在思想政治教育过程当中处于领衔地位，既发挥主体功能，又兼具介体色彩，是学生思想政治教育实效的首要影响因子。

（一）学生思想政治教育主体是学生思想政治教育过程中的领衔要素

领衔，人们最常用于电视剧的制作当中，用来标明谁是该剧领衔主演，表明其角色的重要性，当然，领衔主演不是单一的，常常会由两个或两个以上核心人物构成，学生思想政治教育过程也是如此，在过程的诸多要素当中，也具有领衔要素，其中教育主体就是领衔要素之一。领衔，从字面上理解，就包括领导和衔接两个方面。学生思想政治教育主体就是在学生思想政治教育过程当中将这两个方面作用通过自身的工作发挥出来。一方面，学生思想政治教育主体不仅具有能动作用，而且在知识、能力、经验、阅历、方法等方面都具有优势，他们统筹整个学生思想政治教育过程，了解和把握学生思想政治教育过程当中的其他要素，指导和指挥各个要素在学生思想政治教育过程当中如何发挥作用，也能够根据内外部因素的变化不断地做出调整，具体来说，他们通过了解教育对象，制定教育目标，确立教育内容，运用教育方法，开拓教育途径，把握教育环境等工作，做到统领全局，使学生思想政治教育各个要素能够发挥自身的作用和功能，从而推进学生思想政治教育活动的整体进程。另一方面，学生思想政治教育主体是衔接各个要素的纽带，因为除了教育主体和教育对象之外，其他各个要素都不具有主动性和能动性，它们无法做到与其他要素的沟通和连接，这就需要教育主体衔接作用的发挥，诸如，根据教育对象的成长规律和发展方向确定教育目标，根据教育目标制定教育内容，根据不同的教育内容和教育情境采纳具体的教育方法等。可以说，如果没有教育主体衔接作用的发挥，学生思想政治教育过程中的各个要素就会如同一盘散沙，学生思想政治教育活动也会因为无法运转而不能称之为学生思想政治教育过程。

（二）学生思想政治教育主体是学生思想政治教育介体的引导力量

学生思想政治教育的重要任务就是将教育内容传递给教育对象，但是教育内容是不会自己向外传播和输出的，教育对象囿于对教育内容的认识和理解能力不足，也很难自主地接受教育内容所传达的信息，因而，教育主体充当教育内容与教育对象衔接和沟通的桥梁是学生思想政治教育开展的必然要求，“如同声音在真空中因缺乏介质而无法传播出去一样，如果思想政治教育中没有教育者，思想政治教育的内容也没法传播出去更没有办法被受教育者接受。但教育者的功能却远远大于普通中介的链接和过渡功能。教育者具有能动作用，是具有主体性的介体。这不仅体现在他们是在自己理解和掌握教育内容的基础之上和对教育对象理解和把握的前提下，对思想政治教育过程的诸要素进行组织、协调和运用，使它们发挥合力，共同将教育内容传授给受教育者。而且，在整个思想政治教育过程中他们还起着‘过滤’的作用，通常他们的表达和态度决定着受教育者对事物的认识和倾向，犹如原本平衡的跷跷板，他们的态度成为了决定结局的关键砝码。在教育过程中通常会出现这种情况，教育者根据自己教育内容的认同与否选择教育内容，或者在必须传授的教育内容中选择重点传授自己认同的，轻描淡写地讲授自己不认同的，教育者对教育内容的认同程度和掌握程度以及对教育教学的态度和能力等因素都影响着教育效果。因此，教育者对教育内容具有‘过滤’的作用，加之他们对教育内容的偏爱和厌恶都会影响受教育者对教育内容的态度。因此，我们说教育者是具有主体性的介体，更是所有介体发挥作用的组织者和引导者。在教育者这个‘介体引导者’的组织引领下的各种思想政治教育活动是‘介体承载着’，所采用的方式方法为‘介体推动者’，在这几个主要部分和其他要素相结合下组成的综合系统，以整体的力量发挥‘介’的作用，把学生思想政治教育的内容‘介’给受教育者”①。

（三）学生思想政治教育主体是学生思想政治教育实效的重要关切

学生思想政治教育主体不仅是学生思想政治教育活动得以运转的不可或缺的环节，也是影响学生思想政治教育实际效果的关键。学生思想政治教育主体在整个过程当中的缺位，会导致学生思想政治教育活动名存实亡，学生思想政治教育主体自身建设和发展上的不足，也会影响学生思想政治教育实际效果的取得。学生思想政治教育主体是引领学生思想观点、政治观念、道德品质、价值信仰等形成和发展的重要导向，他们自身的素质和水平不仅决定了他们能否将教育内容有效地传递给教育对象，而且他们自身也是教育内容的载体，很多情况下，他们是学生学习和效仿的对象，尤其是年龄较小的学生，教师在他们心里的崇高地位和榜样力量是不容置疑的，他们对于教师言行的辨别能力不高，常常认为老师说的和做的就一定是对的，在这样的情况下，更需要学生思想政治教育主体严格地要求自我，规范自己的言行，不断地提升内在的修养，全方位打造自身的各项素质。此外，学生思想政治教育主体想要更好地把握教育内容，总结教育对象身心发展规律，运用教育教学的方法和原则等，就需要他们具备坚定的理论信仰、扎实的专业知识、良好的教育技能等方面的素质，总之，学生思想政治教育主体自身素质的提升，这既是对学生健康成长和发展的需要，也是对学生思想政治教育实效获得的基本保障，学生思想政治教育主体素质水平的高低与学生思想政治教育实效的大小成正比。

第二节　学生思想政治教育主体的素质

学生思想政治教育主体素质的高低，不仅是学生思想政治教育主体合格与否的重要标志，也是教育对象成长和发展的关键影响因素，更是关乎

① 王立仁、钟剑锋、张小秋：《学生思想政治教育体系的规划与构建》，《长春工业大学学报》（社会科学版）2013 年第 1 期。

学生思想政治教育效果的重要内容。学生思想政治教育主体的素质既囊括了人的基本素质和教师的基本素质的内容，同时因其自身学科和专业的特点，与一般意义上的人的素质抑或教师的素质有着明显的差异。学生思想政治教育主体素质确立也是由内外条件共同决定的，有其自身的依据。

一 学生思想政治教育主体素质确立的依据

（一）教育对象的实际是学生思想政治教育主体素质确定的根本依据

学生思想政治教育活动归根结底就是为教育对象的成长和发展服务的，学生思想政治教育内部各个要素的确立都是与教育对象的发展实际和发展需要相关联的，不能与教育对象相脱离，学生思想政治教育主体更是如此，他们是与教育对象接触最多且对教育对象影响最大的要素，他们自身的素质的确定也是以教育对象的发展实际为根本依据的。在教育对象成长的不同阶段，他们身心发展具备不同的特点，如何把握不同年龄阶段教育对象的身心发展规律是学生思想政治教育主体的重要任务，更是学生思想政治教育主体自身素质确定的根本导向。虽然各个阶段学生思想政治教育主体的素质具有很大的共性，诸如，从整体上要求学生思想政治教育主体应该具备一定的思想素质、政治素质、道德素质、教育素质、法律素质、心理素质等内容，但是根据每个学段教育对象发展实际又需要教育主体对这些素质的掌握和运用的程度有所差异，单就教育素质而言，小学阶段基于小学生认知能力和理解能力的限制，教育主体在词语应用和语言表达方面就需要根据小学生的实际，用简洁的和浅显的词汇，用最具生活化的语言将教育内容传递给小学生，这样才能保证他们能够接受和理解，同时小学生的思维特点又是形象的，所以教育主体应该尽量用生动形象的表达来吸引小学生的注意力，激发他们对学习的兴趣。随着学生的成长，他们的理解和领悟能力会不断地提升，教育者应该根据他们的发展实际对教育方式和手段做出调整，这实质上说明教育主体的教育素质随着学生的成长和发展需要会不断地变化，其他方面的素质亦是如此。

（二）社会生活的变化是学生思想政治教育主体素质确定的动态依据

社会生活是日新月异的，在整个社会不断发展和前进的大背景下，如果学生思想政治教育主体的素质还墨守成规、一成不变，那就会在很大程度上导致学生思想政治教育原地踏步、驻足不前，甚至还会导致学生思想政治教育走下坡路，落后于时代的发展。随着经济全球化的发展，整个世界呈现多元化的态势，信息无国界，文化多样化，科技国家化，在这样的背景之下，一方面，学生思想政治教育一方面感受和体验着社会发展带来的巨大改变，另一方面，也面临着许多全新的问题和挑战。作为学生思想政治教育的主导者，学生思想政治教育主体需要紧跟时代的步伐，根据社会生活实际发展的情况对自身的素质不断地做出调整和完善。诸如，在政治素质上，既要继续深化学习马克思列宁主义、毛泽东思想、邓小平理论、"三个代表"重要思想、科学发展观等理论，保持对共产主义坚定的信仰，同时也要拓展自己的视野，提升自己的认识水平和辨别能力，不是要对多元的思想和文化避而远之，而是要以开放的心态去认识他们，对于其合理的内容吸收并为己所用，而对于糟粕的内容要拒之门外并且向教育对象阐明原因，这样既帮助教育对象解决了认识上的模糊，又能够在多元化的浪潮之下不断前进和发展。在新技术不断应用的今天，学生思想政治教育主体也不能囿于通过课本、报纸等媒介了解世界，更不能单纯地用粉笔和黑板来表述知识，而是应该不断提升自己对新媒体的运用能力，以网络为重要媒介不断充实自我，不断地尝试和使用现代教学手段和技术，将学生思想政治教育打造为与时代接轨的教育活动。此外，教育主体其他方面的素质也都要与时代发展相连接，做到与时俱进。

（三）教育目标的实现是学生思想政治教育主体素质确定的具体依据

学生思想政治教育以学生的成长和发展为根本的目标导向，在培养和教育学生的过程当中，往往以具体教育目标的实现为指引。要实现具体的教育目标，就要求学生思想政治教育主体具备相应的素质。学生思想政治教育目标的实现，首先要求教育主体对教育目标有一定的把握和理解，学生思想政治教育是一项将党和国家的主流价值观传输给学生的实践活动，那么就要求学生思想政治教育主体应该对党和国家的大政方针牢牢地把握，并且自身具备坚定的政治立场和共产主义信仰。在学生思想政治教育过程当中，学生思想政治教育目标会具体化为学生思想政治教育内容，对内容的理解、把握和传授同样是考验学生思想政治教育主体素质的重要关节，对内容的把握和理解需要学生思想政治教育主体不仅要有扎实的专业知识还要有广博的其他方面的知识，对于内容的传授要求学生思想政治教育主体具备专业的教育知识和技能，能够认识到教育对象的身心发展特点和规律，能够根据教育对象的实际规划教育进程，能够科学地使用教学方法，能够在教育过程当中发挥组织和管理的才能等，总之，教育目标的实现，需要学生思想政治教育内部各个要素的整体协作，学生思想政治教育主体作为整个教育活动的组织者和引导者，需要与各个要素建立联系，并帮助要素之间建立联系，那就要求学生思想政治教育主体具备完善的素质，以适应学生思想政治教育发展的需要。

二 学生思想政治教育主体素质具体的内容

学生思想政治教育主体素质是一个由多个层面构成的系统结构，截至目前，学界有很多划分方法，但是综合来看，无外乎是从道德品质、知识素养、教育技能和其他素养四个主要维度进行概括，下面我们对这四个维度的内容进行具体的阐述。

（一）道德品质是学生思想政治教育主体素质的前提性内容

学生思想政治教育主体的道德品质是其素质的前提性内容，也就是说，如果学生思想政治教育主体的道德品质不合格，那么他就失去了作为学生思想政治教育主体的前提条件，就会被排除在学生思想政治教育主体队伍之外。学生思想政治教育主体的道德品质不仅关乎学生思想政治教育主体自身的形象，也关乎学生思想政治教育给人们的整体印象，更关乎学生一生的成长和发展，学生思想政治教育主体的道德品质不合格，轻则抵消教育效果，重则影响学生的身心健康，甚至生命安全。因而，把道德品质作为衡量学生思想政治教育主体是否合格的前提，在道德品质上实行“一票否决制”即道德品质不合格的人无论其他方面多么优秀都不允许加入到学生思想政治教育主体的队伍当中。学生思想政治教育主体的道德品质其内部也是按照不同的层次划分的，包括作为社会的人的基本的道德品质、作为教师的道德品质以及作为学生思想政治教育者的道德品质三个层面。

首先，作为社会的人的道德品质是学生思想政治教育主体道德品质的基本构成。学生思想政治教育者这个职业，是人们成年之后进行职业选择的结果，每个人自身的特点和实际情况决定了他们从事这项职业的时限各异，但是无论在他们入职前、在岗中还是离职后，甚至在他们人生的各个阶段当中，他们始终都是作为“社会的人”生活着，“社会公民”这个角色自其出生直至死亡始终伴随着他们，每个人都是属于社会的，人除了自然属性更具有社会属性，任何人无法脱离社会而独立存在。社会生活需要秩序，需要对人们的思想和行为进行管理和规约，因此，就产生了对公民道德品质作出规定的《公民基本道德规范》，《公民基本道德规范》的内容是作为公民必须严格遵守的内容，只有确保每个公民的活动在公民基本规范的约束下，才能保障社会的稳定与和谐。我们国家的《公民基本道德规范》把爱国守法、明礼诚信、团结友善、勤俭自强、敬业奉献作为最基本的内容，成为合格的社会公民必须使自己的言行符合上述内容的要求，如果有违反公民基本道德规范的言行，那么不能称其为合格的社会的人，如果连做人最起码的道德品质都不具备，那么更不具备做学生思想政治理论课主体的资格，社会不会把引导和教育学生思想道德品质的重任交给一个连最起码的作为人的道德品质都不具备的人。因此，学生思想政治教育主体首先应该是合格的人，遵纪守法的社会公民，学生思想政治教育主体道德品质的最基本内容是作为社会的人的道德品质。

其次，作为教师的基本道德品质是学生思想政治教育主体道德品质的重要构成。学生思想政治教育主体作为教师，属于普通劳动者的一员，首先应该忠于自己的职业，对于本职业应该履行职业的责任和义务，遵守职业的要求和纪律，具备职业风范和风度，切实遵守爱岗敬业、诚实守信、办事公道、服务群众、奉献社会五项基本要求。此外，学生思想政治教育主体不仅是普通的劳动者，其从事的职业具有明显的专业性特点，他们承载着引导学生人格发展，帮助学生思想进步，造就学生道德品质形成等重要使命。他们既是劳动者也是未来劳动者的培养者，作为未来的劳动者的学生囿于年龄和发展阶段的限制，他们的思想观念尚未成熟，具有较大的发展空间和塑造潜力，这就要求学生思想政治教育主体率先示范，从言行举止各个层面都发挥模范和表率作用，既要致力于打造具有文化知识的接班人，更要致力于培养出具有高尚人格和良好品质的人。“教师的劳动‘产品’，是与其他产品不同的一种特殊商品。因为在工业劳动中出了废品还可以抛掉，农业产品中发现病苗可以拔除，但即使‘毛病’再多的学生，也不能抛弃他。从这个意义上说，教师的劳动产品不允许有‘不合格率’，不应当有‘废品’。”① 所以行业的特点和专业的使命共同决定了学生思想政治教育主体要比一般劳动者更加注重自身的道德品质修养，学生思想政治教育主体既要具有充足的知识积累、丰富的经验阅历和高超的教育技能，也要有高尚的道德品质和人格修养。学生思想政治教育主体

① 中华人民共和国教育部：《教师职业道德》，新华出版社2003年版，第2页。

是整个教师队伍的重要构成部分，与所有的教师相同，都应该把教师的职业道德作为自己言行的原则和依据。党和国家对高校教师的职业道德建设也尤为重视，并且已经出台了相应的制度规范，比较有代表性的是2011年印发的《高等学校教师职业道德规范》，在把握高校教师的特点的基础上把爱国守法、敬业爱生、教书育人、严谨治学、服务社会、为人师表等几个方面确定为高校教师的基本职业道德，规范具体内容的确定为学生思想政治教育主体道德品质素养的提升提供了制度的约束和保障。

最后，作为学生思想政治教育者的基本道德品质是学生思想政治教育主体道德品质的关键构成。学生思想政治教育主体是引导学生道德品质形成和发展的重要力量，同时引导学生道德品质的形成和发展更是他们工作的重点内容，学生思想政治教育主体本身就是道德品质教育的重要媒介和工具，因而对于学生思想政治教育主体自身的道德品质应该提出更高的要求，学生思想政治教育主体的道德素质内容不仅包含作为社会的人应具备的道德品质和作为教师应具备的道德品质，而且根据他们任务的特点和专业的要求，在道德品质方面应该具有特殊的规定。诸如，思想政治教育是一项兼具政治性和意识形态性的实践活动，这就内在地要求学生思想政治教育主体不仅自身要以马克思主义相关理论作为自己的终身信条，更要具备坚定的共产主义信仰，并且能够在将科学的理论内化的基础上不断地梳理、整合和创新，最终以学生最容易接受也最愿意接受的形式外化出来；学生思想政治教育主体影响学生的思想和行为的重要方面还体现在他们自身的示范作用上，他们的言行容易被学生所效仿，因而管理好自身的形象至关重要，不仅要使自己外在的形象大方得体，更要不断地提升内在修养，培养良好的道德品质，做到知行统一、为人师表、行为示范。学生思想政治教育开展的最终目的导向是为了学生更好地成长和发展，因此学生思想政治教育主体不仅要教书即传递知识，教授技能，更要育人即传递价值，以人为本。学生思想政治教育是要对学生的道德品质形成正确的引领和向导，学生思想政治教育主体不仅自身要追求品质的完善，同时也要具备追求公平正义的决心，并把这种正能量通过自己的活动传递给学生。在此，我们把学生思想政治教育主体道德品质的内容概括为“信仰笃定、善于创新、知行统一、以生为本、追求公正”。实然，学生思想政治主体的道德品质并不是其专有的道德品质，实质上也是每一位教育者都应该具备的，但是这些道德品质需要学生思想政治教育主体给予更高的重视，要求他们更严格遵守。

（二）知识素养是学生思想政治教育主体素质的关键性内容

学生思想政治教育主体的知识素养应该具体体现在学生思想政治教育的教育教学当中，实现学生思想政治教育这个专业的发展要求以及不断完善学生思想政治教育主体自身的建设上。

第一，学生思想政治教育主体应该具备全面丰富的知识背景。学生思想政治教育主体不应像卓别林喜剧中塑造的那个只会拧螺丝钉的单向度的人，这样的人已然不符合时代的发展需要，更加无法满足学生思想政治教育对他们提出的要求。学生思想政治教育主体应是具备广博知识的教育者，不仅要具备人文知识，也要具备社会知识和自然知识，这些知识是学生思想政治教育主体素质构成的基础，亦是其能力和素质发展和提升的前提。学生思想政治教育主体丰富的知识背景是构建其自身良好形象的重要方面，有助于满足学生对知识的好奇心和求知欲，帮助他们解决思想上的困惑和行为上的问题，激发他们学习的兴趣和动力。同时，这些知识背景对于学生思想政治教育主体继续深化学习做了良好的铺垫，为专业知识的学习、把握和运用同样起到了奠基作用，是学生思想政治教育主体不断进步和发展的基础。

第二，学生思想政治教育主体应该具备扎实牢固的专业知识。具备学生思想政治教育学科的专业知识是将学生思想政治教育者与其他学科教师区别开来的重要标志。根据学生思想政治教育的专业特点和发展要求来看，教育主体应该掌握的专业知识至少应该包括以下方面，学生思想政治教育的发展历史与形成过程、学生思想政治教育的基本理论知识的构成与内容、学生思想政治教育知识获得的方法和路径、学生思想政治教育知识与其他学生知识的交叉与应用等，正如美国联邦教师职业标准评定委员会（NBPTS）的规定，教师应该“对他们所教的科目有着丰富的理解，懂得该科目的知识体系是怎样组织，怎样发展起来，怎样与其他科目相联系，以及如何用到现实世界中去[①]”。总之，具备扎实牢固的专业知识是学生思想政治教育主体是其所是的前提性条件，专业知识也是随着人们的认识水平的提升而不断深化的，所以学生思想政治教育主体既要反复温习已经掌握的专业知识，又要具备探索和发现精神，不断创新和深化专业知识。

---

① 叶澜等：《教师角色与教师发展新探》，教育科学出版社2001年版，第10页。

第三，学生思想政治教育主体应该具备细致准确的学生知识。在学生思想政治教育过程当中，学生是除学生思想政治教育主体外唯一具有主体性的要素，且主体性的作用的发挥有日益彰显之势，确切地说，从学生思想政治教育整体过程来看，教育者由于在知识、能力、经验等方面的优势处于主体地位，但单从接受教育的过程来说，学生的主体地位不容置疑，他们自身主动性和能动性的发挥直接关乎着教育效果的取得，因而，学生是学生思想政治教育主体最重要的认识对象，关于学生的知识也是构成他们自身知识结构的重要内容。具体来说，关于学生的知识，学生思想政治教育主体至少应该知道：学生在不同年龄阶段身心发展的特点和规律；学生的思想道德发展的实际情况；学生的成长背景和经历；学生的思维方式和性格特点；学生的兴趣爱好和发展需要等内容，只有了解了这些内容，才能根据学生具体实际开展思想政治教育，最大可能地做到因材施教。

第四，学生思想政治教育主体应该具备准确合理的教学知识。教学过程是学生思想政治教育开展的重要载体，也是学生思想政治教育开展的主要阵地。学生思想政治教育主体不仅自身要有足够的知识储备，更要将这些知识通过教学过程传递给学生，因而，教学知识亦是学生思想政治教育主体的必备知识。教学知识应具体包含以下几个方面：首先，对学生思想政治教育教学情境的把握。教学情境也就是学生思想政治教育展开的特定环境，把握情境中能够影响学生学习和发展的基本要素，对这些要素进行合理的安排和设计，通过科学的情境设计促进学生对学生思想政治教育知识的接收和内化。其次，对学生思想政治教育教学模式的把握。“模式是一种独特的研究范式，它力图从知识形态上解决理论与实践的连接问题，教育模式是教育理论实践化和教育实践理论化的中介。模式以独特的形式既区别于理论知识，也不同于实践知识。”① 学生思想政治教育主体掌握多种教育模式，并且能够根据不同的教育情境灵活地运用教学模式，将学生思想政治教育理论与学生思想政治教育实践在教学过程当中形成良性对接，从而助益于学生思想政治教育效果的取得。最后，对学生思想政治教育教学方法的把握。教学方法是实现教学任务的重要手段，也是保障教学效果的重要条件，适当教学方法的采用往往会起到事半功倍的作用。

---

① 汪玉峰、刘基：《构建思政教育对话模式　促进师生互动与交融》，《中国高等教育》2013 年第 18 期。

第五，学生思想政治教育主体应该具备精细明了的自我知识。自我知识也就是自我认识，正所谓“知人者智，自知者明”，学生思想政治教育主体的自我知识的掌握，有助于他们自我认识、自我反思、自我检查、自我教育与自我提升。“凡是不能自我发展、自我培养和自我教育的人，同样也不能发展和教育别人。”① 自我知识，首先是对自身知识结构的认识，即自己原有的知识结构是怎样的，哪些知识是牢固掌握的，哪些知识是认识不够深刻的，哪些知识是需要学习和补充的，对自身知识结构的认识有助于学生思想政治教育主体不断地学习。其次是对自身道德修养的认识，勤于检查自身在思想行为上的不足，将自省与自律结合起来，不断提升自身的道德境界和品质，力争不仅“学高为师”，更要“行为世范”。最后是对自身特点优势的认识，每个学生思想政治教育的教育主体都是独一无二的个体，他们之间的差异性决定了每个教育主体都有自身的优势，在学生思想政治教育教学过程中教育主体自身也是重要的教育素材，学生思想政治教育主体能否很好地运用“自我”进行课堂教学，是否能够了解自身的优势特点，扬长避短，形成自身独到的教学风格，并为广大学生所喜爱和接受，这是学生思想政治教育自我知识的深层境界，也是促进学生思想政治教育效果形成的重要因素。

（三）教育技能是学生思想政治教育主体素质的必备性内容

良好的教育技能是使学生思想政治教育主体内在的修养得以外化的重要条件，更是提升学生思想政治教育魅力，激发学生学习兴趣的关键因素。学生思想政治教育主体的教育技能主要包括以下方面：

第一，语言表达艺术是学生思想政治教育主体教育技能的首要内容。学生思想政治教育主体是党和国家意志的传播者，社会主流意识形态的宣传者，是学生成长和成才的引路人。学生思想政治教育主体的任务是重大且艰巨的，完成这些任务离不开语言的表达和交流，语言的运用程度很多时候是影响教育效果的关键因素，正如马卡连柯所说，“同样的教学方法，因为语言不同，就可能相差二十倍”。苏霍姆林斯基说：“教师的语言修养在极大的程度上决定着学生在课堂上脑力劳动的效率。”② 语言更是

① 单中惠、朱镜人：《外国教育经典解读》，上海教育出版社2004年版，第173页。

② 姜秀英：《思想政治理论课教师应具备的基本素质和能力》，《黑龙江高教研究》2006年第8期。

将教育主体与教育对象连接起来的纽带，在学生思想政治教育过程中，教育主体讲授教学内容、师生之间进行互动和讨论、师生之间情感沟通与交流等都离不开言语这个媒介，因而能够准确流畅、精炼清晰，生动形象地使用语言是学生思想政治教育主体必备的能力。同时，鉴于学生思想政治教育学科的特点，学生思想政治教育所传递的内容不仅具有高度科学性和实用性，同时也表现出较强逻辑性和抽象性，这就要求学生思想政治教育主体在语言修养上下功夫，能够生动巧妙地运用通俗易懂的语言将高深抽象的内容具体化，使其容易被学生所理解和接受，改变学生思想政治教育以往在学生心中干瘪的理论说教形象，使学生思想政治教育更具亲和力和感召力。

第二，文字表述能力是学生思想政治教育主体教育技能的重要组成。学生思想政治教育过程中，师生之间的交流离不开语言这个重要的媒介，同样也不能缺少文字交流这个重要的环节。文字是直观显现的，也是让人一目了然的，同时，有些文字又是可保存的，诸如教师对学生作业的批改和意见、教师对学生的书面评价等，有些文字对学生思想和行为产生的影响是深远的。因而，学生思想政治教育对文字表述能力的培养也应予以重视。总体来说，学生思想政治教育主体的文字表达应该是清晰、准确、科学的，但根据学生发展的阶段不同，对学生思想政治教育主体的文字表述能力也提出了具体的要求，譬如在小学阶段对学生思想政治教育主体教师文字表述要求最高，要求他们的板书或者批语要更为规范，更直观易懂，因为小学生的认识水平有限，无法理解高深抽象的文字，必须以形象生动的形式让他们感知基本知识。此外，小学生在学习书写阶段，常以老师的书写形式为模仿对象，因而教师的文字更要准确规范，以免学生形成错误的或不良的书写习惯。初中阶段，随着学生文字掌握能力和理解能力的提升，学生思想政治教育主体无须事无巨细地将所传授的知识内容都用文字表现出来，但是，总体上还是要求将主要内容全面呈现，避免学生在学习过程当中存在遗漏。大学阶段，学生的认识能力较高，对学生思想政治教育主体的文字要求相对较低，往往要求问题简洁，突出重点即可。但不论处于何种阶段，学生思想政治教育主体具备较高的文字表述能力总是能够为学生思想政治教育主体的个人魅力加分，为学生思想政治教育顺利开展更好地服务。

第三，现代教育技术是学生思想政治教育主体教育技能的关键构成。

随着科技的变革和发展，现代教育方法和手段也在不断地更新和变革，很多先进的教学设备已经应用到了学生思想政治教育的课堂，“一块黑板、一支粉笔、一本教材”的教学已经不能满足学生思想政治教育教学的需要，更不符合时代发展的要求，当前学生思想政治教育的发展，要求学生思想政治教育主体熟练地掌握并运用现代教育技术。同时，掌握现代教育技术也是思想政治教育课程发展的要求，“新课程要求改变传统的教学方式，大力推进信息技术在教学过程中的普遍应用，促进信息技术与学科课程的整合，逐步实现教学内容的呈现方式、学生的学习方式、教师的教学方式和师生互动方式的变革，教师应充分发挥信息技术的优势，为学生的学习和发展提供丰富多彩的教育环境和有利的学习工具”①。此外，对于现代教育技术的应用更是学生发展的需要。一方面，现代教育技术将原有的知识以不同于传统的形式展现出来，有助于激发学生的好奇心和求知欲。另一方面，在信息多元化的今天，学生思想政治教育需要运用多媒体等现代信息技术辅助他们进行学习，更广泛地接触有用的教育信息，同时不断开拓自己的见识和眼界，更为轻松快乐地学到知识。

（四）身心修养是学生思想政治教育主体素质的必要性内容

身心修养是指学生思想政治教育主体实际状态，他们的实际状态是决定其能否胜任学生思想政治教育主体角色最直接的依据，身心修养是内在修养与外在修养的统一，“身”既包含身体状况，也包含外在形象，“心”是指包含心理、心态等实际状况。

第一，身体素质是学生思想政治教育主体素质的可靠依托。很多行业对劳动者的身体素质都有自己的要求和规定，作为学生思想政治教育主体，身体素质同样重要，正所谓“身体是革命的本钱”，身体素质是其他素质得以形成和发展的前提。一方面，学生思想政治教育主体应该具备健康的体魄，学生思想政治教育是一项长期复杂的工作，需要学生思想政治教育主体付出大量的精力，健康的体魄是保证他们能够顺利完成学生思想政治教育任务，不受身体因素限制的前提，同时学生思想政治教育又是一项实践性很强的任务，在实践过程中教育主体不仅要亲身参与，又要组织管理，所以同样要求他们具备良好的身体素质。另一方面，学生思想政治教育主体应该具备健康的生活方式，健康的生活方式是形成良好身体素质

① 孙晨红：《新课程与小学教师素质》，《教育探索》2004 年第 9 期。

的关键，其中科学合理地安排工作与休闲的时间，健康的饮食习惯，适当地参加体育运动，定期地检查身体等，这些都是保障身体健康的有效措施。具备良好的身体素质，才能保证学生思想政治教育主体有充沛的体力投身到学生思想政治教育当中去。

第二，形象素质是学生思想政治教育主体素质的外在显现。一个人外在的形象往往关乎人们对他形成的整体印象，同时，人们也习惯于用思维当中已经存在的印象去界定一些人的形象，例如，人们常说“教政治的人一脸的阶级斗争”，这明显是夸大其词，大多时候只是一句玩笑话，但是不难看出，人们对某一学科的整体印象左右了人们对于从事这一学科的教育者的形象，当然事物之间的关系是双向的，学科形象与教育者的形象也是互相影响的。如何通过提升教育主体自身的形象来改变人们一贯对学生思想政治教育学科形成的固有印象，为学生思想政治教育整体形象的提升做出贡献是我们需要关注的重要议题。教育主体的形象素质首先表现在外在衣着打扮上，教育主体的穿着打扮应该不仅符合教育者的身份，更要符合个人气质，要大方得体而不是刻板拘谨，要适度装扮而不是素面朝天抑或浓妆艳抹，教育主体的外在形象的重视不仅是对个人形象的整饰，更是对学生思想政治教育工作和学生的重视与尊重。此外，教育主体的言行是构成其形象素质的重要内容，只有做到用词得当，行为得体，言行合一，才能符合人们对学生思想政治教育主体形象的期许。

第三，心理素质是学生思想政治教育主体素质的内在构成。心理素质是学生思想政治教育主体素质的基础性因素，心理素质以身体素质为基础，但同身体素质一样，思想政治教育主体的其他方面的素质都要建立在一定的心理素质基础之上，心理素质是其他一切素质形成和发展的起点和条件。具备健康的心理素质，应该包含两个层面，一是学生思想政治教育主体自身的心理状况是健康积极、乐观向上、开朗自信的，能够进行清晰的自我认识，把握和控制自己的情绪，克服消极情绪对自己的不良影响，并且还能够提升自己的抵抗压力和挫折的能力。二是学生思想政治教育主体不仅自身要具备良好的心理素质，而且还要具备一定的心理知识，并且能够帮助学生构建健康的心理素质，克服心理障碍和心理问题。学生思想政治教育主体掌握一定的心理知识，并且能够对学生进行观察，与学生进行交流和沟通，及时准确地了解学生的心理状况，发现学生心理发展上出现的问题，并且在心理知识的指导下，运用科学合理的方式及时地对学生进行心理上的疏导，帮助学生克服心理上的问题，排除心理疾病的隐忧。心理是思想政治品德的重要因素，因而，尽管学生思想政治教育主体并不是专职的心理教师，但是具备一定的心理素质也是对其素质形成的必然要求。

第三节　学生思想政治教育主体素质提升的基本路径

学生思想政治教育主体素质的因素是在多方面因素共同影响和作用下形成的，因而学生思想政治教育主体素质的提升也要通过不同的路径，在各个环节都加强，提升学生思想政治教育主体的路径主要包含以下方面：

一　在校培育是学生思想政治教育主体素质形成的基础环节

学生思想政治教育主体队伍是一支专业性很强的队伍，这支队伍的专业性要求其成员受过专业的知识和能力训练。在学校教育中，就有专门培育学生思想政治教育主体队伍的专业，多数集中于大学中的思想政治教育专业，这个专业对学生的培养至关重要，它们现在培育的学生思想政治教育储备力量，将来就是从事学生思想政治教育的主干力量，所以岗前培训直接关系到学生思想政治教育队伍的基本素质状况，因而提升岗前培育的科学性和有效性是提升学生思想政治教育主体素质的首要步骤。

（一）合理进行课程设置，夯实思想政治教育专业学生的知识与技能

知识的传授和技能的训练是大学教育的重要内容，这两方面能力的积累是保证思想政治教育专业学生合格毕业、顺利就业、有资格成为学生思想政治教育主体的前提条件。大学教育的主要渠道还是以课堂教育为主，通过各种课程的设置以实现教育的目的，因而，课程设置的科学与否就直接关系到学生的知识素质和技能素质的高低。思想政治教育专业的大学生毕业以后很多都从事不同学段的学生思想政治教育工作，是学生思想政治教育的储备师资力量，对他们的训练和培育应该予以高度的重视，但就当前实际情况而言，我们在储备师资的培育上还存在不科学的地方，其中课程设置就是比较主要的问题。经过对全国不同高校的抽样调查，我们发现在思想政治教育专业的课程设置上，很多学校把政治学相关课程、经济学相关课程、哲学相关课程作为占主导地位的课程，是学生应该学习的专业重点课程，对于思想政治教育专业相关的课程，诸如思想政治教育史、比

较思想政治教育、思想政治教育方法、思想政治教育前沿等相关课程，很多学校没有开设或开设门类很少，并且多数情况下是作为一般课程，没有得到应有的重视，对于教育学、心理学等教育理论类的课程很多时候被确定为选修课，对于思想政治教育相关的实践课程能省则省，或是敷衍了事，也没有给予应有的重视。课程设置上的不科学，直接导致思想政治教育专业学生学习精力分配上的不合理，把大部分精力投入到其他学科的学习当中，而忽略了对于思想政治教育专业知识的学习和技能的训练，因而在今后大学思想政治教育专业学生的培养中，一定要加大思想政治教育专业课程的比重，并且将教育学、心理学等教师必备的教育理论课程提升为重点课程，保证学生思想政治教育后备师资的专业素养。

（二）内化专业发展意义，培养思想政治教育专业学生的认同与热爱

对于专业的认同和热爱是学生思想政治教育主体应该具备的情感前提，更是他们对于专业存在和发展意义理解内化后的外化表现。我们常常批评一些人只是把学生思想政治教育工作当成是一份简单的工作，抑或谋生的一种手段，没有对工作倾注心血和感情，更缺少对这份工作的认同和热爱，还有很多时候是课堂上说一套，私下里做一套，言行不一，极大地损伤了思想政治教育在学生心中的形象，也在很大程度上阻碍了学生思想政治教育实际效果的取得。当然，我们也试图分析引发这个问题的原因，但多数情况下是从教育者当前的思想认识状况去谈，很少从源头上找原因，想办法。实质上，学生思想政治教育者对于专业的认同和热爱的缺失是源于他们学生阶段学校对他们专业意识培养的缺失，初入大学的学生，对于专业的认识是模糊的，这个时候，如何帮助学生认识专业存在与发展对于个人、社会、国家的重要意义，如何提升专业的形象，使学生从心底形成对专业的认同，进而形成对专业的热爱之情和责任意识，应是大学教育的首要内容，一位思想政治教育专业的大学生说起自己的经历，“因为高考成绩原因，被调剂到思想政治教育专业，对这个专业并不了解，也没有兴趣，开学之初一门心思想着怎样转专业，正在迷茫的时候，政法的院长为欢迎新生做讲座，他用激昂澎湃的声音诠释了思想政治教育专业存在的价值与意义，并将‘传承人文，守望正义’作为院训传递给每位新生，她当时就感到没有什么比这个专业的精神更吸引她了，从此安心地在这个专业学习，认同这个专业的价值，并且以学习这个专业为自豪。”可见，对于学生思想政治教育后备师资的培育很大一部分是要在情感上使他们形

成认同和热爱。

（三）开展职业道德教育，增强思想政治教育专业学生的道德与责任

职业道德是从业者应该遵守的基本准则，职业道德的相关内容也应该是培育从业人员的重点内容。对学生思想政治教育主体的培育离不开对其职业道德的教育，鉴于学生思想政治教育工作的特殊性，对思想政治教育专业学生的职业道德教育要提出更高的要求。学生思想政治教育的重要任务就是培养学生良好的道德品质，学生思想政治教育主体承担着教育和引导学生良好道德品质形成的重要任务，在开展道德教育之前，其自身首先应该接受道德教育，只有自身的道德品质合格，才有资格从事学生思想政治教育工作。同时，学生思想政治教育主体应该具备的职业道德，既包含普通劳动者的职业道德内容和一般教师的职业道德内容，同时也具备自己的专业特点，譬如，“思想政治教育是一项意识形态性很强的工作，这就要求思想政治理论课教师不仅要爱国守法，更要热爱社会主义，拥有共产主义的坚定信仰，把马克思主义思想作为自己终生不变的信条；马克思主义具有深刻的理论内涵，不仅需要严谨治学的态度，更要有勇于探索和不断创新的精神；思想政治理论课教师对学生的思想和行为具有重要的示范作用，因而他们不仅要注意自己的外在形象，更要提升内在的道德素质，为人师表且知行统一；思想政治教育开展的重要目的是为了人更好的发展，因而思想政治理论课教师不仅要教书育人，更要以人为本；思想政治教育是要对人们道德品质产生正面的影响，思想政治理论课教师不仅要具备良好的道德品质，更要具备追求正义的决心，并把正义的种子传递给学生”①。因而，对学生思想政治教育主体的培育首先是使他们“摒弃将自己的角色矮化为不涉道德教育义务的一般教书匠的意识，既做‘经师’，又做‘人师’。只有教师有了德育使命的意识，教师才能找到道德教育工作的最大意义，才能确立起德育主体意识和进行自修的真实动机”②，从而真正地树立起学生思想政治教育主体的道德品质和责任担当。

二　岗前培养是学生思想政治教育主体素质提升的关键环节

从学校毕业到入职之前有较长的一段空闲时间，很多人往往把这段时

---

① 张小秋、王立仁：《高校思想政治理论课教师师德诠释》，《思想政治教育研究》2014 年第 3 期。

② 檀传宝：《学校道德教育原理》，教育科学出版社 2007 年版，第 183 页。

间纯粹地用于休闲娱乐，还有很多人认为已经找到工作了不需要再学习，这些心理上的懈怠必然导致业务上的落后，事实上，这段时间是提升学生思想政治教育主体个人素质的最有效而且最关键的时期，因为这段时间学习的内容很快就可以应用，用于指导学生思想政治教育实际工作，形成理论与实践的良性对接。

（一）高校与工作单位形成教育合力以实现资源的对接与联动

高校和工作单位是学生思想政治教育主体学习和实践最主要的两个场所，而在学校毕业之后，正式上岗之前这个时段，一些学校或者单位存在着认识上的误区，学校认为学生已经毕业，学校没有义务对其进一步的教育，工作单位则认为，职工没有报到，还不能属于正式职工，也没有责任对其进行提前教育，所以没有组织学习的机构加之学生思想政治教育主体自我学习意识不足就导致了这段时间的浪费。事实上，高校对刚毕业的学生进行继续教育是保证其就业生质量的重要举措，单位对于刚刚签订就业协议的职工进行提前教育是保证其新进教师素质的有效途径，因而无论是高校还是工作单位都应该将对刚刚毕业的学生进行教育提到日程上来，只有这样才能保证进一步夯实思想政治教育专业毕业生理论根基，提升思想政治教育专业毕业生的教育技能。高校和就业单位对思想政治教育毕业生进行教育有其各自的优势，比如高校师资力量雄厚，有造诣较深的专家和学者，可以重点对学生进行理论上的教育，提升学生的认知水平和认知能力，而工作单位则是很好的实践平台，多数教职工都存在着丰富的教学实践经验，可以对毕业生进行切实的指导，因而将高校与工作单位联系起来，实现进一步的沟通、交流和协助，实现资源的对接和共享，这对于提升学生思想政治教育主体素质具有重要的意义。

（二）理论与实践的培育与锻炼同步以实现学用的连接与反馈

在大学期间，每个专业都有自己的教学计划，教学计划对不同类型的课程进行了划分和安排，大多数的高校是用前三年或者两年半的时间进行理论知识的教育，最后一年或一年半的时间进行教育实习，这种计划上的安排尽管给理论学习和实践锻炼都留有固定的时间，但问题是理论与实践很难同步发展，常常会出现理论知识已经开始淡忘，实践锻炼又还没有开始的状况，一定程度上造成了理论与实践的断裂，不利于在学生思想政治教育实践中巩固所学理论知识，也不利于将理论知识用于指导学生思想政治教育的具体实践。岗前培养时期的优势在于虽然时间不是很长，但是能够相对集中地组织即将从事学生思想政治教育工作的人进行学习和锻炼，把大学阶段在不同学期学习课程的精华整理到一起，进行讲授和温习，从而使学生思想政治教育主体能够打牢专业基础知识和教育学相关知识，同时，岗前培养能够为他们提供实习锻炼的平台，让他们真正地走进课堂，真正地接触学生，不是单纯地拘泥于理论的学习，而是能够及时地在教育教学实践中使用和验证自己掌握的思想政治教育专业理论和教育学相关理论，从而真正地实现理论培育与实践锻炼同步，这种锻炼为其正式走上学生思想政治教育工作岗位起到良好的奠基作用。

（三）成绩与评价的记录与表扬结合以实现良性的激励与督促

岗前培训虽然并不是作为正式职工后进行的，但基于培训的重要性，对于每位即将从事学生思想政治教育事业的人来说，对于他们在培训过程当中的表现给予客观准确的评价是必不可少的，根据他们在岗前培训中的表现适当地给予表彰更是激励他们认真上进的重要方式。具体而言，一方面，应该从他们对岗前培养的态度上进行考察，看他们参加各项活动是否积极，是否能够按时出席，做到不迟到不早退，是否认真努力地学习和参加实践活动。另一方面，应该从他们所取得的成绩进行考察，岗前培养不应该只是一个形式，为了增强参与者的重视程度，必须设置考核环节，对于他们应该掌握的知识和技能进行全方位的考核，并明确考核标准，清晰准确地记录考核成绩。考核只有和激励机制联系起来才能看到其产生的重大效果，对于在考核中态度表现认真的、考核成绩突出的人，不仅应该以口头、书面等形式进行表扬或表彰，更应该将岗前的表现与入职后的相关事宜联系起来，譬如，在岗前培训中态度积极，成绩优异的人可以优先使用教学设备，同等条件下，可以优先评奖评优等，可以从很多方面对他们进行精神上和物质上的奖励。这样不仅是对先进人员的表扬，更是对后进人员的督促，从而有利于学生思想政治教育队伍整体素质的提升。

三　在岗培训是学生思想政治教育主体素质提升的重点环节

在岗培训就是要建立起完整的学生思想政治教育主体培训体系，“以加强师德建设和提高教师业务水平为中心，以提高理论素养为基础，以创新方法为载体，以强化科研能力为支撑，以完善制度措施为保障，以提高教育教学质量为目的，通过全员培训、骨干研修、在职攻读学位、国内考察、国外研修、以项目选人和选人给项目等多种途径，努力造就数百名政治坚定、理论功底扎实、善于联系实际、具有较高教学水平和科研能力的领军人物、中青年学术带头人；培养数千名思想政治理论素质高、业务精湛、具有发展潜力的教学一线骨干教师；建设数万名坚持正确方向、师德高尚、业务熟练、结构合理的专业化教师队伍”①。

（一）建立多层次的培训体系，实现全方位的合力

建立对学生思想政治教育主体完善的培训体系不是一朝一夕能够完成的任务，更不是一蹴而就的，这既是一个长期复杂的过程，也需要各个方面整体协作，形成合力。要进一步完善教育部、地方、学校三个层级既分工负责又相互衔接的学生思想政治教育主体培训体系，要增强对学生思想政治教育主体培训的频率。既动员学生思想政治教育主体参加由教育部组织的全国范围内大规模的培训，也要支持学生思想政治教育主体参加由省、市、县、区等教育部门组织的地方性的培训，更要鼓励学生思想政治教育主体积极参加由学校自己组织的小规模的校内培训，并且把接受培训作为一项常态化的工作来抓。各个层级对学生思想政治教育主体的培训都具有各自的特点和优势，譬如由教育部组织的对学生思想政治教育主体的培训工作规模较大，无论是在师资还是物质保障方面都比较充足，而且参加培训的人员来自全国各地，通过一起参加培训能够进行沟通和交流，从而做到取长补短。省、市、县、区的培训则具有明显的地域性，因为每个省份或者地区都有自己的实际情况，这些培训更能够做到因地制宜。校内培训虽然规模小，但其优势在于接近学生思想政治教育主体自身实际，能够形成常态化的培训模式，经常性地为学生思想政治教育主体提供学习和锻炼的机会。总之，只有将这几种培训模式结合起来，形成完整的培训体系，才能最大地发挥培训的作用，提升学生思想政治教育主体的整体素质。

（二）采用多维度的培训方式，实现全方位的锻炼

一直以来，对学生思想政治教育主体培训的基本功能是传授学生思想政治教育发展过程当中积累的知识和经验，培养为现实学生思想政治教育服务的合格教育者。随着时代的变迁和社会的发展，传统的培养学生思想政治教育主体的方式已难以适应当前的新环境，对学生思想政治教育主体的教育培训也需要超前性和创新性，其目标不单纯是培养现在能够胜任学

① 《普通高等学校思想政治理论课教师队伍培养规划（2013—2017）》。

生思想政治教育的教育主体，还要培养未来一样能够承担起学生思想政治教育重任的发展型人才，因而培训方式也要由传统的承袭式向现代的创新式过渡。培训方式不再拘泥于大讲堂下的统一灌输，而是变得丰富多样，可以把课程进行重新的规划与设计，既有系列教程。如通过举办适合小学、初中、高中、大学各个学段学生思想政治教育主体的理论学习班，来满足不同学段学生思想政治教育主体理论学习的需要，提高学生思想政治教育主体的理论水平。也有专题性讲座。可根据学生思想政治教育工作实际的需要，选一个主题，由知名的专家学者进行讲解和示范，如怎样了解学生思想政治教育对象、在学生思想政治教育过程中一些突发问题的处理办法、怎样合理地运用奖励和惩罚机制、如何将学生思想政治教育方法进行综合运用等。此外，还有学生思想政治教育能力竞赛。可以是知识性的，也可以是技能性的。能力竞赛是激发学生思想政治教育主体自觉学习、锻炼的有效方法。采用多维度的方式对学生思想政治教育主体进行全方位的锻炼，才能使学生思想政治教育主体适应新形势的发展需要，不断地进行自我知识的更新和能力的提升。

（三）采用多维度的培训内容，实现全方位的提升

学生思想政治教育主体素质全方位的提升要求对其培训的内容应具有全面性，从不同维度满足学生思想政治教育主体发展完善的需要。具体来说，培训的内容应该包括：一是教育理念培训，教育理念培训是使学生思想政治教育主体在思维方式和教育观念上发生转变，帮助学生思想政治教育主体确立起和外部环境相适应的思维观念和思考方式、培养他们从新视角看待问题和分析问题的能力。二是工作心态培训，工作心态培训应该作为学生思想政治教育主体培训的重点和中心，但往往这方面的培训最容易被人们忽视。工作心态培训旨在建立学生思想政治教育主体健康稳定的心态，从而为其完成学生思想政治教育任务创造心理条件。三是相关知识培训，具备一定的知识是顺利开展学生思想政治教育的条件，知识能够在学生思想政治教育实践中为学生思想政治教育者提供指引，是思想政治教育者必须时刻学习的内容。四是能力培训，能力培训也是学生思想政治教育主体培训的基础内容，建立学生思想政治教育主体的能力基础，应包含学生思想政治教育任务的理解和内容掌握。此外，还有具体的教育技能，如课堂管理能力、语言和文字表达能力等。不同学段的学生思想政治教育主体需要接受的培训内容也是有差异的，因此，针对学生思想政治教育的实

际情况及学生思想政治教育主体的具体需求设计和安排培训内容是十分重要的。总之，要创新培训理念，“从注重单科培训和学历补偿教育逐步转变为着眼于更新知识、全面提高教师素质的继续教育”①。

四 自我培植是学生思想政治教育主体素质提升的重要环节

自我培植是学生思想政治教育主体素质提升的内在途径，也只有将学生思想政治教育对学生思想政治教育主体提出的外在的要求转化为学生思想政治教育主体自身内在的需要，将提升自身素质作为实现自身价值和追求的重要前提，这样才能为学生思想政治教育主体素质的提升提供动力条件。

（一）通过长期的探索与科研，提供自身素质的内在式驱动

教师对于自己所教育对象的认识、对于自己所教授内容的研究以及对于合理教育方式的探索等是保证教育科学性和有效性的关键。因而，学生思想政治教育主体只有将教育工作和科研工作结合起来，才能对自身素质形成内外两方面的强化，但在现实中，一些学生思想政治教育主体并不重视科研，以为讲好课或者是管理好学生就完成了自身的使命，科研是专家学者的工作，与自身无关，事实上科研能力是学生思想政治教育主体素质的重要组成。“联合国教科文组织有关部门在 1979 年的一份文件中指出：在当今，从教师在‘教育体系’中的作用看，教师与研究人员职责趋向于一致。”② 科研与教学同步发展才能保证我们的教育事业是在用“两条腿走路”，学生思想政治教育学科的科研不仅是对学生思想政治教育学科相关知识的研究，也是对学生思想政治教育内部各个要素进行研究，更要对学生思想政治教育教学过程进行研究，从对这些方面的研究，力图丰富和更新知识，使学生思想政治教育能够做到与时俱进；力图发现在学生思想政治教育过程中存在的问题，不断地对学生思想政治教育进行补充和完善；力图挖掘学生思想政治教育内在的规律，遵循规律并且用正确的理论指导实践。所以，学生思想政治教育主体应将科研当成与教学同等重要的工作，通过科研进一步夯实自身的知识基础，也通过科研激发自身对学科

① 宋小清：《高校教师素质培养与提高问题初探》，《经济师》2005 年第 10 期。

② 葛仁钧：《高校思想政治理论课教师队伍建设的思考》，《思想理论教育导刊》2008 年第 3 期。

的兴趣和热爱，从而形成内在的驱动力。

（二）通过反复的实践与反思，实现自身素质的渐进式上升

学生思想政治教育是一项长期的实践活动，在小学、初中、高中、大学等每个学段都有对学生开展思想政治教育的任务，学生随着年龄增长、认识能力和知识水平的提高，从一个学段升至另一个学段，最终经历各个不同的学段学习，接受完整的学校教育后毕业走向社会。而相对于学生的成长和流动而言，各个学段的学生思想政治教育主体则表现出相对的稳定性，即只有少数学生思想政治教育主体会从一个学段调岗至另一个学段，大多数都是长期坚守在一个学段的教育和教学当中，长期地从事一个学段的思想政治教育工作，难免会使一部分人产生放松怠惰的心理，他们认为学生思想政治教育工作很容易，在教学过程中只要从事工作的前两年把教案和讲课流程设计好，就可以一劳永逸，以后年复一年的重复相同的教学内容就好，对于除了课堂之外的思想政治教育工作，也就是用各种规范和规则来管理和约束学生不犯错误，这种消极怠惰的心理不仅阻碍了学生思想政治教育的发展进步，也不利于学生思想政治教育主体自身素质的提升。尽管很多人长期甚至终生从事学生思想政治教育工作，尽管工作的名称不变，但是工作的对象是不同的、工作的时代背景和环境是变化的，自身对工作的认识和理解也是随着自身实际情况而显现差异的，学生思想政治教育既有稳定性也有发展性，不是一成不变的，需要学生思想政治教育主体不断进行教育实践并且能够反思实践过程，争取不断地发现规律、发扬优点，弥补不足，在不断地磨炼和思考中实现自身素质的渐进式提升。

（三）通过及时的补充与创新，实现自身素质的可持续发展

自我培植的一个重要方面就是自我教育或自我学习。当今社会，在知识和科技迅速发展的背景下，不学习就意味着在倒退，没有可持续的学习动力和学习能力就不能满足新时期对学生思想政治教育主体素质的要求。第一，学生思想政治教育是把党和国家的大政方针向学生传输的重要渠道，根据社会的发展需要和人民的实际需求，党和国家的政策在大方向不变的前提下，一些具体方针政策也在不断地完善和调整，因而学生思想政治教育者不仅需要把握时代的脉搏，更要追踪党和国家大政方针的变动和发展，及时准确地将党和国家最新的要求传达给学生。第二，学生思想政治教育是与教育学、政治学、心理学、社会学等很多学科存在着交叉和关联的一个学科，对学生思想政治教育的认识和研究离不开对这些学科知识

的认识，很多时候学生思想政治教育与其他学科的交叉研究成果具有重要的理论和实践意义，因而，学习知识不能单纯地拓展本学科的知识，更要及时地补充其他学科的有益知识，大胆地开拓交叉学科的研究。第三，学生思想政治教育的发展离不开方法、手段、载体等方面的创新，这既包括学生思想政治教育主体不断地总结教育规律，创新对学生进行思想政治教育教育的方法，也包括在教育教学当中运用新的载体和媒介，从外部辅助学生思想政治教育活动的开展和效果的取得。

第五章　学生思想政治教育方法

学生思想政治教育方法是学生思想政治教育过程中的重要因素，是实现学生思想政治教育目标的重要手段，是连接教育者与教育对象的重要桥梁，是学生思想政治教育实际效果的重要关联。对于学生思想政治教育方法的研究既是学生思想政治教育理论完善的要求，更是学生思想政治教育实践发展的期盼。需要强调的是，本章的探讨不是从方法论意义上对学生思想政治教育方法进行宏观的认识，而是致力于对学生施加思想政治教育影响的方法进行探讨，此外，学生思想政治教育方法既包括其他领域思想政治教育普遍使用的方法，也包括学生思想政治教育的特有方法，在明确这两个界限的前提下，本章力图从对学生思想政治教育方法的学理认识、学生思想政治教育基本方法的阐释、学生思想政治教育方法的应用与创新三个方面进行研究和探索。

第一节　学生思想政治教育方法研究概述

一　学生思想政治教育方法的内涵阐释

一些人认为“方法”这个词来源于希腊文，代表“沿着”和“道路”的含义，意指人们活动所选择的正确道路或者途径。事实上“方法”一词在我国也早已使用，虽然东西方开始使用“方法”一词的具体年限无从考究，但不能说“方法”一词源于西方，在我国，“方法”不仅也较早使用，而且对其含义也有确切的记载，我国古代学者认为“方法”，就是“行事之条理也”①。“法者，妙事之迹也。”② 他们把方法看作人们巧

① 中华大辞典编纂委员会:《中文大辞典》（第15册），中国文化研究所1986年版，第230页。

② 中华大辞典编纂委员会:《中文大辞典》（第19册），中国文化研究所1986年版，第115页。

妙办事，或有效办事应遵循的条理或轨迹、途径、线路或路线，这与今天人们对方法的认识也是一致的。当前，方法是指达到某种目的而采取的途径、步骤、手段等。学生思想政治教育方法，顾名思义，就是在学生思想政治教育过程当中，为了实现学生思想政治教育目标或任务而采取的各种方式、手段的总和。尽管学生思想政治教育方法的定义看似简单易懂，但是我们不得不进一步强调概念具体包含的三个要点，因为忽略任何一点，学生思想政治教育方法就失去了其本真的意义。第一，学生思想政治教育方法是以实现学生思想政治教育目的为存在前提的，为目的或任务的实现服务，如果没有学生思想政治教育目的或任务的存在，学生思想政治教育方法也失去了其存在的根本依托。第二，学生思想政治教育方法不是自觉地发挥作用，而是需要“被采用”，即思想政治教育方法离不开主体的主导作用的发挥，同时主体使用学生思想政治教育方法的过程也是实现学生思想政治教育目标的过程，这个过程同样离不开教育对象主体性的发挥，因而学生思想政治教育方法是与主客体紧密连接的，是二者共同发挥作用的过程。第三，学生思想政治教育方法是能够实现学生思想政治教育目的的一切方式和手段的综合，即意味着学生思想政治教育方法具有广泛性，既包括外显的方法也包括内隐的方法，既包括直接教育手段，也包括间接的影响和渗透等，因而对学生思想政治教育方法的认识要坚持全面的观点，并且不断地拓展视野，开发创新学生思想政治教育方法。

如同人们常常将方法与方式和手段混为一谈一样，学生思想政治教育方法作为学生思想政治教育过程中所采用的各种方式、手段的总和，常常被人们将学生思想政治教育方法同学生思想政治教育方式、学生思想政治教育手段相混淆。事实上，学生思想政治教育方法与它们虽然有密切联系，却不能等同。就学生思想政治教育方法与学生思想政治教育方式的关系来看，学生思想政治教育方法在生动和具体的学生思想政治教育过程中可以分解为一系列具体的活动细节或组成部分，这些活动细节或组成部分叫作学生思想政治教育方式，学生思想政治教育方法实质上是具体的学生思想政治教育方式合理的组合。诸如我们在学生思想政治教育过程当中“运用‘讲授法’（或教授法）时，可以采用介绍信息的方式，活跃注意的方式，加速识记的方式（即采用各种记忆、联想的方法等），比较、对比、划分要点、归纳和演绎教育方式的组合"[①]。总体来说，学生思想政治教育方式与学生思想政治教育方法既相互区别又相互联系，学生思想政治教育方式是从属于学生思想政治教育方法的，同时，教育方法也是由多种不同的教育方式组合而成。就学生思想政治教育方法与学生思想政治教育手段的关系来说，关于方法和手段的区别，有一个形象易懂的事例，那就是庖丁解牛。"庖丁解牛时，用的那把锋利的刀就是有效解牛的手段或工具，这就是人们所强调的'工欲善其事，必先利其器。'"（《论语·卫灵公篇》）。也就是人们常说的，"手巧不如家伙妙"，要把事办好，先得有一个应手的工具。庖丁对牛体结构了如指掌，能"顺其理"，按着牛体骨骼空隙去行刀，做到19年不用磨一次刀，而解牛效率非常高，无疑靠的是解牛方法（见《庄子·养生主第三》、《吕氏春秋卷九·精通》）。这也就是人们所说的"事必有法，然后可成"（《孟子集注》）。办事有一定方法才会成功。可见手段常常是指外在的工具，而方法则是运用工具的形式和使用的心得。学生思想政治教育手段主要是学生思想政治教育"活动的工具、载体及其应用，如直观教学、阅读教材、辅助读物、艺术作品、电子网络及应用等。教师如何用语言、榜样、情境、环境、体验等手段对学生进行道德教育呢？这是方法问题，一种手段往往有多种用法，一种方法也可以用多种手段"[②]。厘清学生思想政治教育方法与其方式和手段的关系，有助于明确学生思想政治教育方法的概念，为进一步的研究和探讨打下良好的理论基础。

二　学生思想政治教育方法的特点分析

学生思想政治教育是一项特殊的社会实践活动，它自身的独特性决定了其方法同其他教育活动的方法存在差异。学生思想政治教育隶属于思想政治教育系统，是思想政治教育的重要组成部分，但基于教育对象等具体因素的特殊性，二者教育方法也不能完全等同，因而对学生思想政治教育方法特点的讨论，既是进一步认识学生思想政治教育理论的必需，也是确保方法有效使用的前提。

（一）直观性与渗透性的统一

学生思想政治教育与智育等其他教育形式有着相似的特点也有着明显

① 檀传宝：《学校道德教育原理》，教育科学出版社2007年版，第146页。

② 韩传信：《德育原理教程》，安徽大学出版社2009年版，第128页。

的区别，尽管他们都是为了提升学生的认知能力和发展水平，促进学生的发展，但是知识认知和道德认知本质上就存在着明显的差异，二者所采用的方法也有严格的区别。诸如智育强调学生对概念或者知识的掌握，学生能够理解知识、记住知识进而能够运用知识，整个教育方法就是有效的，教育任务就达到了。因而，整个智育的过程所需要采纳的方法强调有效性和直观性，直指教育目的。学生思想政治教育有和智育相类似的部分，那就是对学生进行道德概念、政治观念、价值理念等概念或知识的传递，为了确保学生能够清楚地认识这些概念，需要采用直观有效的方法，然而知识的传递只是学生思想政治教育的一个步骤，学生思想政治教育还要帮助学生将这些知识进一步内化为他们的信念，从而外化为他们的行为。学生思想政治教育方法不能单纯地靠讲清概念或者知识，更重要的是帮助他们形成道德信念和道德评价标准，这些需要靠潜移默化的渗透，而不是简单直白的灌输或指令性教育，因为每位学生都对道德有自己的认识和理解，当教育的内容与他们自己的认知体系发生冲突时，很容易造成学生的逆反心理，因而学生思想政治教育方法有些时候需要尽量迂回与婉转一些，这样易于学生接受。根据教育内容的差异在方法使用的过程中将直观性与渗透性结合起来，是保障学生思想政治教育更大可能被学生所接受的关键。

（二）工具性与人格性的统一

学生思想政治教育的路径是多样化的，比如课堂教学、实践活动等，路径的多样化决定了方法的多样性，在多样性的方法的使用过程中，既要运用现代的教育设备和手段，创新教育媒介，也要使用现成的人格教育资源，依托教育者的道德影响力。随着社会的发展和科技的进步，学生思想政治教育的方法也应该做到与时俱进，将新的教学设备、现代信息技术等手段使用到学生思想政治教育的教育教学当中，这对于提升学生的学习兴趣，改善学生思想政治教育效果都具有积极意义。此外，学生思想政治教育方法还有一个重要的载体就是教育者，教育者不仅是教育方法的运用者，其自身也是学生思想政治教育的重要资源，在教育者使用教育方法的时候将自身的人格力量融入其中，将对学生思想政治教育起到事半功倍的作用。一方面，教育者的人格影响力是长期的、潜移默化的，教育者与学生的接触比较频繁，无论是在课堂教学中还是学校生活中都存在着很多的交流和互动，在很多学生心里教育者是他们学习和效仿的榜样，因而他们在运用教育方法的过程中能否与自身的人格力量结合起来，形成对学生的正向引导至关重要。另一方面，教育者正面人格力量与其传输的学生思想政治教育内容是相得益彰的，教育者一方面向学生传输正确的思想观念、价值观念和道德品质；另一方面自身也在不断地践行其所传授的内容，对学生将产生双向的影响，是最有效的学生思想政治教育方法。

（三）普遍性与特殊性的统一

学生思想政治教育是思想政治教育系统的重要组成部分，在方法的使用上与思想政治教育有着很多相一致的地方，同时，基于其自身的特点和属性，也存在着自身独有的方法，或者同样的教育方法在思想政治教育中的应用与在学生思想政治教育中的应用也是有着明显区别的。一方面，很多学生思想政治教育方法是源自于思想政治教育方法，具有普遍性。诸如说服教育法、榜样教育法、疏通引导法、实践锻炼法等方法是既能够应用于学生思想政治教育领域的，也是能应用于其他的（包括社区思想政治工作、军队思想政治工作、企业思想政治工作、农村思想政治工作等）思想政治教育领域当中，学生思想政治教育过程当中使用的很多方法是在各个领域思想政治教育中普遍适用的。另一方面，一些方法只能应用于学生思想政治教育当中，比如课堂教学的路径作为一种方法，就是学生所独享的。再比如学科教学渗透的方法，也是学生思想政治教育所独有的。此外，特殊性还表现在即便是在各个领域思想政治教育中都普遍使用的方法，在学生思想政治教育过程中也表现出自身的特点，以激励教育法为例，对于学生的激励手段与对其他领域思想政治工作对象的激励方法是有区别的，因为对学生进行激励的目的倾向于让学生养成良好的道德品质而不是让他们更好地工作，所以具体采用的激励的方式也有明显的区别。学生思想政治教育方法不仅要将思想政治教育普遍使用的方法容纳其中，更要加强自身特有的方法探索，力图将普遍性与特殊性有机地结合起来。

（四）整体性与层次性的统一

学生思想政治教育是包括小学、中学、高中、大学等各个学段思想政治教育的整体性的实践活动，虽然在小学、中学、高中三个阶段开设的课程名称并不称为思想政治教育，但无论是小学的品德与生活、品德与社会，初中的思想品德还是高中的思想政治课都是国家和社会有计划、有目的、有组织地对其成员所进行的意在培养符合国家和社会要求的思想政治品德的实践活动，他们开展的对象都是学生，因而，学生思想政治教育活动具有整体连贯性，不仅如此，在学生思想政治教育方法上也有各个阶段都普遍使用的方法，例如说理引导法、实践锻炼法、榜样教育法、心理疏导法、鼓励法等，但是每个学段学生的年龄不同，接受的教育程度不同，在认知能力和道德发展水平上也存在很大的差异，所以即便一种方法普遍适用于学生思想政治教育的各个学段，在每个学段的具体使用上也存在差异，比如说理引导法，在小学阶段往往要细致准确地告诉学生对待一切事情，怎样做是对的，为什么是对的，怎样做是错的，为什么是错的，今后应该怎样做；而到了初中阶段学生已经有自己的辨别能力，关于事情的正确与否已经有明显的价值取向，教师需要通过说理，引导学生自己进行价值选择，形成正确的道德认知；到了高中阶段，教师要引导学生不仅能够主动认识事情，而且自己能够阐释形成认识的依据和道理；到了大学阶段，教师则不仅引导学生形成关于正确与否的认识，更引导学生对问题进行评价与对策分析，虽然同样是说理引导法，但是在各个学段实施的标准是有区别的，因而不仅要对有效方法普遍应用，而且要因时因人而异，做到整体性与层次性的统一。

（五）传统性与发展性的统一

学生思想政治教育具有历史性也具有时代性，具有传承性也具有兼容性，是一项随着社会的发展而不断发展的教育活动，也是一项具有广阔视野和开放精神的实践活动。学生思想政治教育方法融合了上述特征，是将传统性与发展性相结合的重要元素。说学生思想政治教育方法具有传统性，即学生思想政治教育方法继承了我国古代学生思想政治教育的优秀方法，同时也继承了我党在领导人民进行无产阶级革命和新中国的建设中所总结出来的方法。说学生思想政治教育方法具有发展性，是因为“在当代社会，社会环境呈现竞争激烈、复杂纷呈、信息流变的特点；人的特色化、全面性发展，不断地改变着思想政治教育的环境、内容与目标，社会发展与人的发展不断提出思想政治教育的新需求。因此，仅靠传统思想政治教育方法，完成当代社会条件下的思想政治教育任务、实现富有时代性的教育目标是不够的，必须运用现代科学技术，创造新的思想政治教育方法”①。学生思想政治教育方法的发展不仅包括在新时期党领导人民在社会主义核心价值观的指导下进行社会主义建设所探索的新方法，还包括学

① 郑永廷、孟源北：《论传统方法与现代手段的紧密结合》，《高校理论战线》2010 年第 10 期。

生思想政治教育以兼容并蓄的视野吸收国外优秀的教育方法、吸收其他学科的教育方法，并且将这些教育方法同思想政治教育具体实际相结合，做到真正地为我所用。

三　学生思想教育方法选择的影响因素

（一）教育目标与教育内容的规定是学生思想政治教育方法选择的固定根据

学生思想政治教育目标的制定既要符合社会的要求，也要考虑学生实际的品德发展需要。学生思想政治教育向学生传授的内容对学生来说首先应该是对他们有用的、与他们的生活息息相关的，而且能够指导他们的生活实践的，有助于学生处理生活中所面临的具体问题。具备明确的学生思想政治教育目标和学生思想政治教育内容是学生思想政治教育开展的前提，学生思想政治教育内部各个要素都是紧密联系、相互贯通的，为了达到良好的教育效果，学生思想政治教育目标和内容不同，所选取的教育方法就应该有所差异，即要根据学生思想政治教育目标和内容实现的基本需要选取最为可行的教育方法。譬如，为了提升学生的理论基础，对学生进行道德知识的教育时，理论灌输法就比较有效。为了提升学生的道德实践能力，对学生的价值选择能力和判断的能力进行培养时，实践锻炼法则被广泛应用。总之，进行学生思想政治教育不仅要持之以恒、动之以情，还要在方法的使用上惧之以势、服之以巧。

（二）教育者与教育对象的实际是学生思想政治教育方法选择的人本考量

学生思想政治教育方法不是自觉地发挥作用的，是依赖教育者发挥能动地作用于教育对象，学生思想政治教育方法作为连接教育者与教育对象的重要桥梁和纽带，既要符合两个方面的实际情况，又要兼顾二者的平衡，这样才能够顺利地搭建二者之间的联系，为实现学生思想政治教育目标做好准备。在学生思想政治教育者方面，教育方法要与教育者的自身条件相适合，教育方法的选择要考虑到教育者的年龄、性别、身体、性格特点、人格特征、专业水平，还有师生关系等因素，譬如以实践锻炼法为例，如果组织学生去井冈山红色革命根据地进行实际的考察与学习，其中包括和学生走红军当年走过的挑梁小道等一系列实践活动，如果年龄较大体力不支或者身体状况不佳的教育者很难实现全程组织和引导，因而，对于教育者而言，应该尽力避免使用那些因为自身条件不足而无法较好地使用且可能为其所累的学生思想政治教育方法；在学生方面，方法的选择应该考虑学生的生理和心理发展水平、道德认知和道德判断能力、成长环境、文化背景、兴趣爱好、个性和品质等方面。还以激励教育法为例，在使用该方法时考虑学生的性格特征尤为重要，对于性格内向、存在自卑心理的孩子应该以正面激励为主，多采用鼓励等方式，这对于提升他们的自信，引导他们积极地进行学习和实践有重要意义。而对于那些性格外向、品性顽劣且常常犯错的学生，则要予以相应的惩戒，通过这样的手段达到激励的目的。总之，教育方法是由人来使用的，更是作用于人的，因而应该以人的实际为最基本的考量。

（三）教育过程与教育形式的设计是学生思想政治教育方法选择的具体参照

学生思想政治教育是一个庞大的系统工程，培养具备良好品德的人、培养合格的社会公民、为祖国发展培养优秀的建设者和接班人是学生思想政治教育的总体目的指向，但是学生思想政治教育过程是由不同的环节构成的，整个系统也分为不同的子系统，每个子系统都是围绕着特定的教育目标服务的，虽然各个教育目标不等同于学生思想政治教育的总目标，但确实在总目标精神的指导下形成了更为具体和细化的阶段目标，在这些具体目标的指导下又形成了具体的学生思想政治教育过程，目标不同，教育内容自然也不相同，还有就是教育者对于这些具体的学生思想政治教育过程的理解也不同，所以采用的方法自然就存在着差异，诸如赫尔巴特把整个品德教育过程理解为灌输，把学生看作“美德袋”，将道德知识任意增加到头脑里；杜威对道德教育的过程有着不同的理解，因而选择的方法也就不同，这就是教育者对学生思想政治教育的理解不同，所选择的方式或方法也会有很大的区别。此外，具体的教育形式不同，选择的方法也存在着很大的差异，例如课堂教学和实践教学二者不仅形式上不同，而且对于学生的培养侧重的方面也不同，采用的方法自然要根据两项活动的具体形式而定。

（四）教育环境与教育氛围的变化是学生思想政治教育方法选择的动态指标

学生思想政治教育方法不仅要因人而异，更要因地制宜，学生思想政治教育方法要根据不同的教育环境和教育氛围做出调整，以教育环境和教育氛围的变化为方法选择的动态指标。就学生思想政治教育的环境来说，环境是影响学生思想政治教育发展的外部因素的总和，环境对学生思想政治教育的影响不仅是多方面的，而且是全方位的，环境往往形成无形渗透的作用，很大程度上影响着学生思想政治教育的效果，因而，开展思想政治教育的一个重要方面就是对外部环境有一个良好的认识和把握。同理，选择和使用学生思想政治教育方法也需要衡量学生思想政治教育环境因素，以学习雷锋精神为例，相同的教育内容，在城市和在乡村采用的方法可能就存在很大的差异，城市教育设施齐备，可以通过播放雷锋的相关影视作品、纪录片，条件允许的情况下甚至可以去参观雷锋纪念馆等，通过这些形式去认识和感悟雷锋精神，乡村教育的条件较为落后，经济保障不足，可能更多的是通过老师讲雷锋的故事、读雷锋的日记等形式学习雷锋精神。就学生思想政治教育氛围而言，要根据不同的氛围对方法做出调整，例如在某一辩论过程中，如果秉承着不同观点的双方都能够保持理性，积极为自己的观点提供论据，虽然观点不同但是能够相互学习和借鉴，则方法有效可继续使用，但是如果辩论双方态度激愤，相互攻击，这个时候就需要由讨论法转向教师的说理引导法，及时地做出方法上的调整。

四　学生思想政治教育方法使用原则要求

（一）尊重规律性

规律是事物之间或事物内部各个要素之间本质的必然的联系，在任何事物的发展过程中，合乎规律就会朝着好的方面发展，违背规律则就会付出惨重的代价。在学生思想政治教育过程中，尊重规律是指既要尊重学生思想政治教育内部各个要素之间的联系，又要尊重学生的思想品德形成和发展规律。一方面，学生思想政治教育方法的使用要尊重学生思想政治教育内部各要素之间的固有的本质的联系，因为学生思想政治教育内部各要素是相互联系、相互影响的有机整体，对每个要素情况的认识和对各个要素之间关系的认识，有助于把握学生思想政治教育的整体情况，根据具体情况选择合适的学生思想政治教育方法。另一方面，对学生思想品德形成和发展规律的认识，学生思想政治教育整个活动都是围绕学生开展的，只有把握他们的思想品德形成和发展规律，在这个规律的指导下才能够选择合适的学生思想政治教育方法。

（二）体现针对性

选择学生思想政治教育方法要体现针对性，针对性具体表现在两个层面：一是要针对不同学段学生的特点、存在的问题和发展需要。学生思想政治教育活动是由各个学段的学生思想政治教育构成的整体，每个学段的学生身心发展处于不同的阶段，从而在他们身上也表现出不同的特点，存在着不同的问题，也有着不同的发展需要，因而针对学段之间的差异性选择合理的教育方法至关重要，再严格一点说，每个学段内部不同年级学生也会呈现出不同的特点，如何针对这些特点，对学生思想政治教育方法做出调整是体现针对性的重要方面。二是每个学生都是独立的个体，他们的成长经历不同、性格特点不同、兴趣爱好不同等，因而使用的学生思想政治教育方法也应不同，这样才能真正地做到因材施教。比如，“对骄傲自满、有虚荣心的学生应慎用奖励，对其表扬时要适当地指出他的不足或缺点，使其谦虚一些，并严格地要求他；对懦弱、缺乏自信心的学生，则应运用奖励给予精神上的支持，对其批评时，应适当指出他的优点，使其树立正确进步的信心，等等”①。

（三）把握创造性

学生思想政治教育不是一成不变的僵化过程，而是一个动态的发展过程，要想取得良好的学生思想政治教育效果，就要在各个方面把握创造性，其中在方法上把握创造性尤为重要。因为随着学生思想政治教育的发展，所要实现的学生思想政治教育具体目标是不断地变化的，所面临的学生思想政治教育对象实际也是不断变化的，学生思想政治教育的环境等因素也是不断变化的，随着这些因素的变化，学生思想政治教育所需要解决的不仅有原来的老问题，更有不断涌现的新问题，对待新的问题，有些老的方法是可以解决的，有些老的方法是能够部分解决的，还有些老的方法是完全不能奏效的，因而，不断地创造适合学生思想政治教育实际需要的新方法、不断改良老方法、致力于将老方法与新方法结合起来实现方法效果的最大化，这是使用学生思想政治教育方法的创造性原则。

（四）力求实效性

能否取得实效是衡量学生思想政治教育意义的重要尺度，同时更是验证学生思想政治教育方法可行与否的基本标准。学生思想政治教育方法的

---

① 詹万生：《整体构建德育体系总论》，教育科学出版社2001年版，第423页。

实施力争要做到与学生思想政治教育目的相匹配，服务于学生思想政治教育目的的要求；与学生思想政治教育内容相协调，助益于学生思想政治教育内容的传授与接收；与学生思想政治教育主体实际情况相配合，能够在与主体人格力量相融合的情况下实现影响最大化；与学生思想政治教育对象需要相联系，通过使用学生喜欢的方法从而使学生更愿意接纳思想政治教育；与学生思想政治教育外部环境相适应，将外部有利的环境因素与学生思想政治教育方法结合起来。总之，学生思想政治教育方法是与学生思想政治教育其他要素紧密关联的，是学生思想政治教育顺利开展的关键，因而方法的使用要始终以实现实效的最大化为根本导向。

（五）彰显时代性

学生思想政治教育方法的选择还应该彰显时代性，社会是不断发展进步的，社会的物质环境和精神环境也是不断地变化发展的，这些条件的变化对学生思想政治教育的方法形成了一定的制约性。社会的政治因素、经济因素、文化因素、思想因素、道德因素以及社会氛围、人际关系等都会对学生思想政治教育方法的选择和搭配有影响。譬如我国古代社会的道德教育的一些方法在当前社会仍然具有现实意义，但也有一些已经不符合社会的发展趋势和需要，还有就是在革命战争时期做思想政治工作采用的一些方法，很多是针对特定时期的特殊情况而实施的，与当前的社会实际和学生思想政治教育发展需要也不相符合。因而，既要将以往的优秀的思想政治教育方法继承下来，也要不断地根据社会的发展和学生思想政治教育实际的变化，不断地探索和挖掘具有时代性的新方法。

五　学生思想政治教育方法的重要价值

学生思想政治教育方法的价值主要体现在它直接关系到学生思想政治教育效果的取得，在学生思想政治教育中，我们不仅要注重对过程中其他因素的改造和提升，更要关注学生思想政治教育方法，增强学生思想政治教育方法的可行性、科学性和艺术性，从而使学生思想政治教育方法更好地发挥其自身的作用。

（一）学生思想政治教育方法是学生思想政治教育目标实现的重要途径

学生思想政治教育目标是党和国家对于学生思想道德品质发展的一种

外在要求，怎样将这种外在要求转化为学生发展的内在需要是关系学生思想政治教育工作成败的重要环节。学生思想政治教育方法是新时期将党和国家对学生思想品德提出的客观要求与学生的主观世界和发展愿望相联系的纽带，科学合理的学生思想政治教育方法能够平衡学生思想政治教育目标的要求和学生的发展实际，并且通过自身的多元化的发展力图使多层次、多角度的学生思想政治教育目标得以实现。如果没有学生思想政治教育方法作为中介力量，学生思想政治教育目标就像空中楼阁，无论设想得如何完美，也很难真正地实现。

（二）学生思想政治教育方法是学生思想政治教育内容传输的关键媒介

学生思想政治教育内容是学生思想政治教育目标的具体化，是为实现既定的学生思想政治教育目标而用以影响学生的社会思想观念、政治观点、行为规范等。学生思想政治教育内容的形式是多样的，可以是书本上的文字材料，可以是现实中的真实案例，也可以是某种文化精神，但学生思想政治教育的内容以何种形式表现出来，总要通过一定的方式和手段才能对学生产生影响。这种具体的方式和手段就是学生思想政治教育方法。学生思想政治教育内容和学生思想政治教育方法之间实质上存在着内容和形式的关系，一方面，不同的学生思想政治教育内容需要的学生思想政治教育方法不同，内容的调整和改动也需要方法做出相应的改变。另一方面，学生思想政治教育方法采用的恰当与否直接关系到学生思想政治教育内容的传输效果和影响作用。总之，学生思想政治教育方法是为实现学生思想政治教育内容的影响服务的，在学生思想政治教育内容传输的过程中起到了中介作用。

（三）学生思想政治教育方法是学生思想政治教育主体与客体的联系桥梁

在学生思想政治教育过程中，教育主体与教育客体通过教育方法产生相互作用、相互影响。学生思想政治教育过程是一个连续的实践过程，学生思想政治教育方法就是在这个过程中得到不断的调整和完善。首先，学生思想政治教育主体在学生思想政治教育目标的指导下，运用一定的学生思想政治教育方法将学生思想政治教育的内容传达给教育者，如果教育方法得当，会促进教育内容的传递和吸收，如果教育方法运用不当，教育对象将会通过自己的活动方式进行反馈，反作用于教育者，使教育者调整和改善学生思想政治教育方法，从而达到更加理想的学生思想政治教育效果。在科学技术高速发展的今天，随着学习方式的拓展和信息获取渠道多元化，教育对象所接触的知识和信息来自社会的各方面，甚至对有些信息的接收要超前于教育者，因而教育者与教育对象之间的方法沟通要改变以往从上到下的灌输模式，而应该采取更为平等和更为开放的教育模式，力争通过正确的教育方法，实现教学相长。

（四）学生思想政治教育方法是学生思想政治教育要素间关系的影响因素

作为由不同要素相互连接构成的有机整体，只有各个要素紧密联系，协同发展，形成合力，才能保证学生思想政治教育的实际效果。学生思想政治教育方法是学生思想政治教育过程中关系到各个要素之间关系的重要因素，具体表现在以下方面：首先，学生思想政治教育方法是学生思想政治教育主要人际关系的纽带，其中包括"教育者与受教育者之间的关系、受教育者之间的关系、教育者之间的关系以及个体与群体之间的关系。实验研究表明，采取民主的方法、专制的方法或放任的方法，直接影响德育过程中的师生关系、同学关系、教师关系、个人与团体的关系，从而影响德育效果。如何建立民主、平等的人际关系，尊重教育对象的主体性、主动性，营造和谐、安全的心理氛围是新时期运用德育方法必须考虑的"①。此外，教育方法使用的科学与否，也关系到教育者与教育内容的关系、教育对象与教育内容的关系等。

第二节　学生思想政治教育方法的内容阐释

学生思想政治教育方法是为了完成学生思想政治教育任务，实现学生思想政治教育目标所采取的各种方式和手段的总和。以往人们讨论学生思想政治教育方法主要从方法论意义上的方法和实践操作的方法两个主要维度开展，本部分着重对后者即对学生思想政治教育的实践操作方法进行归纳、研究和分析，以下提到的学生思想政治教育方法皆指学生思想政治教育具体的操作方法。

---

① 檀传宝：《学校道德教育原理》，教育科学出版社2007年版，第238页。

一　学生思想政治教育方法的基本类型

（一）说理引导法

说理引导法是指教育者通过阐述学生思想政治教育相关的理论去教育学生，以提高学生的知识水平和思想道德修养的方法。说理引导法的形式多样，其中，讲授法、讨论法和谈话法是最为常见的三种具体方法。

1. 讲授法

讲授法主要是指学生思想政治教育者以语言为主要媒介，借助板书、多媒体、影音材料等手段在学生思想政治教育过程中向学生传递思想观念、道德观点、政治知识、价值观念等内容，从而提高学生认知水平、陶冶学生的情感，帮助学生树立正确的观念的教育方法。讲授法主要包括讲述、讲解和演讲三种形式。“‘讲述’主要是描述事实，呈现知识、材料和观点，主要解决的是‘是什么’的问题。‘讲解’是进一步分析、论证和说明问题，主要解决‘为什么’的问题。‘演讲’则是综合运用讲述、讲解等方法，采取演说或报告的形式，完整、深入地论证或说明某一问题。”① 讲授法是学生思想政治教育最普遍和最常用的一种方法，因为其能够在最短的时间内传授给学生全面系统的信息，帮助学生快速地接收知识和道理，从而在思想观念上不断地发展成熟。这个方法的使用离不开教育者主导作用的发挥，需要他们对所传授的信息进行选择、过滤和加工，保证学生思想政治教育的方向性。但是这一方法在运用时往往使用“一对多”的形式，更多地关注到学生的普遍性，而忽略了学生的特殊性，很难针对不同学生的不同特点和实际展开，因而，一定程度上影响了学生的积极性和能动性的发挥。因此，教师在运用讲授法时要与其他方法有机结合，以弥补单一方法的不足。虽然讲授法以“你讲我听”为基本的形式，看似简单，但是为了增加方法的趣味性和有效性，教育者要精心设计，用心讲授，并不断地根据学生的反馈做出补充和调整。

2. 讨论法

讨论法或称辩论法，主要是指在学生思想政治教育者专门组织和指导下，学生以小组或者班级为单位，围绕学生思想政治教育具体内容中的某一理论观点或相关的现实问题进行讨论或辩论，各个小组或班级各抒己

① 檀传宝：《学校道德教育原理》，教育科学出版社 2007 年版，第 155 页。

见，不仅观点明确而且论据充分，通过辩论最终澄明思想，达成共识，从而提高全体学生的认知能力、帮助学生形成正确的态度和行为方式的方法。讨论法是学生参与程度较高的方法，对于激发学生学习热情、引导学生主动思考、提升学生认知能力和语言表达能力，帮助学生形成价值选择和辨别是非的能力都有重要作用。同时，在讨论的过程中，能够增进教育者对学生了解，从而使教育者的教育活动更有针对性，也能够增进学生之间的交流，取长补短。但需要注意的是，这个方法如果使用不好则会使讨论流于形式，既浪费了大量的时间又没有达到教育目的。因此，运用讨论法同样需要教育者精心的组织和设计，做大量的前期准备工作并且在讨论的过程当中及时地指导和总结，引导学生得出正确的结论。

3. 谈话法

谈话法主要是指学生思想政治教育者与学生在平等、民主的氛围下就某些问题进行沟通和交流，使学生明白某一道理，帮助学生解决现实存在的一些问题，促进学生发展进步的方式。以往，谈话法给人们留下了不好的印象，仿佛被找谈话的人都是犯了错误的，谈话也成了人们不太喜欢的沟通方式。事实上，在学生思想政治教育过程中，谈话法是一项师生平等、双向互动的交流方式。在谈话法实施过程中不仅教师有讲知识、讲道理的权利，学生也同样有表明自己想法的权利，学生可以提出疑问，也可以发表意见，简言之，谈话法是能够有效发挥教育者和学生双重主体性的有效方法。为了避免学生对谈话法的抵触，要改变谈话法在学生心中的不良印象，首先，谈话法应该更加的机动灵活，谈话不应该只是把学生叫到办公室在规定时间内交谈，而是应该不受时间、地点的限制，在与学生接触的不同情境下展开，比如在校园散步的时候、在食堂用餐的时候、在体育场锻炼的时候等，这样不仅能够多维度地了解学生，也能使谈话更加轻松顺畅。其次，谈话应该亲切自然，情理交融。谈话的目的不是批评，而是对于存在问题的学生及时地引导，使其走出误区。对于表现优秀的学生及时肯定，使其再接再厉，谈话重要的不是说教，而是引导学生自主地思考，明辨是非，进行选择。谈话过程中要与学生形成情感上的交流和共鸣，拉近师生之间的距离，使谈话成为学生喜欢的交流方式。最后，谈话不是漫无目的的闲聊，教育者需精心准备，要了解学生实际情况，对谈话有合理的规划，而且要把谈话作为一项常态化的方法使用，才能起到预防和激励作用。

（二）榜样示范法

榜样示范法主要是以模范人物、教师或先进学生等的优秀品质和具体的言行去影响学生的思想、情感和行为的教育方法。这种方法既包括名人的典范示范，也包括身边的同学和教师的典型引导和人格示范。示范法的优点在于它能够通过模范人物、教师或者先进学生的言行，把良好的道德品质、思想境界真实具体地表现出来，使抽象的东西具体化，为学生提供可以模仿和参照的目标，使学生在潜移默化中被同化，从而形成先进的思想和良好的品德，示范法具有形象性、感染性和可信性。

1. 典范示范法

典范示范就是用各个时代伟大人物的事例去教育和影响学生，在学生心中树立高大光辉的典范形象，通过榜样的真实事例指引他们的方向，鼓励他们不断前进。典型示范的榜样具有广泛性，他们可以是各个不同历史时期的人物，也可以是从事不同的行业或领域的人物，比如在进行榜样示范法的过程中，我们可以选择古代的屈原、陆游、文天祥、戚继光等人物的事例，不仅具体讲授这些人物的生平经历，更要通过他们的文学作品向学生展现他们伟大的爱国精神和高尚情怀。也可以选择在中国共产党领导人民进行革命的过程中涌现出来的伟大人物，如江姐、董存瑞、方志敏、张思德、白求恩等，不仅通过他们的事例向学生展现宁死不屈的革命精神、全心全意为人民服务的高尚境界、伟大的国际主义精神等，而且要把详细描述这些先进人物当时所处的历史条件，把艰苦的条件与当前的优越条件形成对比，更能够感染和激励学生。更要选择当前社会的榜样人物，如任长霞、郑培民、格桑德吉、胡佩兰，用他们身上对人民、对学生、对患者等的大爱去影响和感动学生，引导学生形成正确的价值导向，同时学生思想政治教育过程中对当前社会榜样人物的学习与媒体、网络宣传的信息等相呼应，有助于学生产生共鸣，加深学生的印象和感悟，增进示范效果。

2. 先进引导法

先进引导就是用学生群体内部的先进人物和先进事迹对学生进行引导，激励学生学习先进，赶超先进，不断地完善自我。先进引导法有着自身的优点，第一，先进人物和先进事例都是产生于学生群体当中，更真实也更贴近学生的实际，便于学生的学习和效仿。第二，身边先进的人和事，虽然不及伟大人物的事例那样令人震撼，但是却是发生在学生日常的学习和生活中，是在平凡中表现出来的先进，并不是高不可攀，不能达到的，而是学生只要通过努力就能学习先进，做到先进，因而更容易引导学生进步。第三，这些先进的人和事发生在同龄群体当中，在同龄群体中树立先进的榜样，有助于激励学生学习先进，也能够帮助学生进行相互的沟通和交流，有助于学生之间取长补短。运用先进引导法需要注意的是，要善于发扬学生身上的闪光点，从多个角度树立先进典型，比如，向某某学生学习爱劳动，向某某学生学习拾金不昧，向某某学生学习科学探索精神等，只有这样才能够发挥集体的优势，使学生在相互学习中不断地完善和发展自我。

3. 言行感染法

言行感染法是指教师、学校的管理人员和服务人员等在与学生日常的交往中，以自己的良好言行影响学生的思想和行为，使其向着好的方向发展。由于言行感染不是刻意安排的方式或方法，而是在日常生活中直接呈现给学生的，对学生的印象是直观的，而且是潜移默化的，因而产生的效果比较客观，而且影响深远。比如教师在课堂教学中教育学生要热爱祖国，奉献人民，没有实际的行动，学生往往把教育当成空谈，如果教师能够在升旗仪式时严肃地向五星红旗行注目礼，并且大声地唱国歌，能够在别人需要帮助的时候主动施以援手，能够在劳动的过程中身先士卒，这些行为都会让学生体会到老师课堂上传授的内容，并且容易引起学生的直接效仿；教书育人是学校教育的一个重要方法，此外，学校还要通过管理和服务育人，在管理和服务的过程中加强对学生的思想政治教育，因而学校的管理人员和服务人员也是影响学生思想和行为的重要因素，在对学生的管理和服务过程中，他们应该让学生感受到平等与尊重、温暖和热情、耐心和细心等，这样在与他们接触的过程中，学生也能够学会与人交往的基本礼貌、和善友好的品质。如果他们在对学生进行管理和服务的过程中不以学生的利益和需要为出发点，以俯视的眼光看待学生，以冷漠的行为回应学生，那么学生很容易不满、叛逆，出现问题。正如斯宾塞所说："野蛮产生野蛮、仁爱产生仁爱。"因此，学校的教师和其他工作人员应该严格要求自己，以自己的良好言行去感染学生。

（三）实践锻炼法

实践锻炼法，是指学生思想政治教育者根据学生的身心发展特点和实际需要，组织学生亲身参与到一系列具体的实践活动中，在实践中得到锻炼和提高，从而形成良好的思想品质和道德素质。“纸上得来终觉浅，绝知此事要躬行”，实践锻炼法是锻炼学生成长成才的必经之路。

1. 劳动锻炼法

劳动锻炼法就是让学生亲自参加劳动，培养他们养成良好的劳动习惯、正确的劳动观念，以及热爱劳动人民、珍惜劳动果实的思想情感。学生的劳动主要分为三个层面，一是自助型劳动，即指引他们独立地料理自己的生活，比如穿戴衣物、整理文具、打扫房间等。二是集体型劳动，即指引他们完成班集体中日常的劳动任务，能够完成擦黑板、打扫教室、除草、清雪等集体劳动。三是公益型劳动，即指引他们参加社会公益劳动，服务大众，如清扫烈士陵园、植树、为孤寡老人打扫卫生等。通过上述劳动内容，培养学生的独立性，加强他们的责任意识和为集体、为社会、为他人的服务意识，从而使他们的道德品质和思想境界在劳动中得以提高。

2. 活动锻炼法

活动锻炼法就是通过有计划、有目的的活动，拓展学生的活动领域，拓宽学生的视野，让他们走向社会，开展广泛的社会实践，并在这个过程中接触社会各个阶层的成员，在认识和交流中使自身得到提高的实践锻炼方法。活动锻炼法的形式是多样的，可以去农村进行生活体验，感悟农民的艰辛和粮食的来之不易；可以通过听名人自传式的演讲，领悟成功需要艰辛的努力；可以通过下乡支教等活动，使学生亲身体验作为教育者的责任与义务等，学生思想政治教育者要鼓励学生多参加社会实践活动，因为从这些活动中能够获得大量感性知识，并提高学生的思想认识和觉悟。

3. 行为锻炼法

行为锻炼法是为培养学生的良好道德行为和道德习惯，在学生思想政治教育者的指导下，在实践过程中对学生的行为进行反复锻炼的方法。良好的道德品质和行为习惯的养成不是一蹴而就的，而是需要在实践中不断地练习和强化。进行行为锻炼需要学生思想政治教育者的组织和引导，首先学生思想政治教育者应该向学生讲明为什么要进行某种行为的锻炼，什么样的行为是正确的，什么样的行为是错误的，在实施行为的过程中应该遵守哪些具体的要求。在向学生讲明道理的前提下，学生思想政治教育者应该做出必要的行为示范，亲身向学生展示正确的行为，以增强学生的印象，供学生模仿。此外，在学生进行行为锻炼的过程中，学生思想政治教育者应该针对不同学生的情况做出具体指导，检查督促，并且指引学生进行反复训练，最终通过不断的锻炼使这些正确的行为内化为自身的习惯。

（四）自我教育法

自我教育法指在学生思想政治教育者的指引下，学生在自我认识的基础上，进行自己反省、自我约束和自我教育，从而使自身思想品德不断完善的一种方法。自我教育是学生积极进取的表现，是学生为了能够形成良好的思想品德而为自己提出的要求，是一种自觉的教育方法。

1. 自我认知法

自我认知法是指学生在教育者的指导下，对自己的思想和行为正确与否，自身的优势与不足等方面进行认识的方法。“知人者智，自知者明”，能够对自己形成一个准确的定位和清晰的认识，是学生进行自我完善的前提。进行自我认知的方法是多方面的，一是可以通过别人的评价来认识自己，即善于倾听别人对自己优点或不足等方面的评价，及时地比对自身，及时准确地把握自身情况。二是通过自己的行为或活动来认识自己，即通过设定一定的目标，看自己能否完成，总结能够完成或不能完成的自身原因，从而对自己形成认识。三是通过道德评价活动来自我认识，道德评价活动的标准是客观的，因而形成的认识也是相对明确的，并且能够引导学生根据道德评价活动的程序来进行自我的审查和评价。只有当学生能够认识自己和理解自己时，他才有可能进行自我教育。也只有学生发自内心地想要自我提高和自我完善，并以这个为目的而进行的自我教育才是真正地调动了学生的主动性和积极性的教育，有学生真心参与的也才是根本的、深刻的教育。学生是否能够开展自我教育，进行自我教育的程度，自我教育取得的效果这些都是关乎学生思想政治教育成效的重要方面。学生自我认知的准确性很大程度上决定其思想道德品质的发展。

2. 自我体验法

自我体验法指教育者引导学生在自我认知和自我评价的过程中产生情感体验，使道德认知转化为道德情感的方法。只有将学生的道德认知升华为道德情感，才能使他们对事物的认识更为深刻，使他们更加注重自己的言行。学生思想政治教育者要在这个过程中发挥引导作用，努力创设一定的情境，使学生在具体的情境中获得直接的情感体验。要抓住能够让学生进行自我体验的机会，引导学生体验错误行为带来的恶劣后果和战胜自身不良习惯的愉悦。比如想要教会学生学会与别人分享，不能只是喋喋不休地强调，而是应该创设具体的情境，正如当前热播的亲子节目《爸爸去哪儿》中所设计的那样，首先设定特殊的情境，让孩子们在同一间屋子里，有的孩子有食物，有的没有食物，暗中观察他们的语言和行为，看看他们能否自觉地与他人分享，通过几组测试后，以集体讨论的形式，向孩子们讲明道理并对表现好的孩子提出公开的表扬，让表现好的孩子体会到认可和肯定以及与他人分享带给自己的乐趣，让没能与他人分享食物的孩子感到羞愧，从而激发他们形成乐于助人的自觉行为。

3. 自我约束法

自我约束法是学生在日常生活中能够自觉地约束和掌控自己的情感和行为，使自己的言行符合一定的道德标准的要求的方法。自我约束是在自我认知和自我体验基础上形成的，是自我教育的较高形式，也是表现一名学生成熟与否的重要标志。自我约束不仅是学生内在的道德观念、是非观念的外在体现，也是确保学生行为符合一定纪律和规范的重要步骤。运用自我约束法，学生思想政治教育者可以创设一定情境，在特殊的情境中为学生提供不同的选择，有的是正确的、有的是错误的，错误的选择往往又是对学生存在很大的诱惑的，在学生选择的过程中检测学生的道德信念的坚定程度，不断地磨炼学生的意志品质。同时也需要鼓励学生进行自我激励、自我监督和自我检查等。

（五）评价激励法

评价激励法是依据一定的原则、规范或者要求，对学生的思想和行为给以一定的判断，从而通过一定的形式进行肯定和否定的方法。这个方法对学生具有很大的激励作用，一方面能够督促学生不断强化自身，养成良好的行为习惯；另一方面能够激励学生抑制和预防不良的思想和行为。这种方法既是对先进学生的鼓励，也是对后进学生的督促，使先进者更加充满动力，后进者迎头赶上。需要注意的是对学生思想和行为的评价必须是客观的、公正的、全面的。

1. 肯定激励法

肯定激励法就是通过一定的形式对学生的思想和行为进行评价，对于先进的思想和行为及时予以肯定，从而鼓励他们继续保持良好的思想和行为，并且不断地向前进步的方法。肯定的形式是多样的，可以是语言上的，也可以是行动上的。称赞是学生思想政治教育者常用的方式，通过语言上给予学生肯定和好评，增强学生的信心和动力，比如对学生说：“做得不错，这个主意我都没想到，太棒了，我们可以以你做的为模板了”

等语言。称赞也可以表现为具体的行为，比如一个肯定的眼神、一个竖起大拇指的手势、抚摸一下小学生的头、给予他一个微笑等，这些都会让学生感到自己受到老师的肯定和认可。表扬是比称赞更为正式和强烈的肯定方式，语言或行动表达得更为直观，通常会在口头上或文字上提到“向某某提出表扬”，会让学生感受到明显的认可和鼓励，从而形成更强的向上动力。此外，还有一种以物质的形式对学生进行肯定就是奖赏，奖赏通过颁发奖状、奖品等物品，这些物品带给学生的不仅是物质的奖励，更是满足了学生精神上的需要，增强学生的荣誉感。以上方法都是通过正面激励的方式来强化学生良好的思想和行为，既是鼓励学生对良好品行的保持，也能增进学生对优良品质的发扬。

2. 否定激励法

否定激励法就是通过一定的形式对学生的思想和行为进行评价，对于学生错误的思想和行为及时予以否定，通过一定的形式及时矫正他们错误的思想或行为，使其沿着正确方向发展的方法。批评是最常用的否定激励法，分为书面批评和口头批评，具体分为单独批评、公开批评、集体谴责等形式。此外，惩罚是比批评更加强烈的否定激励手段，通常用于学生犯有严重错误或多次重复犯错的情形。“负强化也有教育意义。因为学生在得到批评或惩罚的否定评价后引起不愉快甚至痛苦的情绪体验，从而产生内疚、悔恨，促使其吸取教训，痛改前非。它也可以使学生明辨是非，清楚地记住什么是错误的，什么是不能做的，从而克制自己的不良欲望，克服自己的缺点错误。”① 但是否定激励法应该以学生能够接受为前提，使用过程中要严谨适当，避免对学生造成身心上的伤害。

以上是对学生思想政治教育主要方法的陈述与归纳，需要指出的是，基于学生思想政治教育的复杂性，学生思想政治教育实践过程当中的具体操作方法应该具有很强的灵活性，可以说没有哪种方法能完全针对哪类问题，我们以上列出的方法并不是方法的全部，方法是在不断地变化和发展的，我们需要对最优的方法进行不懈的探索，从而达到最佳的教育效果。

二　学生思想政治教育方法的学段应用

学生的整个求学过程与成长过程是同步的，在不同的学段学生的成长

① 詹万生：《整体构建德育体系总论》，教育科学出版社 2001 年版，第 463 页。

和发展也会表现出不同的特点，学生基于自身的发展实际也会产生不同的发展需要，此外不同学段的学生，也会有各自学段比较典型的问题，针对这些差异性，学生思想政治教育的方法也要不断地调整和转换，诚然，有很多方法是适用于小学、初中、高中、大学各个学段的，但有些方法则是适用于特定的学段或是不适用于个别的学段，即便是在各个学段都适用的方法，它们的具体表现形式也存在差异，以下我们具体分析各个学段的方法应用。

（一）小学阶段的学生思想政治教育方法

任何一个学段学生思想政治教育方法的采用都要以了解学生的发展实际和现实特点为基本前提。小学阶段的学生发展有其自身的特点，小学阶段是学生学校生活的起始阶段，学生整体年龄较小，认知能力较低，思维具有直观性、形象性等特点，但是小学阶段跨越的时间较长，小学低年级和中高年级的学生因为年龄、生理、心理、知识等因素的差异，也表现出不同的特点，因此要把两个阶段进行单独的区分。

就小学低年级学生而言，他们刚刚迈入学校的校门，无论对于知识，还是规范或是纪律都是初步接触，没有形成良好的行为习惯，更没有自己的道德观念和是非标准，因而对这个阶段的学生应该主要以说理引导法为主，说理引导法是适用于小学低年级学生思想政治教育最基本也是最重要的方法，因为这一时期的学生的道德发展接近白板，外在道德观念和道德知识尚未在学生的头脑中留下深刻的印象，亟须教育者通过说理引导的方式对其进行基本道德知识、道德观念的灌输，当然基于这个阶段学生的特点，说理引导法应该以讲授法和谈话法为主，由于讨论法对于学生的知识储备、思维能力等方面要求较高，不适合在这个阶段使用。在讲授法和谈话法实施的过程中，要使用简单的语言、形象生动的事例，尽量做到能够寓教于喻，对学生要求要具体、明确、细致，从小事着手，避免将成人化的说理引导应用于这个阶段的学生。此外，榜样教育法、实践锻炼法和评价激励法也是这个学段应该运用的重要方法，需要注意的是，小学低年级学生的进步很大程度上是在模仿的过程中取得的，辨别能力低，因而教师和学校其他工作人员要谨言慎行，避免自身错误的行为误导学生。选择学生力所能及的方式对他们进行实践锻炼，慎用否定激励的方法，避免对学生幼小的心灵造成阴影。相对于小学低年级的学生而言，小学高年级的学生在认知水平和思维能力上都有明显的提升，可在充分准备的前提下运用讨论法，在实践活动中也应适当给予学生空间，让他们发挥自主性，但整体而言，整个小学阶段学生思想政治教育应该形象、主观、具体、易于学生接受。

（二）初中阶段的学生思想政治教育方法

人们常说，初中阶段的孩子是最难管的，这是由初中阶段学生的身心发展特点所决定的，他们正处于青春发育期，生理上在不断地成熟和变化，日益接近成人，同时心理上也极度渴望独立和自主，这一时期容易产生逆反心理，能够对他们进行正确的教育和引导关乎着他们的发展和走向，因而这一时期的学生思想政治教育方法的运用更要格外的注意。

初中阶段的学生渴望以成年人的姿态生活，希望能与父母、老师平等地交流，期待获得他们的认可和尊重。因而他们往往对说教式的方法很排斥，针对这样的情况，这一时期应该以实践锻炼法为主，让初中生走出课堂，通过实践锻炼增加自身的道德认知和道德体验，从而形成自己正确的认识。实践出真知，说的就是这个道理。有这样一个真实的例子，某初中少年沉迷于网络游戏，学习成绩大幅度下滑，并且对于家长和老师的劝导和教育产生严重的排斥，最终执意辍学。母亲见说服教育没有效果，只会让他产生更为严重的逆反心理，于是为他找到了一份工厂门卫的工作，希望这样能够让他自己去感受是上学好还是早早地踏入社会好。少年因为要整天守在岗位无法脱身，又要向家里上交所有的收入，坚持了工作半年之后，苦求母亲希望能够再回到学校学习，并且保证要努力上进，重回校园的他更加珍惜学习的机会，奋发图强，最终以优异的成绩考入了本市的重点高中。对初中生的引导需要我们创造一定的条件，让他们在实践中经受挫折，受到磨炼，从而得到锻炼。

当然，说理引导法仍然是必要的，榜样示范法、评价激励法、自我教育法等方法也是这一阶段学生思想政治教育需要采用的重要方法。只是应该在形式上对说理引导法做出必要的调整，不应只是单纯的“你讲我听、你说我记”的形式，因为初中阶段已然不同于小学阶段“你教我信”的情境，学生往往对老师讲授的内容存在质疑，因而在进行说理引导的过程中应该创新方式方法，吸引学生的注意力，激发学生的兴趣，引导学生进行思考，让他们感受到学习的趣味，从而愿意主动学习。比如，在讲授个人与集体的关系时，说到每个学生的思想和行为都会影响集体的形象，对他人产生影响，这时完全可以用一个简单的道具，用白色的杯子盛满清水，然后向杯子里滴入一滴黑色墨水，学生们看见整杯水立即变浑浊了，从而引发学生的思考，进而端正自身的行为，严格要求自己，不能给集体抹黑。

（三）高中阶段的学生思想政治教育方法

虽然在一些高中生身上虽然还存留着初中阶段的叛逆等特点，但就整体而言，高中生的身心发展已趋于成熟，情绪较之初中生更加稳定，而且已经具备较高的认知能力，有较强的思维能力和辨别能力，因此对他们开展的学生思想政治教育要充分意识到他们身心发展的特点，以他们最乐于接受的方法开展。

总体而言，说理引导法、榜样示范法、实践锻炼法、自我教育法、评价激励法等学生思想政治教育方法在高中阶段是普遍适用的，只是根据高中生的发展特点和实际需要，这些方法在具体的应用形式上会与其他阶段存在一些差异。比如，在这个学段，说理引导应该重点组织学生积极地开展讨论，在讨论的过程中摒弃错误观念，形成正确的结论，从而提升学生的认识水平，之所以提倡讨论法是因为学生已经具备了较为充足的知识积累、思辨能力，容易形成情感共鸣以达到良好的教育效果。此外，与学生进行平等的谈话也尤为重要，谈话的目的不仅仅是像小学或中学那样，要给予他们鼓励和支持，对他们身上存在的问题进行疏导，而更要及时了解他们的想法，给予他们表达意见和建议的机会。而实践锻炼法则应该注重活动锻炼，让学生自己组织活动、参与活动，采用会议、辩论、调研、采访等形式，使学生真正地接触社会，锻炼他们的实践能力。虽然劳动锻炼和行为锻炼也必不可少，但这两项锻炼主要应该在早期进行，就高中阶段学生的发展需要而言，活动锻炼更符合高中生的实际。高中生已经初步形成了自己对事情的评价标准，他们能够根据外在的要求与自身的言行做出对比，并且通过自我思考、自我检验、自我反思、自我修正等形式进行自我教育，教师在学生自我教育的过程中要及时进行疏导，保证他们的自我教育沿着正确的方向进行。

（四）大学阶段的学生思想政治教育方法

大学生基本上都是成年人，他们不仅有较高的知识修养，而且干劲十足，充满活力。他们自身的世界观、人生观、价值观也已经基本形成，但是尚未稳定，容易受到外在因素的影响，因而对于他们的思想政治教育工作尤为重要，学生思想政治教育就是不仅要培养知识和能力过硬的人才，更要培养道德和品质合格的人才，这也正是对国家党中央提出的“育人为本，德育为先”的方针的具体执行。

大学生思想政治教育的方法也是多样化的，在众多方法当中，实践锻炼法和自我教育法是最为主要的两种方法。实践锻炼法是“使他们在实践中接受锻炼和考验的教育方法，是大学生思想政治教育的重要环节。学生通过积极参加各种社会实践活动，全面地了解自己、了解社会，自觉接受教育，从而既开阔眼界、改造客观世界又提升能力、改造主观世界，逐步形成正确的世界观、人生观和价值观。高校要充分结合学生的专业教育特点，把社会实践作为教学的必要环节，纳入学校的总体教学计划，教师和学生作为主客体共同参加，并积极探索和建立社会实践与专业学习相结合、与服务社会相结合、与勤工助学相结合、与择业就业相结合的管理体制，尊重大学生在实践活动中的主体地位，充分发挥他们的主体能动性，并结合各项活动主旨激发他们的综合潜能，使学生通过丰富多彩的实践教育活动平台，融汇学业知识和专业技能，提高自身的综合素质。”① 自我教育法与大学生思想政治教育是紧密结合的，自我教育法能够发挥大学生的主体性，增强学生的自觉性，引导学生进行自我认识、自我检验、自我约束和自我矫正，从而不断地提高学生思想道德水平，可以说大学生是在自我教育的过程中不断成长和发展的。大学阶段是自我教育法得以最好应用的学段，因为这个学段学生的自我意识增强，能够积极地认识和评价自己，也能够主动地约束和完善自己。同时，自我教育法是大学阶段的一个最有效的教育方法，因为它能够给予学生独立思考、自主选择的自由，符合大学生的发展实际和真实需要。当然，其他的方法在这个学段的应用效果也是不可小觑的，只有将各项方法结合起来，使它们相互弥补，形成合力，才能最大可能地收获学生思想政治教育成效。

---

① 王畅：《大学生思想政治教育方法体系构建研究——基于以人为本视域》，《思想政治教育研究》2013 年第 8 期。

第三节　学生思想政治教育方法的应用与创新

一　学生思想政治教育方法的应用

（一）灵活化应用

学生思想政治教育活动是一项具有艺术性的实践活动，需要教育者在方法的运用上不仅能够继承前人的经验成果，而且能够发挥想象力和创造力，针对不同情况灵活地调动和运用各种方法。在以往学生思想政治教育过程中，关于方法的应用往往会形成一定的思维定式，按部就班地使用固定的方法，对一些方法的认识和理解也出现了僵化或者教条的现象，比如“灌输”，提到灌输往往将其等同于不加思考的填鸭式教育方法，实质上这种理解就是存在偏差的，灌输方法在其使用过程中也有它适用的对象、使用的原则，更有其独到的作用和优势，单纯地以贬斥的眼光看待这种方法，是人们头脑中遗留下来的固定偏见。所以对学生思想政治教育方法的灵活应用首先应该做到对每个方法都形成准确而全面的认识。事实上，每一种方法在其面对的对象不同的时候，自身的形式和作用也会随之发生变化，这就是我们常说的要因材施教，要根据对象选择方法，比如，同样运用鼓励的方法，可以给表现好的小学生佩戴一朵小红花，而这个方法对大学生就不适用。同样是说理引导，对小学生要通过寓言故事、卡通漫画来对他们进行引导，如果初中生还用这种形式则会引起学生的厌恶和反感。学生思想政治教育方法的灵活运用是体现其自身发展性和创新的重要标志，更是表现其生命力的重要象征。

（二）综合化应用

学生思想政治教育活动及其要素的复杂性要求方法的多样性，但仅靠方法的灵活运用和多样化也很难形成最佳的效果，因为每一种方法的适用范围都是有限的，其产生的作用也是有限的，要想在方法运用上取得最好的效果就要注重方法的综合运用，正如马卡连柯认为：“具有决定意义的不是孤立的教育手段，而是和谐的组织起来的手段体系。”① 学生“思想政治教育方法的综合应用，强调教育者自觉地和有科学根据地选择教育方

① 参见巴拉诺夫等《教育学》，人民教育出版社 1983 年版，第 198 页。

法，并在思想政治教育具体过程中，依据方法之间的有机联系，相互结合地和相互联系地运用它们，以发挥思想政治教育方法的整体功能，从而获得最优的教育效果①。”综合应用学生思想政治教育方法，首先是要学会继承优良的传统方法，这些方法虽然历史久远，但是经久不衰，在当下的学生思想政治教育中仍然适用，因而要将这些方法作为宝贵的财富继承下来。其次要将原有的一些方法进行改进和创新，与时俱进是我们运用方法的重要原则，对原有的一些方法做出改进使其能够更好地发挥作用，将继承和创新的方式进行统一，有助于增强学生思想政治教育的针对性和实效性。需要强调的是，综合运用不是简单地将多种方法一起使用，而是将它们有机地融合，能够发挥他们自身最大的优势。譬如在对大学生进行思想政治教育过程中，“构建课堂教学、论坛研学、笔谈用学相融合的教育教学方式。要以增强针对性、实效性，提高感染力、说服力为要求，采用师与生互动、教与学互补、学与思互用的教学方式进行教学。创建教师教学与辅导员教育相配合的育人机制。专业课教师在进行专业课教学过程中要充分体现思想政治教育。要充分发挥专兼职辅导员的主力作用，要大力加强专、兼职辅导员队伍建设，使他们成为学生的政治思想指导师和引路人，成为心理健康和职业发展咨询师，成为大学生的良师益友。搭建理论教学与实践教学相结合的模式。这就要通过主课堂、主渠道、主阵地的系统理论教学使大学生受到理论教育，要通过实践教学环节让学生去感受、去领悟”②。

（三）人本化应用

学生思想政治教育的出发点和落脚点都是为了促进学生更好地发展，因而在学生思想政治教育方法的应用过程中更应该突出人本化的理念，即以尊重学生、关心学生、理解学生、爱护学生为根本的准则，给予学生更多的人文关怀。第一，学生思想政治教育方法的选择要以学生为基本的依据，正如我们前面所提到的那样，学生的身心发展水平和特点、学生存在的具体问题以及学生现实性的需要等都是学生思想政治教育方法选择时需要考量的基本要素。第二，学生思想政治教育方法的运用过程中要时刻考

---

① 万美容：《思想政治教育方法研究》，中国社会科学出版社 2007 年版，第 218 页。

② 彭建国：《注重方法创新　增强高校思想政治教育吸引力》，《中国高等教育》2012 年第 12 期。

虑学生的感受，学生思想政治教育者要通过方法以平等的形式与学生进行沟通和交流，对学生进行教育和引导，学生思想政治教育方法不应该是教育者强加在学生身上的硬性手段，而是以提高学生思想道德品质为出发点，以学生乐于接受的形式出现的有效中介，能够让学生首先在心理上接受，从而在实践中积极配合。第三，学生思想政治教育方法应用要在细节上体现对学生的关注，方法不是普遍适用的，即使是处于一个学段的同龄学生，也要关注每个学生在学习和生活中的细节，根据这些差异为他们量身运用不同的思想政治教育方法。当学生思想政治教育方法真正做到以对学生的爱与尊重为出发点，以学生的发展实际为参照点，以学生的角度和立场为思考点，这样的方法肯定会得到学生的认可和接受，学生思想政治教育的效果也必然提升。

二 学生思想政治教育方法的创新

当前条件下，学生思想政治教育方法的创新是改进和加强学生思想政治教育实效的必然要求，但是强调学生思想政治教育方法的创新，并不是要摒弃原有的教育方法，而是要在继承原有优良方法的基础上，深入研究当前学生思想政治教育存在的新情况和新问题，总结学生思想政治教育的新特点和新规律，改进原有的方法，挖掘新的方法，以实现学生思想政治教育方法的创新发展。学生思想政治教育方法的创新应该遵循以下思路：

第一，从方法的运用者来看，既要创新思维，又要掌握艺术。“思维方式作为人们思维活动过程中所运用的工具，它不仅是人们在抽象思维活动中所运用的工具，而且是人们在认识和把握对象的整个思维过程中所运用的工具。因此，只有采取正确的现代思维方式，才能正确认识和把握思想政治教育方法的内在本质，提高其科学性认识。”① 学生思想政治教育方法的运用者即教育者，他们在学生思想政治教育过程当中处于主体地位，起着主导作用。因而，在学生思想政治教育过程中，他们的思维方式关乎着他们对学生思想政治教育其他要素的认识和把握，影响着他们对事物的认识和理解。“陈旧、落后的思维方式有碍于教育者准确地理解和把握思想政治教育的目的和任务、恰当地选择和运用教育内容、正确地认识和对待教育对象，有碍于教育者具有开阔的视野和形成创新的意识、产生

① 张毅翔：《谈思想政治教育方法理论创新的研究思路》，《学术论坛》2007 年第 4 期。

创新的冲动、设计创新的内容”①，并且由其应用的学生思想政治教育方法则会难以做到与时俱进，因而创新方法的前提是创新思维，学生思想政治教育者的思维要由单向度向多向度转变，由被动向主动转变，由具象性向发散性转变，从而形成具有前瞻性的、全面性的、立体性的思维模式。此外，教育者不仅要具有创新思维，更要掌握运用方法的艺术，教育者要运用方法的艺术性，主要体现在说理引导法运用过程中，语言要适当、得体，在其他方法运用过程中要巧妙、灵活。当然，教育者运用方法的艺术修养不是天生就有的，也不是一朝一夕就能养成的，而是要通过不断地学习和实践锻炼，在磨炼中不断生成。

第二，从方法的现有构成来看，既要深化发展，又要完善改进。学生思想政治教育方法的创新不是使用现有的方法，重新建立一套方法体系，而是要对经典的传统方法进行深化发展，完善改进，使其更符合现代学生思想政治教育的要求。深化学生思想政治教育方法既要秉承我国传统的优秀思想政治教育方法，也要不断地吸收外来的优秀方法，虽然思想政治教育是一项具有阶级性的实践活动，但是也有普遍适用的方法，只有以包容的心态去吸收外来的方法，并将这些方法与我国传统的学生思想政治教育方法相结合，使其本土化和实用化，这样才能容易被教育对象所接受，从而形成最为合理的学生思想政治教育方法。此外，对现有学生思想政治教育方法的深化发展离不开对其他学科方法的借鉴，每一个学科都不是孤立发展的，随着社会发展程度的提高，学科之间的交叉和融合的趋势日益明显，“思想政治教育学科，本来就是在许多相关学科的边缘综合发展起来的一门学科，同许多相关学科在内容和方法上，都有着密切的联系。借鉴、移植其他学科的理论和方法，引进和吸收其他学科的研究成果，补充、丰富和完善思想政治教育方法体系，是学科发展的重要任务。思想政治教育方法的创新不仅要吸收心理学、教育学、伦理学、人才学、社会学等相关学科的研究成果，还应采用信息论、系统论、控制论等科学方法，并使之有机结合起来，形成现代化的思想政治教育方法体系”②。总之，只有秉承优良的传统方法，并且以开明的视野，以兼容并蓄的心态去优化

① 常红梅：《浅析思想政治教育方法创新的基本思路》，《中国青年政治学院学报》2002 年第 5 期。

② 郑艳：《继承、借鉴中探索思想政治教育方法的创新》，《求实》2001 年第 9 期。

学生思想政治教育方法，才能使学生思想政治教育方法不仅具有继承性，而且具有时代性；不仅具有专业性，而且具有融合性；不仅具有本土性，而且具有国际性。

第三，从方法的实施渠道来看，既要疏通点线，又要网络构建。学生思想政治教育方法实施的渠道，是学生思想政治教育目标得以实现的重要组织保证。学生思想政治教育方法实施渠道的多元性和畅通性关乎着学生思想政治教育的成败和效果。以往我们的学生思想政治教育的方法实施渠道主要是指课堂教学，但是随着社会的发展，学生思想政治教育也发生了很大的变化，原有的单一渠道已经不能够满足学生思想政治教育实际的需要，亟待我们不断地拓展和开发新的渠道，只有将多种渠道同时运用，实现点线结合，构建完整的渠道网络，这样才能够使学生思想政治教育方法的作用得以最大程度的发挥。拓展学生思想政治教育方法的实施渠道，一方面要对有形的渠道进行开发，不仅要以学校的教育育人、管理育人和服务育人为基本实施渠道，而且要积极拓展学生的课外实践活动，开发形式各异的教育活动，以满足不同学生的爱好和需要，注意将学生思想政治教育活动的全局性和针对性相结合、教育性与娱乐性相协调。在家庭、社会的共同配合下实现多种渠道的开发和应用。另一方面就是对无形渠道的开发，无形渠道主要是指网络信息渠道，多元化的网络信息对学生的思想和行为形成了无形的影响和渗透，继而将其称之为无形渠道。“随着互联网的发展，思想政治教育亟须‘网络政工’，积极创建教育互联网平台，营造红色网络文化氛围，以‘灌输、引导、监控’为主要方式，占领网络思想意识阵地，积极探索校园网与思想政治教育相结合的实现途径，充分利用网络技术优势加强和改进思想政治教育工作。”① 打通全方位的育人途径，为学生思想政治教育方法的应用提供现实的载体，这是保证学生思想政治教育方法有效发挥作用的关键。

第四，从方法的具体实施来看，既要注重结合，又要提升技巧。学生思想政治教育方法的创新发展是在其长期的实施过程中实现的，能够把握不同方法的特点，在实施过程中通过将多种方法有机结合，发扬不同方法的优势，弥补各自的不足，是学生思想政治教育方法运用的基本思路。有

---

① 吴宝权：《试论大学生思想政治教育方法创新》，《武汉科技大学学报》（社会科学版）2006 年第 8 期。

的学者提出“四个”转变理论，“即从注重教育型转变到教育与管理相结合，从注重灌输型转变到灌输与疏导相结合，从注重解决思想问题转变到解决思想问题与实际问题的结合，从注重教育者的作用转变到充分发挥教育者的主导作用和受教育者的注意自我教育作用的结合”①。学生思想政治教育方法的实施不仅要注重将多种方法优化组合，更要在方法的使用过程中不断地总结规律，提升技巧。正如有的学生指出，“思想政治教育方法创新需要做到：在教育观念上实现由‘堵’到‘疏’转变，在教育者与教育对象的关系上实现由‘我讲你听’向‘双向沟通’转变，在教育内容上实现由‘空洞无物’向‘具体实在’转变，在教育对象上实现由‘一锅煮’向因人施教转变，在教育形式上实现由单调呆板向生动活泼转变，在教育效果上实现由单一渠道向综合作用转变”②。因而，学生思想政治教育方法的创新从某种程度上讲，既可以是将原有方法进行优化整合形成新的影响力，也可以是运用新的技巧提升原有的方法的效能。

总之，以上对学生思想政治方法的探讨是在前人认知基础上形成的，学生思想政治教育方法的研究是任重道远的，对于目前到底有多少种学生思想政治教育方法、哪些是学生思想政治教育特有的方法、不同学段应该具体使用哪些学生思想政治教育方法、同一种方法在不同学段的应用上应该有怎样的区别、怎样提升方法的运用技巧、如何进一步实现方法的创新等问题，都是值得我们在今后的研究中不断探索的。事物是不断地向前发展的，因而我们要以发展的眼光去看待学生思想政治教育方法，在发展中谋求进一步的优化和创新。

---

① 郁时全：《论思想政治工作方法的创新》，《社会主义研究》2001 年第 4 期。

② 张志刚：《思想政治教育方法论》，新疆人民出版社 1998 年版，第 29—36 页。

第六章　学生思想政治教育实效的评价

第一节　学生思想政治教育实效评价的意义

在学生思想政治教育领域，人们对思想政治教育实效的讨论多半都是对学生思想政治教育现状进行主观描述，对影响学生思想政治教育实效的因素进行分析，对如何提高学生思想政治教育实效的思路、对策进行研究，而对思想政治教育实效的科学评价却鲜有探讨。学生思想政治教育实效评价，既是学生思想政治教育的有机构成，也是学生思想政治教育的客观要求，还是学生思想政治教育的现实需要。

一　学生思想政治教育的有机构成

学生思想政治教育实效是学生思想政治教育的必然产物和客观结果，也是学生思想政治教育的目的追求和价值诉求。学生思想政治教育实践为了追求实效就要保证追求实效的实践活动的完整性，实效是学生思想政治教育实践的结果构成，实效信息反馈就应是学生思想政治教育不可缺失的环节。学生思想政治教育实践不应忽视实效的信息呈现和反馈环节，否则就不是完整的学生思想政治教育实效追求的活动。同时，只有认识了学生思想政治教育实践带来的客观结果，才能去表达和呈现这个结果并给予"量"和"质"的分析，为提高学生思想政治教育实效提供经验借鉴和增强对策措施的针对性。如果在学生思想政治教育实践之前，不知道学生思想政治教育实效的状况，就盲目地采取各种对策措施，那么就会失去对策措施的现实性和针对性。提高实效的对策措施只能流于形式，只能无的放矢，很难取得理想的效果。有了实效结果的评价，才能知道我们教育实践取得了怎样的实效，才能知道我们的成就在哪里、差距在哪里，才能有针对性地改进教育实践以提高实效。然而，现在的问题是，学生思想政治教育实践活动本身被重视，而对教育实效的评价被忽略。目前，在学生思想政治教育领域，研究学生思想政治教育实践的多，研究学生思想政治教育实效的少，研究学生思想政治教育实效评价的就更少；学生思想政治教育要关注自身带来的实际结果，要认识这个结果；而认识这个结果，就要评价这个实效结果。因此，学生思想政治教育实效评价是学生思想政治教育的有机构成，而学生思想政治教育实效结果获得客观测度，才能为学生思想政治教育追求实效提供方向性参考和现实着力点。

二　学生思想政治教育的客观要求

学生思想政治教育实效的评价是满足人们对学生思想政治教育实效追求和期待的需要。事实上，追求实效是实践活动的本质内容，实践的成功就是人们所追求实效的实现。学生思想政治教育作为一项有目的的实践活动必然要实现自己的目的。这种目的的实践作为学生思想政治教育实践内在的、必然的东西，规约着学生思想政治教育实践的活动的展开以及各种学生思想政治教育条件和资源的利用以及开发。尽管有人认为学生思想政治教育的目的是为培养国家和社会未来发展需要的人，也有人认为学生思想政治教育就是要促进教育对象全面发展及提升个体的精神境界。但我们不能否认学生思想政治教育实践要追求一定的实际效果。学生思想政治教育的突出特色就是追求实效，追求实效不仅是教育者的目的，也是国家和社会的期待，更是教育对象的渴求。教育者希望通过追求实效以实现教育目的，因为教育者在从事学生思想政治教育的过程中需要了解教育的实效状况；社会希望通过期待实效以享用教育成果，因为社会在支持学生思想政治教育或为学生思想政治教育创造条件的过程中希望了解育人效果；教育对象也渴求实效以提升自身德性，因为教育对象作为有意识有情感正在成长的人，不仅有客观的存在性、规律性和社会性，并且还有作为人的主体性，有着自己参与教育的希望。他们的教育希望主要是希望教育能使自身的发展需要得到满足和遇到的现实问题获得解决，因而教育对象也渴望了解其参与的学生思想政治教育给予自身带来实际效果。学生思想政治教育追求实效就要及时地认识实效，就要客观地发现实效，就要科学地呈现实效。然而，这一切都决定学生思想政治教育作为追求实效的实践活动，客观上需要评价学生思想政治教育追求实效的这个实际效果。只有考评学生思想政治教育追求实效的这个实际效果，才能认识、发现和呈现实效，才能满足人们（教育者、学校、国家、社会和教育对象等）对实效的期待和渴求。无论是实践追求的目标，还是社会的期待和要求，或是教育对象的希望和需要，都客观地要求评价学生思想政治教育追求实效的这个实际结果。没有实效结果的评价，既无法评价学生思想政治教育的结果，也无法实现学生思想政治教育实现的追求，更无法满足人们对实效的期望。学生思想政治教育实效的评价是追求实效的学生思想政治教育的客观要求，而实效获得客观测度可以满足人们对实效的关注需要。

三　学生思想政治教育的现实需要

学生思想政治教育实效评价具有回应当前学生思想政治教育实效是否低下的意义。从目前人们关于实效的讨论看，人们普遍地认为学生思想政治教育实效低下，但仔细分析就会发现，当人们得出此结论的时候并不是建立在关于学生思想政治教育实效科学评价的基础上，而主要是根据经验主观得出的结论。“当前，不论是教育实践工作者还是教育理论工作者，学校德育实效低下似乎已是客观的定论。这在公开发表的论文方面得到充分的表现，以‘德育实效低下的原因’、‘提高德育实效’和‘增强德育实效’为题的论文现今已达数百篇之多。然而，对这种判断的反思却极少。”① 在学生思想政治教育实效研究中，不少研究者只是简单经验地看问题，并没有对实效给予科学有效的评价，往往在讨论实效之前就预设了实效低下的结论，并将其当作不证自明的道理，其他的相关论述和研究都建立在这一缺乏考证的定论基础上。“面对这种严重缺失、令人担忧的德育评价现状，我们广大教育工作者应该尽快从目前的德育评价定式中解脱出来，摸索出一套科学、合理、行之有效的德育评价体系。”② 因而，从目前学界关于学生思想政治教育实效低下的主观假定看，需要加强实效的评价。当然，人们虽然认为学生思想政治教育实效低下，但是他们却都是本着善良的和企图提高实效的愿望出发的，只是认识方法和研究结论值得商榷或尚待证明。目前，在社会上还存在另一种学生思想政治教育实效低下的论调，这种论调是以学生思想政治教育实效低下的武断来提出取消学生思想政治教育或根本没有必要开展学生思想政治教育的错误结论。国际

① 吴灯、易连云：《学校德育不能承受之重》，《上海教育科研》2009 年第 5 期。

② 黄立平：《德育评价的缺失及对策》，《基础教育研究》2006 年第 4 期。

知名经济学家张五常在2012年12月16日由凤凰网与凤凰卫视联合举办的“第一届凤凰财经峰会上”作了题为《中国改革做对了什么》的主题演讲，他认为“所谓的思想教育，应该转为文化教育，爱国这回事是不能够勉强的。现在给他们的政治教育有什么用，浪费时间，你教他们苏东坡的诗有什么不妥，学学王羲之有什么不妥，一个人有文化，应对起来可以谈几句中国的文化。”我们要想有力地回应此种言论，就必须加强学生思想政治教育实效的考评。通过考评出实效的实实在在的结果来证明学生思想政治教育是有实效的，为学生思想政治教育实效的合法性和必要性提供确证。如果我们能科学考评实效并呈现出实效，那么就不会有人质疑学生思想政治教育“务虚不务实”或“取消政治课”，或者提出根本没有必要开展学生思想政治教育，进而也能够提高学生思想政治教育实践者的成就感和自信心。

实际上，在学生思想政治教育领域，开展对学生思想政治教育实效的评价，只有把实效评价看作学生思想政治教育的有机构成、必然要求和现实需要，才能重视学生思想政治教育实效并且增强实效考评的科学性。正如有学者很有见地地指出：“我国德育实效性偏低问题已成为人们普遍关注的焦点，提升德育实效性虽然有很多手段和途径，但科学的德育评价体系的建立则是其中最重要的措施。”① 当然，评价学生思想政治教育实效的前提是学生思想政治教育实效可以被评价。那么学生思想政治教育实效是否可以评价呢？学生思想政治教育实效评价以实效能够评价为基础，而实效能够评价又以学生思想政治教育会有实效为前提，这二者又往往联系在一起。其一，学生思想政治教育的实践是在向教育对象（学生）输入信息，这些信息在教育对象这个能动主体身上总会有输出的反映，这个反映既是有实效的表现，也是可以评价的根据。其二，学生思想政治教育是作为主体的人对作为客体的人进行的有意识、有目的、有计划地施加影响的实践活动，主体可以对人的行为产生影响，而客体能够能动地接受他人和外界的影响（选择接受），这其中的能够影响和能够接受影响同样也是有实效的表现和能够评价的根据，诸如从纵向的角度对接受教育的前后进行对比分析，从横向的角度对接受教育者和未接受教育者的行为进行对比分析等，都说明学生思想政治教育的实效可以评价。

---

① 张典兵：《德育评价研究30年：回溯·反思·展望》，《学术论坛》2011年第1期。

第二节 学生思想政治教育实效评价的现状

学生思想政治教育实效评价如此必要且重要，学生思想政治教育实效评价的现状如何呢？这是从评价视角研究学生思想政治教育实效需要认真厘清的问题。现实中，学生思想政治教育实效评价属于学生思想政治教育评价的范围，虽然蕴含于学生思想政治教育评价的学生思想政治教育实效如何考评尚未引起人们的足够研究，但不可否认的是几乎所有的学生思想政治教育评价或德育评价都要涉及学生思想政治教育效果的评估，尽管这里的学生思想政治教育效果未必都能在学生思想政治教育评价中获得科学的考评。因而，加强学生思想政治教育实效的考评，以及对学生思想政治教育实效评价标准进行学术探究，就要把握学生思想政治教育实效评价的现实状况。

一 基于教育目标的学生思想政治教育实效评价

基于教育目标建构学生思想政治教育评估指标体系是人们评估学生思想政治教育的主要方式。人们认为学生思想政治教育评估应该是对学生思想政治教育实施状况进行全面系统的评估。这种评估指标体系最大的特点就在于此种评估指标体系的建构是基于教育目标的层层分解，用主观设定的教育目标评估学生思想政治教育实施的状况，甚至认为学生思想政治教育评估尤其教育效果的评估就是用预期的教育目标去全面衡量学生思想政治教育实施的状况。“教育评价应按照指标体系分类，任何一种教育期望，都必须制定成特定的教育目标，并在评价中将目标转换成一个指标体系，教育评价实际上就是根据这个指标体系来衡量某一教育行为或对象达到的指标程度，现代德育评价要避免偏重某一方面的评定，尽量使德育目标全部实现，就必须扩大评价的范围，考核的德育的全部领域，无论是道德认识、政治态度、行为习惯、个性心理品质、适应状态，乃至教育环境等都要加以评定。”① 可知，学生思想政治教育评估指标体系的建构主张教育目标在评估指标体系形成的指导性地位，此评估指标体系的建构就是以教育目标为根据，用教育目标尽可能全面地考察教育实践的要素和环

---

① 李江、石红：《构建高效德育评价的新体系》，《当代青年研究》2005 年第 4 期。

节，并保证教育实践要素和环节符合教育目标的要求。

基于教育目标评估学生思想政治教育实效不仅与人们对德育评价或学生思想政治教育评价理解有关，还与人们对实效的通常理解相关。一般来说，实效即实际效果，学生思想政治教育追求的实效无疑是教育实践取得的实际效果。只是对于这个实际效果，在现实中，人们最经常的是把它理解为教育目标的实现程度。例如，“德育实效是指一个阶段内德育工作的成功率，或者说是预期目标任务的到达度与完成率”①。“德育实效如何是以德育目标的到达度为标准和尺度的，即德育工作的结果与德育目标的接近程度、超出程度以及在方向上是否一致等都要用预定的德育目标来衡量。”②“学校德育实效是指德育的实际效果。即学校德育预期目标要达到的程度和学生对学校德育预期目标的接纳程度。”③“所谓德育实效，就是指受教育者在环境作用下，在教育行为控制中接受了最大德育信息并充分体现在行动中的一种状态。或者说，是德育在多大程度上影响了人，达到了多少教育目的。”④ 这些看法具有合理性，这是从教育实践活动的预期目标出发来理解教育的实际效果，教育的实际效果是教育目标的实现状况，这似乎成了目前理解教育实效的常理常规。一提到教育的实际效果，人们马上想到的就是指教育目标的实现程度。但是，“实效本应是指实际效果，但在其研究和行文中，研究者几乎都是不自觉地潜在地把德育实效理解为德育目标的成功率或完成率”⑤。其实，从目标实现角度理解教育实践取得的这个实际效果虽然具有可取之处，但是用预期的教育目标理解现实的教育实效会显得抽象宏观而不贴切。虽然可以把教育实践取得的实际效果理解为教育目标的达成度，但是教育目标是抽象宏观的，无法解释教育实践获得的具体细微效果，也无法揭示教育目标达成的本质内容。学生思想政治教育实践取得的这个实际效果可以理解为教育内容被教育对象

---

① 李春玉：《试论德育实效的涵义与特征》，《中国教育学刊》1996 年第 2 期。

② 李春玉：《论德育目标与德育实效》，《通化师范学院学报》（社会科学版）1998 年第 4 期。

③ 王瑛：《中小学德育实效性的概念、判断及主要影响因素》，《教育科学研究》2002 年第 2 期。

④ 黄群英、王笑军：《影响德育实效的三要素相互作用的介析》，《西南科技大学学报》（高教研究版）2002 年第 1 期。

⑤ 吴灯、易连云：《学校德育不能承受之重》，《上海教育研究》2009 年第 5 期。

认同、接受和实践的现实状况。这种界定要比从目标角度理解实效显得具体贴切，虽然教育目标的达成度可以体现实效，但目标的实现无疑需要教育内容被教育对象认同接受，因而从内容接受角度理解实效更能接近学生思想政治教育实际效果的真实状况。目标往往具有主观随意性，用主观设立的目标，去评估教育内容被认同接受状况的客观现实，本身就值得商榷。在现实中，正是人们受到评估学生思想政治教育实效从预期教育目标的出发自觉与不自觉的影响，才导致了一般民众对实效评估的主观随意性。人们往往都是从自己主观假定的教育实践应当达到的目标或教育实践应该具有的教育目标出发，来评估现实中的学生思想政治教育实效状况，结果一般都认为目前学生思想政治教育实效低下或实效不理想。殊不知，他们的此种评价往往是基于自己预想的教育目标而得出的关于学生思想政治教育效果的非常主观的武断结论。

基于教育目标的学生思想政治教育评估指标体系虽是人们评估学生思想政治教育及其效果的主要评价模式，但是，一方面注重教育实践整体的系统性评估，另一方面是基于教育目标的评估，决定它不是专门评估学生思想政治教育实效的有效方式。目前通行的学生思想政治教育评估指标体系中，人们关于教育效果的指标往往具有主观任意性。正如有学者指出："如果采用一般的方法、标准去衡量德育教师的工作量，那么衡量到的只是授课时数，而他们的大量的不能用授课时数衡量的工作量就被忽略了。这不仅是对德育工作者的不公平，而且是对德育工作特殊性的忽略。因此，必须建立起科学的评价机制。"① 学生思想政治教育实效的本质规定及其内在的生成规律决定的评价实效必须遵循实效本身的规律性要求，对实效进行专门化、科学化评价，而不是基于教育目标追求系统全面的评估指标体系。当然，我们不否认人们在现实中建构学生思想政治教育评估指标体系的价值，如果我们不是为了遵循实效的本质去单纯地评价实效本身，而是为了把握学生思想政治教育运行的整体状况，那么基于教育目标建构包括各个教育实践要素和环节的评估指标体系，就显得十分重要。但也不可否认，整体性的学生思想政治教育评估以及基于教育目标层层分解建构教育评估指标体系的评价模式，归根结底是无法实现对学生思想政治教育实效本身的有效评价。现实中，基于教育目标建构学生思想政治教育

① 赵剑民：《试析德育价值与德育实效》，《教育探索》2001 年第 7 期。

评估指标体系的评价模式无法有效评价实效的困境也证明了这一点。

二　基于品德素质的学生思想政治教育实效评价

在学生思想政治教育评估方面，目前还有一种比较流行的评价模式，那就是学生思想政治教育对象品德测评的评价模式。在现实中，人们把学生思想政治教育评估或测评的重心放在了学生思想政治教育对象的品德测评上，主张品德测评是学生思想政治教育评估的核心以及学生思想政治教育的评估可以通过学生思想政治教育对象的品德测评获得实现。例如，有学者在关于德育评价科学化问题的几点思考中就曾指出："学生思想品德的形成与发展是中小学德育的出发点和归宿。学生思想品德评价本身就是学校德育工作的一部分，学校德育成效的评价也是通过学生思想品德评价来实现的。"① 持此种观点的人往往把学生思想政治教育评估转换成品德测评进行理论研究和实践探索或者是在学生思想政治教育评估中注重品德素质的测评，尤其在评估学生思想政治教育效果时往往是通过评价学生的品德素质状况来实现的。于是，在学生思想政治教育领域，人们就形成了企图通过教育对象品德素质测评来评估学生思想政治教育效果的评价模式，学生思想政治教育实效的评价也转换成了通过建构品德素质测评体系的评价方式来进行评价。建构教育对象的品德素质测评体系不仅成了人们对学生思想政治教育进行评估的重要方式，也成了人们评估学生思想政治教育实效的直接方式。

品德素质测评体系的建构是基于人的品德素质结构决定了它无法实现对学生思想政治教育实效的有效测评。仔细分析建构品德素质测评体系的评价模式，我们就会发现，此种评价模式建立的基点是人的品德素质结构，它往往是依据人的品德素质结构要素来确定测评指标体系。测评指标体系的建构是基于人的品德素质结构要素的层层分解。学者肖鸣政指出："品德测评是一种建立在对品德特征信息'测'与'量'基础上的分析与评判活动。在这种活动过程中，测评者通过'测'与'量'的活动，获得所要收集的品德特征信息，然后对它们进行综合分析与评判解释。"② 他曾在关于思想品德测评目标分类的思考中把"思想品德的测评目标分

① 王文源：《关于德育评价科学化问题的几点思考》，《教育科学研究》1994 年第 2 期。

② 肖鸣政：《品德测评的理论与方法》，福建教育出版社 1994 年版，第 39 页。

为认知、情感、意志、行为与信念五个领域。”① 同时也有学者指出：“设计一个科学实用有效的大学生德育素质评价体系，对于确保实效结果的客观性、公正性和准确性具有不可替代的关键性作用。”② 并提出从政治素质、思想素质、品德素质、身心素质、创新素质五个维度建构大学生品德素质评价体系。可知，品德素质测评体系的评价模式从根本上看要基于人的品德素质结构，通过抽象概括人的品德素质结构要素建构指标体系。但是如此基于人的品德素质结构建构评估测评体系的评价模式并不是对学生思想政治教育实效进行专门性评估。我们知道，学生思想政治教育实效本质上是教育内容要求被教育对象认同、接受和实践的现实状况，因而，测评学生思想政治教育实效应该基于学生思想政治教育实效的本质及生成规律。虽然学生思想政治教育实效与教育对象的品德素质有着密切关联，但是我们却不能够说，学生思想政治教育对象品德素质的形成就是学生思想政治教育带来的实际效果。因为学生思想政治教育的常规常理表明，教育对象思想品德形成及其高低是一个非常复杂的过程，换句话说，教育对象思想品德形成并非都是学生思想政治教育带来的结果，教育对象思想品德形成是包括教育、社会和个体在内的多种因素综合起作用的结果。学者杜时忠就指出：“今天对学生思想品德影响最大的不是学校教育，而是社会风气（初中生和高中生都认为社会风气对自己的思想品德影响最大，学校教育第二位）。”③ 可知，由于人的思想品德形成不仅仅受学生思想政治教育影响，因而学生思想政治教育实效的测评不应该基于分解人的思想品德结构来建构测评指标体系。基于人的思想品德结构和特征建构品德素质测评体系的评价模式实际上无法实现对学生思想政治教育带来的实际效果本身的评价。

当然，人们之所以基于人的品德结构建构品德素质测评体系去评估学生思想政治教育实效，形成目前比较流行的实效评估的品德素质测评体系的评价模式，根本的原因就在于混淆了德育评价与品德测评概念的关系。正如有学者在对德育评价进行近 30 年的回溯、反思与展望过程中指出：“在研究过程中，有些人对德育评价的功能认识不清，这种认识的缺陷首

① 肖鸣政：《关于思想品德测评目标分类的思考》，《赣南师范学院学报》1990 年第 4 期。

② 陈桂淑：《大学生德育评价体系创新探析》，《重庆工贸职业技术学院学报》2008 年第 2 期。

③ 杜时忠：《关于德育实效的调查研究》，《教育实践与研究》2007 年第 2 期。

先来自概念的混淆，经常出现把德育评价与品德评价混淆使用的情况，甚至简单地把两者等同起来，导致对德育成果终极目标评价或德育过程评价的忽视。虽然德育活动的最终目的是促进学生品德的发展，但是学生的品德发展不能完全反映德育活动的成效，不是德育评价的唯一标准。"① 可知，如果人们以为学生思想政治教育最终目的是促进学生的品德发展，就想当然地以为教育对象的品德形成都是学生思想政治教育带来的实效，因而就主观地推出教育对象的品德测评就是对学生思想政治教育实际效果的测评。其实，学生思想政治教育对教育对象品德形成只是充分条件，学生品德形成不一定能推出学生思想政治教育的效用，因而把学生思想政治教育评估尤其实效测评就想当然地转换为品德测评是不正确的。虽然学生思想政治教育的实际效果最终要体现为教育对象良好思想品德的形成，但是教育对象良好思想品德的形成并不都是学生思想政治教育的功劳，也并不都是学生思想政治教育带来的实际效果。我们应该看到，人的思想品德形成发展的复杂性，一般来说，人的思想品德形成发展既有教育的影响，也受到自我和环境的影响，因而试图从教育对象的思想品德素质状况的角度，测评学生思想政治教育的实际效果就不符合实际，也显得主观随意。即使基于人的品德素质结构，建构人的品德素质测评体系，能测评到教育对象的品德素质的发展状况，这也并不能表明那一定是学生思想政治教育带来的实际效果。因此，对学生思想政治教育实效进行测评要超越品德素质测评体系的评价模式，就必须正确处理学生思想政治教育实效与教育对象品德形成和学生思想政治教育评价与教育对象品德测评的关系。

品德素质测评体系的评价模式无法实现对学生思想政治教育实效的有效测评时，还有必要回应现实中一般民众习惯于从教育对象品德状况的角度评论学生思想政治教育实效的偏颇做法。从人的品德素质测评体系测评学生思想政治教育实效在现实中有一种比较常识性的表现，那就是人们往往从教育对象品德问题角度来评论学生思想政治教育实效，人们习惯于把教育对象表现出来的品德失范，归咎于学生思想政治教育的低效和无能。在此种逻辑下，我们的学生思想政治教育便成了"替罪羊"，只要是社会出现道德失范、诚信缺失或学生品德出现问题，人们习惯性地就以学生思想政治教育低效为祸首，于是总要把学生思想政治教育拉出来，在它的

① 张典兵：《德育评价研究30年：回溯·反思·展望》，《学术论坛》2011年第1期。

“屁股”重重地打上几板。更可怕的是，在此逻辑下，人们对学生思想政治教育不再宽容，甚至有人以教育对象品德问题的层出为由直接否认学生思想政治教育实效的功劳并指出学生思想政治教育应该为社会和个体的思想道德状况负总责。笔者以为，此种基于教育对象品德状况或者社会领域出现道德问题的角度评论学生思想政治教育实效，并得出学生思想政治教育低效、无效或无能的结论是错误。实质上，这是目前流行的品德素质测评体系的评价模式在学生思想政治教育评估、学生思想政治教育实效测评方面的自觉与不自觉的衍生运用。正如前述，品德形成与学生思想政治教育实效、学生思想政治教育评估与品德测评是不容混淆的概念。我们的教育对象品德存在问题，我们的社会道德存在问题，这可能是多方面的原因造成的。我们不是在学生思想政治教育领域听说过“5 + 2 = 0”的笑谈吗？即学生的品德培养经过 5 天的学校教育，然后经过周末 2 天的校外影响，最后品德实际提升度为 0。学生品德出现问题，社会道德领域失范，有时候很大程度是来自学生个体或社会的原因。实际上，正是由于这些问题的存在，才有学生思想政治教育存在的合法性，学生思想政治教育永远不可能消除社会道德的消极领域，学生思想政治教育永远不可能消除学生的品德问题。学生思想政治教育只是在不断解决这些问题中存在，这些问题的存在不仅不表明学生思想政治教育的低效或无能，而恰恰表明学生思想政治教育的必要性和用武之地。正如有学者指出：“从学生的品德素质出现问题来评价德育实效，其实最重要的就是即使学生的道德表现真的差了，也不能说明学校德育的实效低下了。因为影响学生道德发展的因素是多样的，学校德育只是其中重要的一个，但并不是所有因素都是学校所能直接左右的，如家庭因素，经济社会转型等。”① 因此，人们习惯于基于教育对象品德出现的问题状况评价学生思想政治教育实效的常识性做法是不可取的，这与目前在学生思想政治教育研究领域存在的通过基于人的品德结构或特征建构品德素质测评体系具有关联性。我们有必要纠正现实中一般民众习惯于从教育对象品德问题状况的角度评判学生思想政治教育实效的这种偏颇做法，同时，也必须知道在学生思想政治教育领域虽有品德素质测评体系的评价模式，但它不能实现对学生思想政治教育实效的有效评价。

① 吴灯、易连云：《学校德育不能承受之重》，《上海教育科研》2009 年第 5 期。

三 基于宏观尺度的学生思想政治教育实效评价

在现实中，人们围绕如何把握学生思想政治教育的实际效果还提出了从宏观或哲学视角检验学生思想政治教育的实效。人们在学生思想政治教育实践中逐渐认识把握学生思想政治教育的效果必须有一定的标准，只有确定一定的标准才能有效地检验学生思想政治教育的实际效果并获知实际效果的现实状况。正是基于这些考虑不少学者提出了检验学生思想政治教育实效的标准，尽管有些研究成果是以思想政治教育实效检验标准或大学思想政治教育实效检验标准的形式出现。例如，王冰等人提出了“精神标准和物质标准统一的生产力标准”；[①] 郭政等人提出了“战斗力标准和提供精神动力、提供保障的标准”；[②] 王鲁宁等人分别提出了“直接效果与间接效果统一、思想转变与行为转化、价值取向与价值实现的标准”；[③] 项久雨认为“评估的标准包括最高标准、根本标准和具体标准，实践体现是最高标准，‘三个有利于’是根本标准，具体标准是在根本标准的指导下的具体化、系统化的价值尺度系统”；[④] 仓道来提出“实践标准、宏观标准和微观五标准”；[⑤] 徐海红认为：“大学生思想政治教育实效性评价的标准主要包括政治标准、知识标准、能力标准、心理健康标准、品德标准和行为标准六大评价标准，每一种标准既是科学的、理性的，又是发展的、动态的，体现了实质性评价和动态性评价的统一。这六大标准彼此紧密相连，不可分割，共同构成大学生思想政治教育实效性评价的标准体系。”[⑥] 可知，人们面临学生思想政治教育实效，虽提出了不同的检验标准，但这些标准的提出都是为了衡量现实中的教育实效，是为了给现实中

---

① 王冰、王钊：《关于思想政治教育效果评估哲学思考》，《驻马店师范专科学报》（社会科学版）1994 年第 11 期。

② 郭政、王海平：《思想政治教育评估标准和方法探析》，《南京政治学院学报》2000 年第 5 期。

③ 王鲁宁、安明：《思想政治教育评估标准得出哲学探讨》，《济南市市委党校学报》2003 年第 3 期。

④ 项久雨：《论思想政治教育价值评价标准体系结构》，《学校党建与思想教育》2003 年第 5 期。

⑤ 仓道来：《思想政治教育学》，北京大学出版社 2004 年版，第 235 页。

⑥ 徐海红：《大学生思想政治教育实效性评价及标准体系论要》，《国家教育行政学院学报》2010 年第 12 期。

的教育实效提供一个标准。因而，我们可以把这种衡量学生思想政治教育实效的探索看作目前在学生思想政治教育领域形成的一种代表性的衡量教育实效的评价模式，即检验学生思想政治教育实效的宏观尺度的评价模式。我们称其为学生思想政治教育实效的宏观尺度，就在于这种学生思想政治教育实效检验的标准往往具有宏观性或从哲学高度提出的检验学生思想政治教育实效的标准。通过我们上述列举的人们目前在学生思想政治教育或思想政治教育领域内形成的衡量实效标准的代表观点，也可以看出这些标准大都抽象宏观。正是基于此，我们把目前在学生思想政治教育领域内出现的这种检验学生思想政治教育实效的标准称为基于宏观尺度的学生思想政治教育实效的评价模式。

既然在学生思想政治教育领域，人们已经开始意识到并提出了检验学生思想政治教育的宏观标准，那么此种衡量学生思想政治教育实效的宏观标准能否实现对实效的有效评价呢？笔者认为，虽然评价学生思想政治教育实效要有一个标准，没有实效标准的评价只能是主观随意的评价，但是此种检验学生思想政治教育实效的宏观标准无法实现对教育实效的评价。原因何在？首先，目前学生思想政治教育领域存在的这些标准，我们就会发现这些标准的制定和提出太抽象宏观，尽管我们不怀疑这些标准本身的真理性，但是这些标准往往都不仅适用于学生思想政治教育领域，往往也适用于其他领域。例如，在任何领域，我们都需要坚持实践标准、实事求是标准、生产力标准等，因而从这个角度看，可以说，这些标准并不是对学生思想政治教育实效的专门评价，更缺乏对学生思想政治教育实效的理性反思以及学生思想政治教育实效内涵的本真理解。当然，也许有人会说，目前学生思想政治教育领域存在的这些标准中不也包括了微观标准吗？为什么说这些标准都是抽象宏观的呢？我们且看这些宏观标准和所谓的微观标准。“根据大学生德育效果评估的内容，对于大学生德育效果评估的标准，可以分为宏观和微观两个角度。所谓宏观角度，是从国家和社会的角度，在一个较长的历史时期内，评估大学生德育活动在现代化建设的总体布局中的地位及它所发挥的社会作用。具体到某所高校，就是社会上对该高校德育的认可程度。所谓微观评估，是对大学生德育活动的某一项具体工作、某一具体过程的评估。”① 可知，虽然人们在目前提出的检

① 黄定华：《论大学生德育效果评估》，《湖南城市学院学报》2008 年第 2 期。

验学生思想政治教育实效的标准波及微观的标准，但是，这里的微观标准，一方面有时候并不微观，这里的微观多与宏观相对而言。另一方面即便是微观标准，这里也存在着这些微观指标是否体现学生思想政治教育实效本质的问题。虽然在评价学生思想政治教育实效时，人们在现实中形成了一种学生思想政治教育实效宏观标准的评价模式，但是由于这种标准本身的抽象宏观，或往往是从哲学高度出发提出的检验学生思想政治教育实效的原则并不具有可操作性，因而衡量学生思想政治教育实效的宏观标准往往无法实现对学生思想政治教育实效专门化的具体评价。

其实，仔细分析这些抽象宏观的实效检验标准，我们就会发现，这些标准的制定大都是以学生思想政治教育的外在因素作为衡量实效的标准。例如，“评价高校思想政治教育的标准以高校思想政治教育实践的社会效果；以使受教育者是否自觉地拥护和执行党在社会主义初级阶段基本路线；以受教育者是否自觉地把推动社会生产力的进步和个人的成才有机地结合起来；以是否有利于青年大学生的全面发展；以是否有利于社会主义精神文明建设五个方面作为高校思想政治教育评估的重要标准”①。“大学生德育效果评估的指标标准最终的物质承担者是人、物和环境三个量化指标。”②“大学生思想政治教育评价标准，应该根据高校人才培养和社会发展的需要不断创新。以促进大学生成功就业创业为大学生思想政治教育现实成效的实践评价标准。”③对此，我们就会发现，目前在学生思想政治教育领域内形成的关于检验学生思想政治实效宏观标准的制定依据往往都是基于学生思想政治教育实践活动的外在因素，这里不论是社会实践标准，还是基于生产力标准，抑或就业标准等，都不是来自学生思想政治教育本身的因素，都不是从学生思想政治教育实效本身及其生成规律出发作为制定根据。我们知道，尽管人们可以从不同的角度理解学生思想政治教育实效，但从最直接最本质的意义上看，学生思想政治教育实效无非就是教育内容要求被教育对象认同、接受和实践的现状状况。因而通过对学生思想政治教育实效的理解，我们也可以看出这些宏观标准的制定依据不是

① 谢华：《论高校思想政治教育评估的要求和标准》，《西南民族学院学报》（哲学社会科学版）2002 年第 10 期。

② 黄定华：《论大学生德育效果评估》，《湖南城市学院学报》2008 年第 2 期。

③ 吴轶军：《创新大学生思想政治教育评价标准的思考》，《江苏经贸职业技术学院学报》2009 年第 5 期。

基于学生思想政治教育实效本体及生成规律。因此，目前学生思想政治教育领域内以教育实践外在因素为依据制定的检验学生思想政治教育实效的宏观标准由于外在学生思想政治教育本身，没有遵循学生思想政治教育实效本性及生成规律，因而无法具体地衡量现实中学生思想政治教育实效。试问运用此种抽象宏观的学生思想政治教育实效检验标准怎么能够检验出一堂课的教育效果呢？怎么能够区分不同学段、年级和教育者带来的实效呢？现实的学生思想政治教育实践需要更具体、更科学、更有可操作性实效检验标准。

需要指出的是，我们在分析衡量学生思想政治教育实效的宏观标准，一方面由于其抽象宏观而不具有可操作性，另一方面由于其基于外在的因素为根据而不是基于学生思想政治教育本身的要求，因而无法实现对教育实效的检验时，这也启发我们提出学生思想政治教育实效检验标准的必要性和重要性，评估学生思想政治教育实效，就需要和应该建立学生思想政治教育实效评估的标准，只是这个检验学生思想政治教育实效的标准不应该是抽象宏观，同时也要符合学生思想政治教育本身的要求。因而，我们以为，衡量学生思想政治教育实效的宏观标准作为评估学生思想政治教育实效的模式不可取，但是对提出检验学生思想政治教育实效标准本身来说，却具有启发和借鉴意义。当然，如上诸种代表性观点和实践探索对如何衡量学生思想政治教育实效虽都提出了自己的检验标准，但是这些标准大都抽象宏观，并且从这些标准的提出理路看，它们大都以学生思想政治教育实践的外在因素作为衡量标准，而不是从立足学生思想政治教育实践本身去寻找衡量学生思想政治教育实效的内在标准。因而，我们也不得不承认目前虽有衡量学生思想政治教育实效的宏观标准，但这种衡量学生思想政治教育实效的标准并不具有可操作性，无法实现对实效的有效评价。学生思想政治教育实效评价必须立足教育实践本身从中找到具有可操作性的内在衡量标准。

综上可知，目前虽有学生思想政治教育评估指标体系，但是这种评价模式注重教育实践状况整体的系统性评估，且是从教育目标要求而非教育内容要求角度确定的指标；虽有基于品德素质结构要素建立品德素质测评体系，但是它是根据测评要求对素质现状的评估而不是对学生思想政治教育实效的直接考评，虽然品德素质的形成与学生思想政治教育实效密切关联，但是严格来说二者并不是一回事；虽有检验学生思想政治教育实效的宏观标准，但都是抽象且不具可操作性。因而，目前在学生思想政治教育领域虽形成了具有代表性的学生思想政治教育实效评价模式，并且在现实中围绕如何考评学生思想政治教育实效进行了不同的尝试。目前尚没有形成科学有效的学生思想政治教育实效评价模式。因而，学生思想政治教育领域重大而紧迫的现实任务就是基于学生思想政治教育实效评价现状反思的基础上，探讨并提出具有可操作性的学生思想政治教育实效评价模式。

第三节　学生思想政治教育实效评价标准的构建

在学生思想政治教育领域，不论是从追求实效，还是从评价实效，都需要有一个具有可操作性的专门评价实效的标准。这里的前提是深入理解实效。目前人们关于实效的最经常理解就是把实效理解为现实的教育结果与预期教育目标相接近、相吻合、相适应的程度。虽然教育目标的达成度可以体现学生思想政治教育实效，但我们的教育目标是如何实现的呢？说到底要实现教育目标需要教育内容要求被教育对象接受、认同和践行。教育对象在教育中不接受认同和践行教育者传授的内容要求，那么就没法实现预期教育目标。我们所说的学生思想政治教育实效评价标准，这里的实效是教育内容要求被教育对象认同、接受和实践的实际效果，而评价标准则是关于实际效果的测量尺度。学生思想政治教育实效评价标准是在基于当前学生思想政治教育实效评估现状的基础上，试图提出具有可操作性的学生思想政治教育实效评价的新模式。

一　学生思想政治教育实效评价标准的根据

学生思想政治教育实效评价标准构建是学生思想政治教育实效评价的新模式，这种实效评价的新模式既不同于学生思想政治教育评估指标体系的评价模式，也不同于品德素质评价的体系的评价模式，也有别于衡量学生思想政治教育实效宏观标准的评价模式。学生思想政治教育实效评价标准是针对学生思想政治教育实效本身建构的测量尺度，是基于学生思想政治教育实效并遵循学生思想政治教育实效生成规律的评价模式。学生思想政治教育追求的实际效果是教育内容要求被教育对象认同、接受和实践的现实状况，评价学生思想政治教育的实效，就是要评价教育内容要求被教育对象认同、接受和实践的现实状况。学生思想政治教育实效评价标准的构建依据是教育内容要求。

当然，在学生思想政治教育评估领域，人们并没有以教育内容要求为根据对学生思想政治教育实效进行评估。以往的学生思想政治教育实效评价模式之所以无法实现对学生思想政治教育实效的有效评价，根本的原因就在于以往的学生思想政治教育实效评价模式没有找到实效评价的科学根据。例如，学生思想政治教育评估指标体系是以教育目标为根据建构评估指标体系，试想用主观预期的教育目标去评估客观存在的实效结果，必然带来实效评价的主观随意；以往基于思想品德结构建构的品德素质测评指标体系的思路也不是实效评价标准构建的根据，品德素质测评指标体系对于评价人的品德素质是科学有效的，但是对实效结果测度则非然，因为人的品德素质的形成不只是教育的功劳；以往基于学生思想政治教育实践的外在因素去构建实效评价的宏观标准也值得商榷，宏观标准根据外在于学生思想政治教育的政治、经济和文化等尺度去衡量实效，不仅抽象且难以操作。因而，如上说明了学生思想政治教育实效评价标准的构建既不能以教育目标为根据，也不能以人的品德素质结构为根据，更不能以教育实践的外在因素去评判学生思想政治教育实践本身的实际效果。学生思想政治教育实效评价标准构建的依据是教育内容要求，这是由于学生思想政治教育实效的本质和学生思想政治教育实效评价标准本身的要求决定的。学生思想政治教育实效本质上是教育内容要求被教育对象认同、接受和实践的现实状况。因而，学生思想政治教育实效评价标准要基于学生思想政治教育实效的本质，根据教育内容的要求建构学生思想政治教育实效评价标准。学生思想政治教育依据教育要求制定考量标准，就可以实现你教育什么内容、你要求什么内容，就要考量什么内容。如果，我们以抽象宏观且易主观的教育目标为学生思想政治教育实效评价标准构建的依据，那么容易出现要求的内容不去考量或者是考量的不是要求的内容。学生思想政治教育实效评价标准的构建只有把要求的内容和考量的内容统一起来，即考量的也是要求的，才具有合理性。考量与现实的完美结合，也是考量内容具有客观性和可评价性的现实体现。因此，学生思想政治教育实效评价标准的构建应植根于教育内容要求，即以教育内容要求为根据建构学生思想政治教育实效评价标准。

学生思想政治教育实效评价标准构建以教育内容要求为根据，还具有借鉴运用信息论、控制论等现代科学的意蕴。现代信息论、控制论等科学强调信息的输入与输出及其控制反馈。我们知道，学生思想政治教育实效可以理解为教育内容要求被教育对象接受、认同和实践的现实状况，我们以教育内容要求为根据建构学生思想政治教育实效评价标准就具有强调教育内容要求信息的输入与输出及其控制反馈的意蕴。其实，我们之所以提出以教育内容要求为学生思想政治教育实效评价标准的构建依据，我们也正是想借鉴当代信息论、控制论等现代科学给予的方法论启示。在这里，我们想简单做一下比拟：这里的教育内容要求就相当于信息，这里的教育对象有点像是接收和输出信息的设备，我们的学生思想政治教育活动有点像负责信息的输入，而我们的学生思想政治教育评价就是要看通过以输入的信息为根据，通过一定的指标和评价活动，对比教育对象对信息的输出情况，这样我们可以通过一个简单的控制模式，能够评价到信息即教育内容要求被教育对象认同、接受和实践的现实状况，进而评价到学生思想政治教育的实际效果。因而，我们提出以教育内容要求为根据建构学生思想政治教育实效评价标准，就是基于这种教育内容要求的输入与输出情况，即你要求什么，就考评什么；你输入什么，就接收什么，进而通过要求与考评、输入与输出的对比，就可以知道学生思想政治教育的实际效果。同时，这种基于教育内容要求构建学生思想政治教育实效评价标准的模式，它能够在最大程度上评价到教育对象认同、接受和实践教育内容要求的现实状况，因为学生思想政治教育实践活动对学生思想政治教育要传授的教育内容要求往往是自明的，而且教育对象对教育内容要求的反映状况也往往是最清楚，教育对象受到教育内容要求的影响后，要么认同接受或实践，要么拒绝排斥或反对，而这种表现无论是从心理学上还是从行为学上都能被呈现和把握，即教育内容要求被教育对象接受和实践后能否具有可显性、可测性。因而，我们可以通过以教育内容要求的认同、接受和实践状况为根据建构实效评价标准来把握学生思想政治教育实效的状况。

实际上，在学生思想政治教育领域，提出以教育内容要求为依据建构学生思想政治教育实效评价标准，这无论对评估学生思想政治教育效果（实效）从分解教育目标出发，还是对评价品德素质现状评价的模式，还是检验实效的宏观标准，都是一种现实性的改变。由于以教育内容要求为依据建构学生思想政治教育实效评价标准，可实现“你教什么，就测评什么；要求什么，就考评什么”的理想境界，这种改变，将是学生思想政治教育实效评价从无具体可操作性标准到有具体可操作性标准的转变。

同时这种改变也将扭转学生思想政治教育实效评价过分强调整体性的定式（包括教育主体、客体、环境、过程等在内的系统性评估），进而使学生思想政治教育实效评价彰显出阶段化和个性化。从现实看，以往人们对学生思想政治教育实效的评价进行过多方面的探索，诸如，前述的学生思想政治教育评估指标体系，或思想品德素质的评价，或检验学生思想政治教育实效的宏观标准。这些探索，对于评价学生思想政治教育实效虽具有积极意义，但是，这种评估指标体系或评价标准属于总结性历时性评估或评价，没法说明学生思想政治教育实效与教育时段的关系，无法说明这种评估或评价结果是谁教育的结果。须知，教育对象和教育主体是有现实性区分的，不同时段的教育效果也应有现实性区分，否则，既没法对教育主体进行肯定，也没法追究教育主体的责任。以学生思想政治教育内容和要求为根据的评价标准，关注的是学生思想政治教育传达了什么内容、有哪些要求，这些内容要求在教育对象身上有什么反映或结果。就是说，我们的学生思想政治教育实践教授了哪些内容，提出了哪些要求，就要评价哪些内容和要求在教育对象身上的实现程度如何。对学生思想政治教育实效进行客观考量，不仅可以使学生思想政治教育主体看到自己的差距，而且由于考量的客观性，还会增强自信心、自豪感、责任感和使命感。因此，以教育内容要求为依据建构学生思想政治教育实效评价标准，不仅可以为阶段化个性化评价提供依据，同时因为“它教什么，就测评什么；要求什么，就考评什么”，可把原有的教育和影响因素作为基础，又能够有效解决谁的教育效果之争的问题。实际上，学生思想政治教育实践总是通过一定的教育内容要求来实现其本质的，学生思想政治教育就是在把一定社会要求的思想品德的内容要求传达、输入给教育对象。所以，衡量和评价学生思想政治教育的实效必须以教育内容要求为根据，而不是以其他东西为根据，即应该根据学生思想政治教育的内容和要求来确定学生思想政治教育实效标准评价的内容。同时，以教育内容要求为根据建构学生思想政治教育实效评价标准，不仅可以为现实学生思想政治教育实效评价提供标准，而且由于能够对学生思想政治教育追求的实效进行客观、科学、有效的评价，进而也有利于促进学生思想政治教育实践及其实效的发展。

二　学生思想政治教育实效评价标准的指标

学生思想政治教育实效评价标准构建应植根于教育内容要求并以教育

内容要求为根据建构学生思想政治教育实效评价标准，就要对教育内容要求进行合理地把握。我们如何理解教育内容要求呢？只有把握住了教育内容要求，才能对教育内容要求进行抽象概括，进而建构学生思想政治教育实效评价标准的指标。所谓教育内容要求，说白了就是学生思想政治教育的教育内容，因为学生思想政治教育的教育内容在确定或指定中往往蕴含着一定的要求，因而我们通称为教育内容要求。那么，学生思想政治教育实践中教育内容要求的外延如何理解呢？我们以为，这里的教育内容要求从通常意义上看，主要要包括四个范围涉及的教育内容要求：一是国家关于学生思想政治教育的文件、政策、意见中的教育内容要求（例如，《中共中央关于改革和加强中小学德育工作的通知》、《中共中央关于进一步加强和改进学校德育的若干意见》、《中学德育大纲》、《小学德育纲要》、《高等学校德育大纲》、《中共中央　国务院关于进一步加强和改造未成年人思想道德的若干意见》、《中共中央　国务院关于进一步加强和改造大学生思想政治教育的若干意见》等中提及的教育内容要求）；二是大中小学的学生思想政治教育课程标准以及教材中的教育内容要求［例如，小学阶段的《品德与生活》（1—2 年级）和《品德与社会》（3—6 年级）的课程标准以及教材中的教育内容要求，初中阶段的《思想品德课》（7—9 年级）的课程标准以及教材中的教育内容要求，高中阶段的《思想政治课》课程标准以及教材中的教育内容要求，大学阶段的《高校思想政治理论课》教学意见以及教材中的教育内容要求等］；三是大中小学生的日常行为规范中的教育内容要求（例如，《小学生日常行为规范》、《初中生日常行为规范》、《高中生日常行为规范》、《高校学生日常行为规范》等中提出的教育内容要求）；四是大中小学生日常思想政治教育德育中提出的有关教育内容要求（例如，针对某法治教育活动，或志愿服务活动，教育者在教育活动提出懂法守法或爱心、责任等教育内容要求）。可知，在学生思想政治教育领域，我们提及的教育内容要求存在的领域和范围十分广泛，如上考虑教育内容要求也能够把各方提出的教育内容要求涵括其中，既突出了国家对学生思想政治教育提出的内容要求，也突出了大中小学课程及教材对学生思想政治教育提出的内容要求，还包括了学生思想政治教育者在实际教育活动中提出的教育内容要求。因而，这样把握学生思想政治教育实践中的教育内容要求，既符合学生思想政治教育实践活动的现实，也因能涵括不同学生思想政治教育参与者提出的教育内容要求，这就为学生思想政治教育实效评价标准基于教育内容要求制定出客观的具有可接受性的科学有效的学生思想政治教育实效评价标准提供了依据。因此，基于教育内容要求制定学生思想政治教育实效评价标准，必须充分把握教育内容要求的存在范围和形态。这是以教育内容要求为根据制定学生思想政治教育实效评价标准的基本要求。

基于教育内容要求建构学生思想政治教育实效评价标准就要对教育内容进行抽象概括。通过对上述教育内容要求的范围把握可知，教育内容要求的范围极其广泛，且非常丰富，涉及方方面面，那么到底怎样以教育内容要求为根据建构实效评价标准的指标呢？对此，在把握教育内容要求存在范围和领域的基础上，就需要对教育内容要求进行分析综合，进行抽象概括，即对教育内容要求进行简约化把握。教育内容要求的简约化把握，就是对教育内容要求进行概括化的表达。所谓概括化的表达，就是对教育内容要求进行归纳综合概括，使其尽可能地以简约的方式呈现出来。换句话说，以教育内容要求为指标设定的根据，就要对教育内容进行概括分类，把教育内容要求抽象概括成不同维度的初级指标，然后再根据每类维度进行次级指标、再次级指标等的抽象概括。学生思想政治教育实效评价标准的指标设定就是要评价这些经过抽象概括并实现简约化或类别化表达的教育内容要求被教育对象认同接受和实践的现实状况。对此，我们以为，目前学生思想政治教育领域存在的教育内容要求，不论是国家关于学生思想政治教育的政策、纲要和意见中涉及的教育内容要求，还是学生思想政治教育课程标准及教材涉及的教育内容要求，以及日常的学生思想政治教育以及行为规范涉及的教育内容要求，从总体上看，这些林林总总、方方面面、不同层次的教育内容要求可以从三个维度进行抽象概括，即不论我们的教育内容要求具体是什么，但是全部的常规教育内容要求一定含有知识理解的维度，一定含有观念认同的维度，一定含有行为外化的维度。那么，在这三个维度上抽象概括教育内容要求是否周延的呢？我们以为，这样概括教育内容基本上涵括了教育内容要求的全部维度，因为我们的学生思想政治教育无非就是在传授一定的知识，培养一定的观念，形成一定的行为，尽管在学生思想政治教育过程中我们还会涉及情感的培养、意志的训练，但是情感基本属于观念领域，意志很大程度属于行为领域，因而从知识—观念—行为三个维度概括教育内容要求符合学生思想政治教育内容要求的基本状况。因此，学生思想政治教育实效评价标准的指标设定就可以立足这三个维度对学生思想政治教育领域纷繁复杂的教育内容要求进行抽象概括，即概括出我们传授的教育内容要求到底有多少知识点需要理解、多少观念需要认同和多少行为模式需要践行。这样以这三个维度的教育内容要求为依据就可以观察出教育内容要求被教育对象认同、接受和实践的状况，进而衡量出学生思想政治教育的实效状况。说到底，学生思想政治教育实效评价标准以教育内容要求为构建依据，可以把学生思想政治教育领域的纷繁复杂的教育内容要求，经过抽象，把它概括为三个方面，即知识上的理解、观念上的认同、行为上的实践。学生思想政治教育实效考量的内容应该集中在这样三个方面。实效评价标准指标设定就是要以教育内容要求为根据，从知识理解、观念认同和行为外化三个维度去考评教育内容要求被教育对象认同接受和实践的现实状况。

在此应该格外强调指出的是，过去我们对学生思想政治教育效果评估，往往只看重行为，而忽略知识的理解和观念的接受。我们承认，学生思想政治教育的本质特点就在于把接受的知识和思想观念外化为行为，但是我们不能否认这样的事实：即学生思想政治教育内容有知识、观念的问题，这是我们应该考量的内容；学生思想政治教育的实效本身就包括人们的思想认识问题，学生思想政治教育如果通过传授一定的知识，形成一定的观念，解决了人们的思想认识问题，那就是不可否认的学生思想政治教育实效。把这方面内容（知识理解或观念认同）纳入考量标准及其指标设定中，一方面，反映出学生思想政治教育实效评价标准的客观性，因为它是我们教育的内容要求，是我们教育实效的构成，所以应该进入考量的视野；另一方面，学生思想政治教育的经验和理论反复证明，只有在知识理解和观念接受的基础上，才会走向行为，没有知识理解和观念接受的基础，根本不可能真正地进入行为的境地。其实，我们在学生思想政治教育实效评价标准的指标设定中提出的知识理解或观念认同，可以分为两个类别：一个类别是实现知识理解或观念认同本身就是学生思想政治教育内容要求的目的，有一部分学生思想政治教育就是以解决知识或观念问题而存在。另一个类别是这里的知识或观念是作为行为实现的必经环节，有时候为了解决行为问题，就必须先传授知识或形成观念。其实，基于教育内容要求从知识理解、观念认同、行为外化三个维度设定并细化指标，从最低的角度来说，把知识或观念纳入学生思想政治教育实效考量之中，还体现在教育视界之中的一种公平；所有的教育都承认知识的理解和观念的接受为教育实效的体现，因而学生思想政治教育的知识理解和观念接受也应该成为实效考量的内容。为什么有的学科教授了知识而没太有行为外化就能看作教育的实效，而单单只对学生思想政治教育提出行为外化的要求，而不把学生思想政治教育所传授的关于做人做事的道理也看作教育的实效呢？当然，我们不是反对学生思想政治教育对行为外化的追求，但是我们也不应该走向极端而不及其余，从实质上说，把学生思想政治教育传授的知识或观念也看作学生思想政治教育的实效并给予考评是公平对待学生思想政治教育及其实践者的一种体现。实际上，在一般的情况下，在社会稳态运行时期以及人生常规历程中，对于更多的人来说，学生思想政治教育的实效是体现在内心世界的知识理解和观念接受的精神层面，正如现实中我们常说的提高素质和精神境界，就是这种实际的体现。如果我们像目前一样把学生思想政治教育的实效及其标准构建仅仅锁定在行为上，就不仅与我们教育的内容要求相冲突，而且也缺乏现实性。当然，这并不意味着在学生思想政治教育实效评价标准上，我们会放松对行为的要求，毕竟知识、观念最后要体现在行为上。因此，学生思想政治教育实效是教育内容要求蕴含的知识理解、观念认同和行为外化的统一体，因而学生思想政治教育实效评价标准指标的三维设定及其指标的细化须全面构建。

三　学生思想政治教育实效评价标准的学段要求

学生思想政治教育实效评价标准的构建不仅要抽象地把握学生思想政治教育实效评价标准的构建理路，还必须建构学生思想政治教育实效评价的学段标准。学生思想政治教育实效是教育内容要求被教育对象接受、认同和实践的现实状况。不同学段的学生思想政治教育往往提出不同的教育内容要求，并且也都在追求着属于自己学段的思想政治教育实效。因此，学段思想政治教育实效评价标准的构建是基于教育内容要求建构学生思想政治教育实效评价标准的必然要求，而不同学段的思想政治教育对实效的追求也要求建构属于自己学段的实效评价标准。我们在学生思想政治教育实践中有必要着力建构不同学段的思想政治教育实效评价标准。

小学生思想政治教育实效评价标准的构建要求。小学生思想政治教育实效评价标准是关于小学生思想政治教育实效的测量尺度。小学生思想政治教育对实效的追求，需要建构专门针对小学生思想政治教育实效的评价标准。只有建构实效的评价标准，才能对小学生思想政治教育的实效状况进行评价，也才能认识到小学生思想政治教育实效的高低，进而采取有针对性的增效策略。小学生思想政治教育实效评价标准的制定需要遵循学生思想政治教育实效评价标准的构建理路，即小学生思想政治教育实效评价标准构建要以小学生思想政治教育的教育内容要求为依据，通过把教育内容要求抽象概括为知识理解、观念认同和行为外化三个维度，然后具体评价教育对象（小学生）关于知识理解、观念认同和行为外化的实际状况。因此，小学生思想政治教育实效评价标准构建要把握住小学生思想政治教育的教育内容要求有哪些。从总体上看，在小学阶段能够提出和蕴含教育内容要求的主要有小学德育纲要、小学课程标准、小学教材内容以及小学生日常行为规范和守则。当然，在小学的不同年段，课程标准和教材内容又是不同的，例如，就目前来看，在小学低年级是《品德与生活》课程标准及教材，在小学中高年级是《品德与社会》课程标准及教材。因而要想建构科学有效的小学生思想政治教育实效评价标准，就必须对这些存在范围内的具体教育内容要求进行抽象概括。一般来说，抽象概括主要涉及两个方面，一是抽象概括出这些教育内容要求到底涉及哪些知识点需要理解、哪些观念需要认同、哪些行为需要外化。二是找到小学阶段教育内容要求总体上的逻辑展开模式以及主题范围，然后据此整体构建小学阶段学生思想政治教育实效评价标准。如上这些都是小学生思想政治教育实效评价标准构建的基本要求。

中学生思想政治教育实效评价标准的构建要求。这里涉及初中生阶段和高中阶段的思想政治教育实效评价标准。初中生思想政治教育对实效的追求，需要建立实效评价标准。初中生思想政治教育实效是初中学生对该学段教育内容要求的认同、接受和实践的现实状况，因而初中生思想政治教育实效评价标准要基于初中生思想政治教育的教育内容要求，以知识理解、观念认同和行为外化为参数进行构建。建构初中生思想政治教育实效评价标准，就是把握学生思想政治教育在初中阶段到底提出了哪些教育内容要求？这些教育内容要求在范围和程度上有哪些特点？把握住初中生思想政治教育的教育内容要求是初中生思想政治教育实效评价标准构建的首要环节。虽然通过小学生思想政治教育实效评价标准的构想，我们知道了学段实效评价标准的构建一般要基于该学段范围内的四种教育内容要求，即学段实效评价标准的构建要基于学段的德育纲要、学段的课程标准、学段的教材内容、学段的学生日常行为规范和守则。但是，由于每一个学段都有着不同的德育纲要、课程标准、教材内容、学生行为规范和守则。因而，学段实效评价标准的构建就要具体分析自己学段的德育纲要、课程标准、教材内容、学生日常行为规范和守则中到底提出了哪些种类的教育内容要求？到底提出了哪些范围的教育内容要求？到底提出了哪些程度和水平的教育内容要求？因此，初中生思想政治教育实效评价标准的构建必须首先具体深入地分析和把握初中阶段的德育纲要、课程标准、教材内容、学生日常行为规范和守则中提出的教育内容要求。这是初中生思想政治教育实效评价标准构建的基础。正如小学生和初中生思想政治教育实效评价标准的构建，高中生思想政治教育实效评价标准的构建也必须基于高中生思想政治教育领域内的教育内容要求，必须把握高中德育大纲、课程标准、教材内容以及高中学生的日常行为规范和守则。这就客观地要求必须具体把握学生思想政治教育在高中阶段内到底有哪些教育内容要求？这些教育内容要求的范围和主题有哪些？以及这些教育内容要求的类别和程度如何？可以说，全面并具体地把握高中生思想政治教育领域内的教育内容要求，对构建高中生思想政治教育实效评价标准具有前提性、基础性和核心性的价值。由于高中生思想政治教育领域内的教育内容要求主要集中于高中学段的德育大纲、课程标准、教材内容、高中学生日常行为规范和守则，因而基于教育内容要求构建高中生思想政治教育实效评价标准，就必须对高中德育大纲、课程标准、教材内容、高中学生的日常行为规范和守则，进行深入具体的分析和把握。同时分析高中阶段教育内容要求所涉及的基本领域和范围，进而才能建构出高中生思想政治教育实效评价标准。

大学生思想政治教育作为学生思想政治教育的最高学段，大学生思想政治教育对实效的追求，需要建构实效评价标准。正如小学、初中和高中生思想政治教育实效评价标准的构建，大学生思想政治教育实效评价标准的构建也必须基于自己学段的教育内容要求，必须全面把握自己学段的教育内容要求，必须知道自己学到哪些教育内容要求，必须对这些教育内容所涉及的主题进行分析。只有把握住了自己学段的教育内容，才能以教育内容要求为依据，并从知识理解、观念认同和行为外化三个维度建构出自己学段的实效评价标准。因而，大学生思想政治教育实效评价标准的构建，必须对大学阶段的教育内容要求进行具体的分析把握，这样才能把握住大学阶段到底有哪些教育内容要求，才能知道这些教育内容要求到底蕴含哪些具体的知识、观念和行为，才能知道这些教育内容涉及的主题有哪些。同时，我们知道，学生思想政治教育内容要求从总体上存在于德育大纲、课程标准、教材内容、学生日常行为规范和守则四大范围内。因而，大学生思想政治教育领域内的教育内容要求的分析，就要具体分析大学阶段的德育大纲、课程标准、教材内容和学生日常行为规范中的教育内容要求。当然，由于在大学生思想政治教育领域目前尚没有国家制定的课程标准，因而大学生思想政治教育内容要求的分析，主要就是把握大学阶段的德育大纲、教材内容和学生日常行为规范中的教育内容要求，当然也会涉及有关大学生思想政治教育课程设置的指导性文件。可以说，对这些范围内的教育内容要求进行分析把握是大学生思想政治教育实效评价标准构建及指标设定的基础环节。

因此，基于教育内容要求建构学生思想政治教育实效评价标准必须把握特定学段的教育内容要求。在学生思想政治教育领域中特定学段的教育内容要求一般有四个存在范围，即存在于特定学段的德育大纲、课程标准、教材内容和学生日常行为规范和守则中。学生思想政治教育实效评价学段标准构建中对这四个存在范围内的教育内容要求进行了分析把握。当然，学生思想政治教育实效评价的学段标准构建，除了要具体分析特定学段范围内的教育内容要求外，还必须在总体上把握特定学段的教育内容要求所涉及的主题。因为，在对特定学段的教育内容要求进行分析时，尽管这种具体分析对构建特定学段实效评价标准是必要的，但是这种分析已经使特定学段的教育内容要求变得异常纷繁复杂并产生了诸多的知识点、众多的观念群和行为模式，因而就有必要根据教育内容要求的具体分析，把握住能够涵括特定学段的教育内容要求的主题，进而找到把握特定学段教育内容要求的分析框架，才能建构特定学生思想政治教育实效评价标准的指标体系。建构学段思想政治教育实效评价标准的指标体系的过程中还可以引用数理统计的层次分析法、专家咨询法等加权方法确定相关指标的层次等级。总之。基于教育内容要求建构学生思想政治教育实效评价具有广泛的应用性和操作性，值得在现实中认真贯彻。当然，这也需要专家学者和实际工作者，乃至相关的教育主管部门共同努力，集思广益，积极实验，才能建构出具有广泛效度和信度的学生思想政治教育实效评价的常模标准或学段标准。

第四节 学生思想政治教育实效评价标准的实施

基于教育内容建构以知识理解、观念认同、行为外化为参数的学生思想政治教育实效评价标准需要有效实施。学生思想政治教育实效评价标准无法有效实施或没有实施的科学方法，这种评价标准本身的科学性和应用性就值得怀疑。因此，我们必须探讨学生思想政治教育实效评价标准的实施方法。

一 知识理解指标的测评方法

知识理解指标是学生思想政治教育实效评价标准的重要参数。因而知识理解指标的考评方法应是学生思想政治教育实效评价标准实施运用的首要内容。一般来说，知识主要是人类认识的成果或结晶。既然是人类认识的成果，那么就是关于客观事物的知识，因为人类的知识成果必是对客观事物的认识，而客观事物的本质和规律不以人的意志为转移，人们的认识只能客观地反映事物的本质和规律，才能成为认识的成果和结晶，因而知识具有普遍的客观性和必然性。就是说，学生思想政治教育领域内的知识在本质上无疑都是人类关于客观事物本质和规律反映的认识成果和结晶，具有普遍的客观性和必然性。只是学生思想政治教育领域的知识一般是关于人类社会生活领域内的知识。这些知识虽然是涉及社会领域内的事物，但从本源看仍然是对一定历史发展阶段的社会存在和个体实际生活的理性反映，同样具有普遍的客观性和必然性。可知，从知识的本性看，不论是一般的人类知识，还是学生思想政治教育领域内的知识，都具有对事物的本质和规律的反映，都是不以人的意志为转移的认识成果，具有客观性。鉴于此，可以采取如下两种方法测评学生思想政治教育实效评价标准中知识理解指标。

口头问答的方法。不论是作为人类认识的成果和结晶的一般知识，还是涉及学生思想政治教育领域内的专门知识，都具有普遍的客观性和必然性，因而这决定了在考评实效评价标准中知识理解维度的指标时，可以采取客观的方式去考评教育对象对知识指标的理解状况。学生思想政治教育实效评价标准的知识指标的客观性，决定可以采取统一的整齐划一的客观方式进行。知识都是客观的，既不能被编造，也不能被臆断，“会就是会，不会就是不会，不能瞎蒙乱猜”。因而，这就决定了可以针对实效评价标准中的知识指标的观测点，采取直接的口头问答的方式。这种口头问答的方式具有直接性，通过把相关知识指标转换成为问题的形式，然后通过直接向测评对象提问的方式，就可以把握测评对象对相关知识指标的观测点的理解状况。口头问答法去测评知识理解指标的最大特点是所问的问题是事先设计且答案是客观唯一的，这是由学生思想政治教育传授的知识具有普遍的客观性和必然性等本性决定的。我们在运用实效评价标准时，可以将知识指标的观测点转为客观问题的答案形式，客观地设定问题，客观地记录问题的答复过程，客观地判定知识理解的效果状况。当然，采用口头问答法测评实效评价标准的知识理解维度的指标时，还有许多的注意事项，这里不仅要客观地设计、评判问题及回答情况，还必须注意问答的针对性和实效性，小学与大学相比，口头问答的方式、口气肯定不同。

文字考试的方法。我们在运用实效评价标准时可以采用文字考试的方法。与口头问答的方法强烈地受到现场的问答气氛、问答心理和问答技巧等因素的影响相比，文字考试过程更具客观性和规范性。虽然考试的形式有多种，但是具体到知识的科学有效考评问题，考试形式的选择则是由知识的本质性规定决定的。学生思想政治教育传授的知识作为人类社会领域内的认识成果和结晶，具有普遍的客观性和必然性，因而实效评价标准的知识指标都是客观确定的，知识内容并不以人的情感、意志、态度和喜好而具有主观性。因而，学生思想政治教育领域内，知识的这种客观本性决定了知识的考评可以采取考试的方式。文字考试的方式可以充分利用文字的特点，通过测评对象的文字呈现与标准答案对照的方式就可以非常全面地测评到知识理解的实际效果。当然，实效评价标准中知识指标的客观考试方法考评知识理解要在试题设计、答案裁定、考试程序和考试心理等方面上下功夫，也要注意考试方式的有效性，如可采取记名或匿名考试形式。唯此，才能科学合理和客观有效地考评到测评标准的知识理解指标。可知，在学生思想政治教育实效评价标准的实施过程中就“知识理解”指标参数的测评而言，口头问答虽直接迅速，但是却受问答氛围影响，文字考试虽规范客观，但是耗费的时间精力较大，二者都有着自己的特点，因而要根据具体情况灵活选用口头问答的方式或文字考试的方式。

二　观念认同指标的测评方法

观念认同是学生思想政治教育实效评价标准的重要参数。学生思想政治教育实效评价标准的实施，不仅要把握知识理解的参数指标的测评方法，还必须把握住观念认同维度的参数指标的测评方法。观念一般来说是一套关于事物的看法和态度的思想意识或价值观点，既然是一套关于事物的看法和态度的思想意识或价值观点，那么这就决定观念具有很大的主观性，观念的形成与人看问题的角度、态度、立场密切相关。在学生思想政治教育领域内的观念也符合一般观念的特点，学生思想政治教育传授的观念一般是反映社会生活领域，尤其是统治阶级利益需要的意识形态很明显，通过对观念本质性规定的理解可知，观念很大的特点就是不同于知识，知识与客观事物的特点、本质和规律等有关，有明显的客观性和必然性，而观念与人的主观需要、利益、情感和意志等有关，有突出的主观性和相对性。因此，学生思想政治教育实效评价标准的观念认同及其指标的观测不能采取客观化、普遍性和可观察的方式去获取，必须采取情境性、主观性和感受性的方式去获取。学生思想政治教育实效评价标准的观念认同指标测评可采取交流访谈法和主观的问卷调查法。

交流访谈的方法。学生思想政治教育领域内的观念及其认同具有强烈的主观性、相对性和隐匿性，因而必须通过有效方式去观测人们的观念认同指标的达成状况。我们在实施实效评价标准的过程中，获取观念认同指标的手段必须充分体现观念认同的特点和规律以及能有效地让人们自由表达内心的观念，这样才能收集到有关实效评价标准指标观念指标的认同信息，进而才能有效地判断教育对象对有关学生思想政治教育领域内观念的认同状况。就是说，测评观念指标的认同须充分体现出情境性、主观性、相对性等特点以及有效调动和捕捉人们的内心观念。交流访谈的方法是有效测评实效评价标准的观念认同指标的重要方法，因为交流访谈的方法可以体现出交流双方的互动性，通过双方互动交流就可以充分体现并满足观念的情境性、主观性、相对性等特点以及有效调动和捕捉人们的内心观念。从把握观念认同指标的角度看，一般来说，交流访谈法可通过询问、谈心等言语交谈的方式认识隐匿在教育对象心中具有较强主观性和个体性的观念认同状况。交流访谈法以情境性、感受性和相互性等的交流交谈来确证观念认同的主观性和个体性等特征。交流访谈法可采取直接访谈的方式进行。直接访谈以其直接鲜明的言语交流的特点，以询问、谈心等谈话方式，深入教育对象的内心世界，把握教育对象对某些问题的想法、感觉和观念，去了解人们内心认同的观念。同时，交流访谈法可以采取间接访谈的方式进行。如同直接访谈是获取测评对象对实效评价标准中观念认同指标的观测点的有效方法，间接访谈法也是测评观念认同指标的重要方法。当然，不论是直接访谈还是间接访谈，测评者和被访谈者的心理氛围和情绪状态等要符合访谈的条件和要求，测评人员或实施人员需要精心设计和合理规划，才能客观地测评观念认同具体指标的实现程度和达成现况。

主观问卷调查的方法。学生思想政治教育实效评价标准的观念认同指标除了采用交流访谈的方法，不论是直接访谈法还是间接访谈法，还可以使用另外一种更为重要的方法即主观问卷调查的方法。主观问卷调查的方法较交流访谈的方法更为间接，尽管间接访谈已经很间接，但是不管怎样，交流访谈的根本特点在于采用口头语言的方式与受访对象进行交流，而问卷调查的方式则不同于此，它采用的是更为间接的非面对面的文字语言的方式。这种方法的特点在于，一方面，它尊重了观念及其认同具有强烈的主观性、相对性和隐匿性和必须通过有效方式去观测人们的观念认同指标的达成状况的客观要求。主观问卷调查的方法与客观问卷调查的方法相对，主观问卷调查的方法没有固定的答案限制，而客观的问卷调查有着严格答案限制，一定意义上说，这里的客观问卷调查的方式有点像客观的文字考试的方式，而客观的文字考试的方式指测评具有客观性和必然性的知识理解指标的测评方法。就是说，主观问卷的方法设定问卷内容能够满足观念具有强烈的主观性、相对性和隐匿性等特征。另一方面，主观问卷调查的方式，由于采取的指文字的方式与测评对象进行交流，而不是采取与测评对象直接交流的方式，因而这种获取观念认同指标的手段必须充分体现观念认同的特点和规律以及能有效地让人们自由表达内心的观念，因为主观问卷调查的方式可以让测评对象通过文字呈现的方式表达对某个观念的认同和接受状况，尤其是主观问卷的方法可以采用匿名问卷的方式更是能最大程度上让测评对象毫无顾忌而自由真实地表达内心的观念，进而能够有效收集到测评对象对有关观念认同的信息以及作出学生思想政治教育实效状况的科学判断。当然，在实施学生思想政治教育实效评价标准的过程中，为了保证主观问卷法的科学有效性，还必须精心地根据观念认同指标的观测点涉及有关的问卷内容以及并保证有关问卷内容涉及的效度和信度。一般而言，在小学宜采用直接访谈，在初中或高中宜采用间接访谈，而在大学宜采用主观的问卷法。当然此种说法不是绝对的，要视具体情况而定。

三 行为外化指标的测评方法

学生思想政治教育实效评价标准是基于教育内容要求以知识理解、观念认同和行为外化等为参数而建构的，因而还有着共同的“行为外化”指标参数。一般意义上的行为是在一定的意识指导下的行为，当然，行为也进一步巩固和提升着意识的内容。学生思想政治教育通过传授一定的教育内容要求使教育对象产生良好的行为表现，是教育内容要求的价值取向，也是学生思想政治教育行为实践的追求和渴望，也是学生思想政治教育实效生成的集中要求和体现。一般来说，学生思想政治教育要求的行为尽管可以在不同学段有着不同的教育内容要求的主题呈现，但是就总体上可以对这些不同学段要求的行为外化粗略地归为三个层次，即满足基本社会秩序需要的行为、满足统治阶级利益需要的行为和实现个体健康成长发展的行为。因此，学生思想政治教育领域的行为要求不是一般的行为，而是一种学生思想政治教育要求的行为，即与满足基本社会秩序需要、与满足阶级统治需要、与实现个体健康成长等相关的行为。考评行为外化指标要把握此行为的特殊性。同时，要找到行为外化指标的测评方法还要理解“外化”。“外化”顾名思义是外显和呈现，是事物通过各种方式和途径的显现状态。可知，行为外化是指学生思想政治教育要求行为的一种外显和呈现，行为外化指标的测评就是考评学生思想政治教育要求行为的外化程度和水平。因而，行为外化指标的观测必须通过可感知、可观察、可体验的方式去获取。鉴于此，学生思想政治教育实效评价标准的行为外化指标的观测一般来说可采取如下两种方法去获取。

行为统计分析的方法。行为统计分析的方法是测评实效评价标准的行为外化指标的有效方法。学生思想政治教育实效评价标准中要求的行为外化本质上就是让人们在思想、政治和道德等活动层面形成特定实际的行为模式和行为习惯，因而这就决定了行为及指标外化有直接的现实性，是可感知和观察的。就是说，行为外化指标的测评必须遵循行为及外化的特点和规律，获取行为外化指标的方法须采取可感知、可观察的方式去把握。行为统计分析的方法无疑是获知行为外化的有效方式。因为行为统计分析的方法可通过大量的反复观察和分析去把握人们的行为状况，从而认识学生思想政治教育要求的行为外化的性质和频率。实际上，行为统计分析的方法可采取不同的形式去把握测评标准要求行为外化指标。在实施实效评价标准的过程中，考勤方法就是统计分析方法的一种转化形式。行为统计分析可采取告知或不知的考勤方式去获取教育对象行为习惯或良好品质的养成状况。因为考勤方法的最大特点是可采取常规或突然方式去客观地观测到人们外化学生思想政治教育行为要求的状况。当然，在实施实效评价标准过程中，除了使用考勤的方法，还可以使用其他的方法，例如，可以统计班级是否存在不文明现象、作业的完成情况、参加社会公益的状况等其他的方式来测评学生思想政治教育实效评价标准中行为外化观测点的状况。其实，在现实中，人们也在自觉或不自觉地运用着行为考评的统计分析法，当人们感觉到一个班级或群体接受相关道德、政治和心理行为要求后，没有或较少出现违规行为时，就会得出这个班级或群体的教育效果好。因此，理性和经验都表明，行为统计分析法是考评实效评价标准中行为外化指标考评的有效方法。当然，我们为了有效观测行为外化指标，必须合理地利用统计分析法，必须注意统计的取样、程序和时机等的科学性。

行为情境测验的方法。学生思想政治教育实效评价标准的行为外化指标的测评除了可以采取行为统计分析的方法外，根据行为及其外化的本质性要求，还可以采取情境测验的方法。“所谓情境测试法，是指测评者设置一定的情境和标准并观察被测评者在该情境中的反应，根据事先规定的标准对被测评者的道德发展状况做出评价的方法。”① 一定意义上说，行为统计分析的方法属于宏观考评行为外化指标的方法，而行为情境测验的方法则属于微观考评行为外化指标的方法。同时，行为统计分析的方法考评行为外化指标需要一定的较长周期，而行为的情境测验的方法则可以在较短的时间内，根据一定的情境和标准并观察被测评者在该行为情境中的反应，就可以根据实现设定的标准来对被测评对象的行为外化状况做出评价。由于实效评价标准的实施，就是根据行为外化指标参数观测被测评者在一定情境中的外显行为，因而行为外化指标的测评可采取情境测验法去测评。实际上，情境测验作为测评人们的特定情境中的行为表现及其品质状况，大量运用于心理实验、人才应聘等相关行为内容的测评。在这些领域内，情境测验法首先是测评者设置一定的情境和标准，并观察被测评者

---

① 王鹏、孙伟：《中外学生品德测评的比较研究》，《美中教育评论》2008 年第 2 期。

在该情境模式中的反应，然后再根据事先规定的观测指标去获取相应被测评者的行为表现。学生思想政治教育实效评价标准的行为外化指标可采取情境测验法去创设一定的情境和选取一定的观测点，去观察教育对象在相应情境中的反应，并根据行为指标的权重去获知教育对象实践相应行为外化指标的状况。在实施学生思想政治教育实效评价标准的过程中，对行为外化的指标参数，采用行为的情境测验法一般可以有两种形式，一种是生活情境测验，一种是模拟情境测验。当然，无论何种情境测验模式，都应精心设计每一个环节，注意测验目的的隐蔽性和情境设计的巧妙性；也可以考虑把多个情境结合起来，在整体上提高这种测评方法的信度和效度。正如有学者在谈到情境测验时指出："人们意识到单纯的情境测试方法略显简单且不能充分显示出儿童具体道德品质的发展状况，如诚实情境测验中，难免会出现儿童由于好奇心或情境因素影响下产生的不诚实，这样就很难与真正的不诚实行为区别开来。"① 因此，学生思想政治教育要求的行为外化以及测评标准中的行为外化指标都是一个复杂的存在，为了提高某行为外化指标测评的信度和效度，只有充分重视情境测验的科学合理性，才能客观有效地评价到行为外化指标的实现状况。

---

① 李晓华、崔世杰：《国外品德测评的三种范式及其启示》，《教育测量与评价》2012 年第 1 期。

参考文献

著作类：

1. 邱伟光、张耀灿：《思想政治教育学原理》，高等教育出版社 1999 年版。

2. 檀传宝：《学校道德教育原理》，教育科学出版社 2003 年版。

3. 骆郁廷：《高校思想政治理论课课程论》，武汉大学出版社 2006 年版。

4. 陈秉公：《思想政治教育学原理》，高等教育出版社 2006 年版。

5. 郑永廷：《思想政治教育方法论》，高等教育出版社 2010 年版。

6. 祖嘉合：《思想政治教育方法教程》，北京大学出版社 2004 年版。

7. 张耀灿、郑永廷：《现代思想政治教育学》，人民出版社 2006 年版。

8. 詹万生：《整体构建德育体系总论》，教育科学出版社 2001 年版。

9. 王耕、叶忠根、林崇德：《小学生心理学》，浙江教育出版社 2007 年版。

10. 李德全、蒋礼文：《新时期学校德育目标分层研究》，科学出版社 2012 年版。

11. 黄熠峰、雷雳：《初中生心理学》，浙江教育出版社 1993 年版。

12. 郑和钧：《高中生心理学》，浙江教育出版社 1999 年版。

13. 朱智贤：《儿童心理学》，人民教育出版社 2003 年版。

14. 冯文全：《道德教育原理》，北京师范大学出版社 2013 年版。

15. 邹宏秋：《社会主义核心价值体系教育论纲》，浙江大学出版社 2008 年版。

16. 卡耐基：《处理人际关系的艺术》，北京出版社 1988 年版。

17. 帕斯卡尔：《思想录》，商务印书馆 1995 年版。

18. 刘基：《高校思想政治教育论》，中国社会科学出版社 2008 年版。

19. 单中惠、朱镜人：《外国教育经典解读》，上海教育出版社 2004 年版。

20. 巴拉诺夫等：《教育学》，人民教育出版社 1983 年版。

21. 张志刚：《思想政治教育方法论》，新疆人民出版社 1998 年版。

22. 肖鸣政：《品德测评的理论与方法》，福建教育出版社 1994 年版。

23. 仓道来：《思想政治教育学》，北京大学出版社 2004 年版。

24. 叶澜等：《教师角色与教师发展新探》，教育科学出版社 2001 年版。

25. 韩传信：《德育原理教程》，安徽大学出版社 2009 年版。

26. 万美容：《思想政治教育方法研

究》，中国社会科学出版社2007年版。

27. 王玄武：《思想政治教育方法论》，武汉大学出版社1985年版。

28. 鲁洁、王祖贤：《德育新论》，江苏教育出版社2000年版。

29. 黄蓉生：《当代思想政治教育方法论研究》，西南师范大学出版社2000年版。

30. 樊万清、赵才元：《高等学校学生思想政治教育学概论》，高等教育出版社1989年版。

31. 龙汉武：《高校学生思想政治教育实效性研究》，四川人民出版社2009年版。

32. 刘川生：《大学生日常思想政治教育实效性研究》，北京师范大学出版社2009年版。

33. 肖林图：《小学德育要览》，人民教育出版社1992年版。

34. 廖其发：《新中国教育改革研究》，重庆出版社1996年版。

35. 徐长贵：《小学思想品德教育》，教育科学出版社1998年版。

36. 谢国基：《现代中小学德育研究与探索》，科学出版社1999年版。

37. 郑航：《学校德育概论》，高等教育出版社2007年版。

38. 林崇德：《教育与心理发展：教育为的是学生发展》，北京师范大学出版社2013年版。

39. 曾德聪：《学校思想政治教育学概论》，福建教育出版社1983年版。

40. 黄燕：《中国学生缺什么》，浙江大学出版社2012年版。

41. 裘指挥：《早期儿童社会规范教育的合理性研究》，江西人民出版社2009年版。

42. 罗洪铁：《思想政治教育学原理》，西南师范大学出版社2009年版。

43. 陈义平：《思想政治教育学原理》，安徽大学出版社2008年版。

44. 王国银：《德性伦理研究》，吉林人民出版社2006年版。

45. 朱智贤、林崇德：《思维发展心理学》，北京师范大学出版社1986年版。

46. 王立仁：《德育价值论》，中国社会科学出版社2004年版。

47. 扈中平：《教育目的论》，湖北教育出版社2004年版。

48. 朱永新：《中国教育缺什么》，苏州大学出版社2003年版。

49. 朱小蔓：《中小学德育专题》，南京师范大学出版社2002年版。

50. 课程标准解读（实验）编写组：《普通高中思想政治课程标准（实验）解读》，人民教育出版社2005年版。

51. 王立仁、吴林龙：《学生思想政治教育实效测评标准研究》，吉林人民出版社2013年版。

52. 中华人民共和国教育部：《义务教育品德与社会课程标准（2011年版）》，北京师范大学出版社2011年版。

53. 中华人民共和国教育部：《义务教育品德与生活课程标准（2011年版）》，北京师范大学出版社2011年版。

54. 中华人民共和国教育部：《义务教育思想品德课程标准（2011年版）》，北京师范大学出版社2011年版。

55. 胡厚福：《德育学原理》，北京师范大学出版社1997年版。

56. 邓演平：《大学生成才修养论》，湖南科技出版社 1994 年版。

57. 郑敬斌：《学生思想政治教育内容体系整体构建研究》，吉林人民出版社 2013 年版。

58. 储培君：《德育论》，福建教育出版社 1994 年版。

59. 胡卫：《学生品德测评》，华东师范大学出版社 1992 年版。

60. 胡田庚：《中学思想政治课程标准与教材分析》，科学出版社 2012 年版。

61. 王仕民：《德育功能论》，中山大学出版社 2004 年版。

62. 谢新观：《德育测评的理论与技术》，光明日报出版社 1994 年版。

63. 冯建军：《当代主体教育论》，江苏教育出版社 2001 年版。

64. 张春兴：《教育心理学》，浙江教育出版社 1998 年版。

65. 黄向阳：《德育原理》，华东师范大学出版社 2000 年版。

66. 魏贤超：《现代德育原理》，浙江大学出版社 1993 年版。

67. 苏振芳：《思想政治教育学原理》，厦门大学出版社 2000 年版。

68. 罗国杰：《马克思主义思想政治教育理论基础》，高等教育出版社 2002 年版。

69. 张文新：《青少年心理学》，山东人民出版社 2012 年版。

70. 林崇德：《发展心理学》，人民教育出版社 1995 年版。

71. 梅桃源、冯长远：《品德与社会课程标准教师读本》，华中师范大学出版社 2012 年版。

72. 钟启泉：《课程与教学论》，华东师范大学出版社 2008 年版。

73. 骆郁廷：《高校思想政治理论课程论》，武汉大学出版社 2006 年版。

74. 詹万生：《整体构建德育体系引论》，教育科学出版社 2001 年版。

75. 马斯洛：《马斯洛人本哲学》，成明译，九州出版社 2003 年版。

76. 朱成瑞：《大中学校德育衔接探索》，武汉出版社 2004 年版。

77. 高德胜：《生活德育论》，人民出版社 2005 年版。

78. 叶澜：《教育概论》，人民出版社 1999 年版。

79. 莫雷：《教育心理学》，教育科学出版社 2007 年版。

80. 顾明远：《教育大辞典》，上海教育出版社 1998 年版。

论文类：

1. 项久雨：《论思想政治教育价值评价标准体系结构》，载《学校党建与思想教育》2003 年第 5 期。

2. 鲁洁：《边缘化外在化知识化——道德教育的现代综合症》，载《教育研究》2005 年第 12 期。

3. 王立仁：《论思想政治教育内容的实效维度》，载《思想政治教育研究》2011 年第 3 期。

4. 罗洪铁：《试论思想政治教育者的职能》，载《思想教育研究》1996 年第 4 期。

5. 易莉、曾艳：《论思想政治教育者的印象整饰》，载《学校党建与思想教育》2004 年第 5 期。

6. 王立仁、钟剑锋、张小秋：《学生思想政治教育体系的规划与构建》，载《长春工业大学学报》（社会科学版）2013 年第 1 期。

7. 汪玉峰、刘基：《构建思政教育对话模式促进师生互动与交融》，载《中国高等教育》2013 年第 18 期。

8. 姜秀英：《思想政治理论课教师应具备的基本素质和能力》，载《黑龙江高教研究》2006 年第 8 期。

9. 孙晨红：《新课程与小学教师素质》，载《教育探索》2004 年第 9 期。

10. 张小秋、王立仁：《高校思想政治理论课教师师德诠释》，载《思想政治教育研究》2014 年第 3 期。

11. 葛仁钧：《高校思想政治理论课教师队伍建设的思考》，载《思想理论教育导刊》2008 年第 3 期。

12. 王畅：《大学生思想政治教育方法体系构建研究——基于以人为本视域》，载《思想政治教育研究》2013 年第 8 期。

13. 彭建国：《注重方法创新　增强高校思想政治教育吸引力》，载《中国高等教育》2012 年第 12 期。

14. 王立仁、吴林龙：《论思想政治教育过程的主体和介体》，载《北京交通大学学报》（社会科学版）2010 年第 4 期。

15. 张毅翔：《谈思想政治教育方法理论创新的研究思路》，载《学术论坛》2007 年第 4 期。

16. 郁时全：《论思想政治工作方法的创新》，载《社会主义研究》2001 年第 4 期。

17. 吴灯、易连云：《学校德育不能承受之重》，载《上海教育科研》2009 年第 5 期。

18. 黄立平：《德育评价的缺失及对策》，载《基础教育研究》2006 年第 4 期。

19. 张典兵：《德育评价研究 30 年：回溯·反思·展望》，载《学术论坛》2011 年第 1 期。

20. 李江、石红：《构建高效德育评价的新体系》，载《当代青年研究》2005 年第 4 期。

21. 李春玉：《试论德育实效的涵义与特征》，载《中国教育学刊》1996 年第 2 期。

22. 王瑛：《中小学德育实效性的概念、判断及主要影响因素》，载《教育科学研究》2002 年第 2 期。

23. 黄群英、王笑军：《影响德育实效的三要素相互作用的介析》，载《西南科技大学》（高教研究版）2002 年第 1 期。

24. 赵剑民：《试析德育价值与德育实效》，载《教育探索》2001 年第 7 期。

25. 王文源：《关于德育评价科学化问题的几点思考》，载《教育科学研究》1994 年第 2 期。

26. 王立仁：《思想政治教育内容体系及其逻辑展开模式构想》，载《长春工业大学学报》（高教研究版）2008 年第 61 期。

27. 鲁洁、高德胜：《中国小学德育课程的创新》，《中国教师》2004 年第 1 期。

后　　记

10年前，在规划学科发展方向的时候，想到自己一直在高校从事学生管理和教育教学工作，就把方向确定为学校思想政治教育，并且也为硕士研究生和博士研究生开设了这方面的课程。一方面，学校思想政治教育不能说没有人研究，但缺少系统的连续性的研究；另一方面，学校思想政治教育是思想政治教育的重点，甚至在一定意义上说它就是思想政治教育的主体。学校思想政治教育的内容还包括教师和员工的思想政治教育，而这实际上并没有进入我们的研究视域，我们只是研究该如何对学生进行思想政治教育，学生思想政治教育在现实中是如何的问题；尽管教师和员工的思想政治教育也是学校思想政治教育的内容，但限于我们的精力和能力甚至是积累，胜任这些还是有困难。于是，我们就把研究方向确定为学生思想政治教育。

所以把研究方向确定为学生思想政治教育，基于这样两点考虑：其一，我们进行的教育实践活动就是对学生进行的思想政治教育，在内容上、对象上和研究成果的积累上，都是围绕学生展开的，尽管我们的对象是大学生，但也是学生的范畴。其二，学生思想政治教育的确缺少系统研究，而事实上它确实是一个应该研究而且值得研究的问题，我们的思想政治教育的计划性、系统性、目的性能够有效贯彻实施的，主要就是学生思想政治教育。我们从事的就是学生思想政治教育，我们应该研究；而如果我们身在其中的人都不去研究，那谁又能有机会条件来研究呢？当然，把我们的研究方向确定为学生思想政治教育，面临的一个挑战则是，我们从事的学生思想政治教育仅仅是大学生思想政治教育，而学生思想政治教育还包括中小学的思想政治教育，你怎么研究？（这个问题的另一方面表现，是有的人认为学生思想政治教育就是大学生的思想政治教育，中小学的不属于思想政治教育，中小学属于道德教育，或者不全部属于思想政治教育：小学是品德与生活、品德与社会，中学是思想品德，高中是思想政治。这仅仅是从课堂教学内容来解释的，事实上，它同时还包含日常的思想政治教育。）这在现实中，表现的问题是，学生思想政治教育如果不是单指大学生，你有必要去研究基础教育的学生思想政治教育，它归属于思想政治教育领域吗？

我们认为，学生思想政治教育研究包括中小学生，有我们自己的道理：中小学生的思想政治教育是大学生思想政治教育的基础，这是我们要研究的一个理由；再有，在教育内容方法衔接的需要上，我们应该研究；最为根本的是，它就属于思想政治教育范畴，就是学生思想政治教育的领域。我们渴望在中小学思想政治教育过程中，有研究队伍和研究成果，但实际上由于学科和工作取向等原因，这方面在目前看来还有很大差距，即便有研究队伍和成果的支撑，它也应该归属在学生思想政治教育的范畴，那只是研究队伍归属的差异。事实上，学生思想政治教育在整体上需要深入系统的研究：在目标、内容、方法艺术、对象和主体建设等。这不仅是学科发展的方向问题，而且涉及实践层面的应然问题和科学化问题。

而就我们自己来说，研究方向和研究成果多为学生思想政治教育方面的内容，我的《问题与对策——大学生活进行时》就是研究大学生问题的成果；我的《学生思想政治教育实效测评标准研究》是对学生思想政治教育的研究成果；甚至我的《爱国主义的理性思考》、《人生意义论》，都是针对或基于学生思想政治教育的研究成果。在我的博士生中，目前有研究学生思想政治教育目标、学生思想政治教育内容、学生思想政治教育对象、学生思想政治教育主体建设、学生思想政治教育方法的，等等。

目前的这个学生思想政治教育论纲，是关于学生思想政治教育研究的整体构想和初步研究成果。整体框架结构由我提出，这体现在前言和绪论中，具体内容是由目前在读的几个博士完成的。具体责任分担是：第一、二章上官苗苗，第三、六章吴林龙，第四、五章张小秋。上官苗苗完成了书稿的初次统稿和校对工作，最后由我定稿完成。

书稿虽然原来有相当基础，但完成写作集中在一个学期。由于时间和能力的原因，书中必然会存在各种不足，渴望获得读者的宝贵意见，以便在有机会修改时进一步完善书稿，提高书的质量。

王立仁

2015年3月